# The Internet and Cognitive Behavioural Therapy: A Clinical Guide

I
C
B
T

# ICBT
# インターネット認知行動療法
# ガイドブック

ゲルハルト・アンダーソン [著]
Gerhard Andersson

長江信和 [訳]
Nobukazu Nagae

創元社

The Internet and CBT: A Clinical Guide
by Gerhard Andersson

Copyright©2015 by Andersson, Gerhard

All Rights Reserved.
Authorised translation from the English language edition published
by CRC Press, a member of the Taylor & Francis Group

Japanese translation rights arranged with CRC Press, a member of the Taylor & Francis Group
through Tuttle-Mori Agency, Inc., Tokyo.

本書の日本語版翻訳権は、株式会社創元社がこれを保有する。
本書の一部あるいは全部についていかなる形においても出版社の許可なく
これを使用・転載することを禁止する。

# 日本語版への序文

インターネットを介した認知行動療法（ICBT）は、世界中で、とりわけ研究において、ますます利用されています。もっとも、国や大陸でも大きな違いがあり、ICBTの研究の大多数が行われているのは、ヨーロッパとオーストラリアです。インターネットや現代の情報技術は、認知行動療法（CBT）の臨床家や研究者にも大きく関係しており、この本には様々な観点が盛り込まれています。例えば、インターネットを介したアセスメントやオンラインサポートグループ、セラピストによるガイドが行われない介入、様々な疾患に対するガイド付きCBTなどです。この本が2014年に出版されてからも、さらに多くの研究が行われていますが、主な内容に変わりはありません。日本のICBTはどうでしょうか。数例の研究が行われています。例えば、抑うつ症状をもつ人に対するICBTで、漫画を用いた例があります（Imamura et al., 2014）。しかしながら、筆者の印象では、日本ではもっと多くの研究が必要とされており、それゆえ、長江信和博士から、拙著を日本語に訳すべきとの提案を受けたときには大変嬉しく思いました。私たちは、米国のシアトルで行われた国際インターネット介入学会（International Society for Research on Internet Intervention; ISRII）の第8回大会で話し合い、翻訳に取り組むことにしました。長江博士の率先した行動にはとても感謝しています。そして、この本が、CBTのインターネット利用に関心をもつ研究者や臨床家に、活用されることを願っています。この領域は変化が急速です。携帯電話技術やセンサー、バーチャルリアリティ、ソーシャルメディアの使い方もたえず変化しています。しかしながら、私たちは今や、ガイド付きICBTがセラピストの面接と同じくらい効果的でありうる、と言える立場にあります。つまり、これまで以上に多くのクライエントと接することができ、効果を損なうことなく、コストも下げることができるのです。筆者は、ICBTの研究成果や臨床経験が、日本のクライエントにも届くように願っています。また、日本の研究者や臨床家が新たなソリューションを考案し、ICBTの発展しつつある領域に貢献すると信じています。最後に、この本の執筆に貢献してくれたすべての人たち、そして、再び、この版を採用し、翻訳の労をとってくれた長江博士に感謝したいと思います。

ゲルハルト・アンダーソン
シアトルにて。2016年

## はじめに

　この本は、インターネットを活用した認知行動療法（CBT）の開発と評価についての、数年にわたる熱心な取り組みの成果です。この取り組みは、スウェーデンのウプサラ大学心理学部に所属していた学生二人が、筆者の研究室を訪れたときから始まりました。心理学修士を得るための修士論文の指導を、筆者に依頼してくれたのです。学生が語るアイデアは、風変わりなものに聞こえました。しかし、戸惑ったのは、ほんの数分でした。筆者らは、それから、頭痛に対するインターネットを介したCBT（ICBT）について、世界初となる臨床試験の一つを計画しました。二人が筆者の研究室を訪問してくれたことには、もちろん永遠に感謝します。後年、この二人のうち一人の学生と心理学専攻の学生の数人が、ICBTのテーマで論文を書き上げ、博士号を取得しました。そうした学生の一人、現在のペール・カールブリング（Per Carlbring）教授は、親しい共同研究者となりました。カールブリング教授がいなければ、こうした取り組みの多くはうまくいかなかったでしょう。その他にも、優秀な学生や研究生、臨床家のみなさんが後に続き、研究領域の発展に大きく寄与してくれました。全員の名前を挙げたいところですが（数頁が必要になるでしょう）、この本で引用した研究論文を見れば、その人たちの名前がわかるはずです。しばらくの間、共同研究をしながら、システム構築やプログラミングに長い時間を割いてくれた人たちがいます。非常に優れた臨床家や治療法の開発者、研究手法の開発者もいれば、驚くべきことに、これらのスキルすべてを備えた人たちもいます。

　スウェーデンにおけるICBT研究は、他分野の同僚や共同研究者の助けがあってはじめて発展しました。ここでは主に医療分野の同僚です。再び、大勢の人たちを思い浮かべています。一人だけ挙げるとすれば、ニルス・リンデフォース（Nils Lindefors）教授で、彼は、ICBTには全然興味がないだろうと思われた人で、生物学的な精神医学畑の人物です。ご自身の経歴にもかかわらず、リンデフォース教授は、大変な労をとり、スウェーデンのストックホルムの通常ケアとしてICBTを提供できるようにしました。もっとも、それ以前にもICBTは、ウプサラのオーディオロジー（聴覚）のクリニックで、耳鳴り患者に提供されていました。このクリニックが筆者の本拠地です。現在も臨床家として関わっており、毎週、耳鳴りをもつ患者と接しています。

　おそらく世界初の取り組みの一つとして、筆者らがICBTによる通常ケアを始めたのは、ウプサラ大学病院でした。この取り組みを支援してくれたすべての関係者に感謝します。実情として、今もこの外来は稼働しています。長年にわた

り、所属先の研究機関（ウプサラ大学やリンショーピング大学、カロリンスカ研究所）にもお世話になりました。どの研究機関も、非常に協力的であり、研究に必要なリソースを少なからず提供してくれました。寛大なことに、助成団体にも長年にわたり研究を支援してもらいました。スウェーデンの他大学や実に多くの海外の大学の研究仲間たちも、支援してくれました。ICBTには組織が必要となり、2004年頃、当時活躍していた研究者を集めて、非公式の会合をもつことにしました。スウェーデンの同僚が支援してくれたおかげで、国際インターネット介入学会（ISRII）の第1回大会となる会合を終えることができました。7回目の国際学会を迎えようとしている現在、ISRIIの同僚や友人にも感謝します。筆者らはいよいよ、自分たちの学術雑誌――*Internet Interventions*（インターネット介入）も創刊します。この2014年に刊行予定です。

　ICBTが急速に広まるにつれて、筆者らは国際学会とともに、ヨーロッパの学会――欧州インターネット介入学会（European Society for Research on Internet Interventions; ESRII）も必要となることに気づきました。筆者は、ヨーロッパの研究仲間と密接に関われる立場にあります。特に、アムステルダムの研究者たちと交流があり、欧州委員会の助成を受けた共同研究に、今なお活発に取り組んでいます。

　この本に記載したICBTの取り組みで最もすばらしいのは、心理的問題の支援が必要な人たちから強く期待されている点でしょう。スウェーデンに限っても、何千人もの人たちが、調査や臨床研究に参加しています。世界中では、さらに多くの人たちが参加しています。ICBTの一番の効用は、多くの人たちに行きわたることです。しかし、もちろん、時間を割いて筆者らの臨床研究に参加してくれた人たちすべてに感謝しています。

　編集者のキャロライン・メイクピース（Caroline Makepeace）、ナオミ・ウィルキンソン（Naomi Wilkinson）、ジュリア・モーリー（Julia Molly）にも感謝します。筆者がこの本を書ける、と信じてくれていました。最後に、この本を仕上げるにあたり、協力してくれた、すばらしい家族に感謝したいです。執筆には時間がかかるものです。研究室の外にも生活があるということは、すばらしいことです。

ゲルハルト・アンダーソン<br>
リンショーピングにて。2014年2月

# 目 次

日本語版への序文　003

はじめに　004

第1章　イントロダクション　011

第2章　インターネットのリソース　023

第3章　オンラインサポートグループ　037

第4章　インターネット経由のアセスメント　046

第5章　オープンアクセスのガイドなし治療プログラム　058

第6章　ガイド付きICBTプログラム概論　075

第7章　うつ病に対するガイド付きICBT　103

第8章　不安障害に対するガイド付きICBT　121

第9章　身体症状に対するガイド付きICBT　147

第10章　インターネットによるその他の活用例　166

第11章　結びと将来の方向性　177

索　引　181

訳者あとがき　185

装丁　濱崎実幸

ICBT
インターネット認知行動療法
ガイドブック

# 第1章
# イントロダクション

> **この章で学ぶこと** この章では、以下のことを学ぶ
> - この本が書かれた背景
> - インターネットの定義
> - 社会におけるインターネットの広まり
> - 医療におけるCBTの役割と臨床家不足
> - インターネットがどのようにクリニックに普及したか

## この本が書かれた背景

　この本は、単にインターネットが認知行動療法（CBT）の提供場面をどのように変えたかについて記すものではない。有効性をまったく損なうことなく、インターネットを用いてどのようにCBTを提供できるのかを記すものである。

　「ユーザー目線」をとれば、インターネットや、セラピストがガイドするセルフヘルプに対する読者の態度は様々だろう。この本の主な目的は、インターネットを用いた治療の紹介と説明であるが、CBTを行う臨床家は、その他にも重要な課題に直面している。第2章「インターネットのリソース」は、この点を踏まえてまとめたものである。医療を利用する人の多くが、医療の専門家に相談する前にも後にも、インターネットで情報を求めるという事実に基づいている。しかし、オンラインの情報は信用できるのだろうか。こうした問題や、その他、問題のあるインターネット使用（いわゆるネット依存）などについての疑問を取り扱う。先行研究によって、オンラインサポートグループは世界中に広まっていることが知られている。クライエントは、対面式のCBTを受けると同時に、サポートグループにも参加しているかもしれない。オンラインサポートグループの是非は検討に値する。そのため、この現象についても章を設けた（第3章）。クライエントの質問に備えて、どのフォーラムがお勧めか、お勧めでないかを知ることは役に立つだろう。効果がまったくわからないものでも、クライエントは探して参加してしまう。

　インターネットは、私たちの日常臨床にも徐々に影響をもたらしている。オンラインのカルテをすでに導入したクリニックもある。筆記式の質問紙が徐々に廃

れて主にコンピュータが使えない人用のものになるにしたがい、CBTを対面式で続けたい臨床家であっても（それは悪いことではないが、私たちはたくさんのクライエントを抱えているので）、効果の査定にはオンライン質問票を用いることになりそうである。しかし、質問票はそのままオンライン化できるのだろうか。診断面接の手続きについては、どうだろうか。こうした疑問は第4章で扱い、インターネット経由のアセスメントについて論じる。オンラインのアセスメントは、かなり早い時期に一般的となるだろうが、インターネットのあらゆる活動と同じく、プライバシーとセキュリティがきわめて重要となる。この話題には、この本でも時々触れることになる。幸い、安全な対策をとることはできるが、セキュリティは変化する標的[*1]である。インターネットやインターネットにつながるデバイスも同様である（おそらく、たった今、一息ついて、スマートフォンでメールを確認した読者もいるだろう）。

アセスメントの話題を扱った後は、この本の主題である、CBTに焦点を当てたインターネット介入に話題を移す。インターネットによるCBTについては、非常に多くの定義や用語がある。この本にも反映させたが、先行研究の試みを引用する際には、様々な用語を使わないわけにはいかない。バラクら（Barak et al., 2009）は、以下の定義を示している。インターネットを介してCBTを実施する際にも役立つ定義である。

> ウェブ上の介入とは：主に自習用の介入プログラムのことである。オンラインの手引きにしたがってウェブサイトで操作するものであり、心身の健康支援を求める消費者が利用するものである。介入プログラムは、それ自体が適切な健康関連の資料となり、双方向的なウェブ上の要素を用いることで、好ましい変化や知識や気づき、理解をもたらそうとする（Barak et al., 2009, p.5）。

この定義を基にして、筆者らは、ウェブによる介入を3タイプに分類した。(1)心理教育、(2)自習用の治療的介入、(3)人がサポートする治療的介入である。第一のタイプは、主に第2章で扱い、CBTの介入とは区別する。第二、第三のタイプは、この本を通じてくわしく取り扱う。自習用の介入は、ガイドなしと見なされることが多く、自動化された特徴が含まれることがある。臨床家への相談が必要なく、一般公開されている、という傾向もある。自習用プログラムについては、第5章で扱う。

第6章から第9章までは、人がサポートするウェブの治療的介入について、eセラピー（Abbot et al., 2008）や、ガイド付きインターネットセルフヘルプ（Andersson et al., 2008)、ガイド付きインターネットCBT、その他の類似の名称で呼ばれる介入について扱う。この本はCBTの専門書なので、ガイド付きICBT（インターネットによるCBT）という用語を採用する。論文でよく用いられるようになった言葉である。自習用の介入と人がサポートする介入の一番の違いは、必ずしも実際のプログラムにあるわけではない（プログラム自体はまったく同じ場合もある）。違いはサポートの仕方にある。マークスら（Marks et al., 2007）によれば、少なくとも治療的判断のいくつかをコンピュータ任せにするかどうかという点で、コンピュータ化された介入と純粋なセルフヘルプ本が区別される。しかしながら、これはかなり大雑把な区別である。セルフヘルプ本に取り組むクライエントに対して、インターネット経由で完全にガイドすることもできるからである。筆者の考えでは、ガイド付きICBTには、自動通知やオンラインの双方向的プログラムによって技術的に洗練されたものから、ごく簡単にダウンロードができて印刷可能なもの、すなわち、ネット読書療法（Marks et al., 2007）と呼ばれてきたようなものまで、様々なものがある。ガイド付きICBTで提供されるサポートもまた、多彩なものである。基本的には対面式のCBTと同じくらい、セラピストの時間を要するプログラムもあれば、一人のクライエントにつき週に数分間のガイドしか要さないプログラムもある。

　第6章から第9章でガイド付きICBTについて扱った後は、セルフヘルプ教材の準備がなくても、インターネットによってリアルタイムに心理療法が提供できるアプローチを扱う。インターネット心理療法やeカウンセリング、オンラインセラピー、メールカウンセリングなど、様々な名称で行われるアプローチである（Barak et al., 2009; Rochlen et al., 2004）。この中に唯一、リアルタイムなやりとりでないために簡単にまとめられないものがあるのだが、それはメールカウンセリングである。メールカウンセリングについては、第10章で簡単に扱う。CBTを重視する臨床家や教員、学生は、訓練やスーパービジョンにますますインターネットを活用するようになった。この話題については、研究が進んでいないものの、新しい重要な動きなので、第10章で取り扱う。

　最後に、まだよくわかっていないことがらであるが、スマートフォンや、対面式の面接でのタブレット（iPadなど）の使用についての最近の動向を論じる。最終章では、その他の話題や将来の課題を示す。第1章の残りでは、インターネットについて簡単に説明する。そして、セルフヘルプの利用を拡大し、ICBTの適用を考えるべき時が来たことを簡単に説明する。

## インターネットの定義

　インターネットが誕生したことで、世界が変わった。その変化は急速で、劇的である。インターネットは、世界中の多くの人たちが情報やコミュニケーショ

ンを求めて日常的に用いるばかりではない。金融やビジネス、デート、その他多くの人間の活動など、様々なサービスにも、次第に用いられるようになった。何がきっかけだったのだろうか。この本で取り扱う内容の範囲を超えるが、一言二言、述べることはできる。インターネット革命は、近代の歴史の一大事であったからである。それは、コンピュータの使用とともに始まり、すでに臨床心理学やCBTとも関連している。CBTの研究者は、初期の段階からコンピュータにCBTの課題を任せることができると考えていた。英国モーズレイ病院精神医学研究所のアイザック・マークス（Isaac Marks）教授が、その先駆者の一人である（Marks et al., 1998）。大げさではなく、インターネットによって、介入やアセスメントのコンピュータ化が劇的に導かれたのである。

　インターネットとは、標準化されたコンピュータ言語（インターネット・プロトコル・スイート[*2]）で「通信」するサーバーを介して相互接続された、世界的なコンピュータネットワークのシステムである。読者に一番よく知られたものは、トランスミッション・コントロール・プロトコル（TCP[*3]）やインターネット・プロトコル（IP[*4]）を意味するTCP/IPであろう。今日のIPネットワーク[*5]は、1980年代（以前から）のローカルエリアネットワーク（LAN[*6]）や、その後の1990年代初期に作られたワールド・ワイド・ウェブ（WWW[*7]）に始まる、一連の技術革新の成果である。わかりやすく説明すれば、インターネットには四つの階層があり、それぞれ独自のプロトコル[*8]が用いられている。最初のプロトコルは、ローカルネットワークの通信技術を含むデータリンク層である。二つ目は、様々なローカルネットワークを接続するインターネット層である（これがインターネットの中心的発想である）。三つ目は、ウェブのホストが（サーバーと）やりとりするトランスポート層である。最後に、一番高次のレベルがアプリケーション層であり、具体的なプロトコルを用いて、様々な目的のために通信を重ねるものである。

## 社会におけるインターネットの広まり

　インターネットは、社会の様々な場面で応用され、利用者の劇的な増加をもたらした。世界の多くの国々において、成人の大多数がインターネットにアクセスしている。例えば、ヨーロッパでは、2000年から2011年の間に、アクセス率が376％向上し、61.3％の人が日常的に利用するようになった。北米では、この数字はさらに高く、78.6％である。しかし、アフリカでは、この数字はずっと低く、13.5％である。もっとも、ヨーロッパにおいても地域差がある。英国では84.1％であり、スウェーデンでは、基本的に何らかの理由でコンピュータや携帯電話が使用できない人を例外とするだけで、93％である。ノルウェーでは97％という突出した値である。しかしながら、ルーマニアではもっと数字が低く、39％である。全体的に、西欧諸国では多くの人がインターネットを利用しているが、第三世界

諸国やアジアではアクセス率が低いと言って間違いないだろう。

　インターネットには、様々なアクセス方法がある。多くの職場で従業員はアクセスできるし、家でもアクセスできる。ということは、もちろん、CBTを利用できる人たちが存在する。さらに、レストランや大学などの公共の場では、インターネットアクセスが提供されている。初期の頃は、ダイヤルアップ（電話回線など）を使う人が多かったが、現在では、Wi-Fiや第3世代（3G）／第4世代移動通信システム（4G）の携帯電話などによるブロードバンド接続が一般的である。費用は様々であるが、ホテルなどの例外を除いて、インターネットアクセスは、利用者に安く提供されることが多い。

　インターネットの利用法も広がっている。1990年代中頃は、様々な話題に関するウェブページが爆発的に増加した。一般的な利用法の一つは、健康情報の検索である。健康問題の性質に限らず、治療の選択肢や、患者組織のオンラインコミュニティの情報が求められた（この話題については第2章と第3章で扱う）。健康問題を抱える人は（他の人もそうだが）、インターネットを使うことで自分自身の情報も発信できる。ブログはそうした一例である。こうした話題については文献が多くあるものの、例えば、患者がCBT関連の情報をどの程度インターネットで探しているか、または、CBTの実体験をどの程度インターネットに投稿しているかについては、よく知られていない。

　インターネットのもう一つの利用法は、コミュニケーションであり、電子メールやそれに関連する通信ネットワークである。膨大な情報のやりとりもまたCBTに適している。多くの臨床家が、臨床活動に電子メールを用いているからである（この話題は第6章で扱う）。また、ウェブ・カンファレンスは、専門家に一般的に利用され、クリニックで用いられることもある。その他の用途には、ビジネスや買い物がある。この本の読者の多くは、オンラインで書籍を注文したことがあるかもしれない。CBTの実施方法についての教育ビデオなど、臨床的な教材を扱う売り場もある。

　エンターテインメントは、もう一つの領域である。音楽に加えて、最近は、ストリーミングビデオやオンラインのテレビが爆発的に広まった。インターネットによるサービスは、オンラインバンクや求職、エンターテインメントや旅行のチケット購入、ホテルの予約やカードの支払いなどにも広がっている。これらのサービスは、徐々に、オフラインでは利用できなくなっており、電話でやりとりすると高くつくようになった。

　人付き合いの領域もインターネットの広まりに影響されている。出会い系サイトや趣味のグループがあるが、おそらく最も劇的なのは、フェイスブック（Facebook）を代表とするソーシャル・ネットワーキング・サービスの急速な広がりだろう。ここにきて、1990年代以降のワールド・ワイド・ウェブの特色であった開放性とは異なり、閉鎖的なコミュニティへの流れが認められる。

CBTの臨床家や研究者の多くは、おそらく日常業務にインターネットを使用しているだろう。例えば、データ転送（添付ファイルを同僚に送る）や、教育（教師として、あるいは、自分自身のeラーニング）、アドバイスやスーパービジョンもそうであろうし、最新の研究論文を読むこともあるだろう（多くの科学雑誌は、オンラインで読むことができ、*Plos One*〔プロスワン〕や*Internet Interventions*〔インターネット介入〕、*BMC Psychiatry*などは無料である）。

## CBTと対面式に替わるCBTへのニーズ

臨床家には知られたことだが、CBTは、様々な介入技法や手続きをもつ、範囲の広い心理療法の流派である。他の多くの流派とは異なり、CBTは、個人の対面式のみならず、集団療法やガイド付きのセルフヘルプ技法にも、効果が認められている。CBTの適用が認められるのは、うつ病などの気分障害や基本的にはすべての不安障害（例：パニック障害など）、対人関係の問題、そして、慢性疼痛やがん、心臓血管障害や耳鳴りなどの身体症状である（Butler et al., 2006）。

CBTは、英国国立医療技術評価機構（https://www.nice.org.uk/）などの治療ガイドラインでも、よく推奨されている。一つの理由として、CBTはかなり厳密な比較試験によって検証されており、もう一つの理由として、効果が良好か、少なくとも有望とされているからである。実際、比較試験の一つの条件で心理療法が用いられる場合には、CBTであることが非常に多い。

CBTの反応率は、50％を超えることが多く、それをはるかに上回ることもある。例えば、社交不安障害やパニック障害では、70％以上の人が大きな改善を示す。薬物療法の研究と比較してあまり報告されていないこともあるが、薬物療法と比べてもCBTにはほとんど副作用がない。言い換えると、CBTは効果的で、安全なようである。もっとも、他の心理療法や治療法と比べると、CBTの優位性ははっきりしない。うつ病に対する対人関係療法（Cuijipers et al., 2011）は、少なくとも、CBTと同等の効果がある。精神力動療法は、いくつかの比較試験で効果が認められている。しかしながら、ほとんどの症状（不安障害や健康問題など）について、その他の心理療法の効果は検証されたとしても、その数が非常に限られており、CBTに並ぶことがない。さらに、研究に限った場合、ほとんどCBTだけが、他の形式（ガイド付きセルフヘルプや電話、集団療法など）にも適用範囲を広げている。

対面式の治療法があるにもかかわらず、なぜ代わりとなる手段が重要になるのだろうか。少なくとも三つの理由がある。まず、訓練を受けたCBTの臨床家が不足しており、恩恵が得られるはずの人すべてに、エビデンスに基づく治療を提供できないからである。リソースが限られた世界では、治療のコストも計算しなければならない。二つ目の理由は、CBTを提供できるクリニックや一般診療

との物理的距離が関係している。これは、ロベルとリチャーズ（Lovell & Richards, 2000）が指摘した点である。治療マニュアルに基づけば、1時間のセッションが12回から20回、求められることが多い。ロベルらは、臨床家が対面式CBTとは別に効果的でコストの低い方法を検討すべきだとしている。これに関連して、クライエントが面接時間を確保するときに直面する問題がある。セラピストのもとに向かうためには、仕事を休んだり、誰かに子どもを預けたりしなければならない。三つ目の理由は、クライエントの好みである。対面式よりも、オンラインの支援を好むクライエントがいる。遠隔支援を行うことで「精神病患者」のスティグマを減らせるケースもある。

　対面式の代わりとなる手段に話を戻すと、CBTのセルフヘルプには、研究でも臨床でも長い歴史がある。この本で扱う治療の選択肢は、ガイド付きセルフヘルプの先行研究に基づくものであり、セルフヘルプは長い間、CBTの一端を担ってきた。つまり、CBTは、治療にとってのセラピストの役割を減らすことを目標にしており、クライエントの自立を促すものである。CBTは、クライエント自身による環境の変化やホームワークに基づくものであり、セルフヘルプ教材を活用することは、CBTの臨床家のやり方からそれほど離れるものではない。キーリーら（Keeley et al., 2002）は、英国のセラピスト265名を調査し、臨床業務で88.7％のセラピストが、個人療法の補助手段として、セルフヘルプ教材を用いていることを明らかにした（セルフヘルプ本の詳細についてはコラム1.1参照）。

### コラム 1.1　CBTのセルフヘルプ本で良いものはどれか

　セルフヘルプ本は書店にあふれているが、そのほとんどはCBTに基づくものではない。CBTに基づき、CBTの技法を説明した本であっても、研究ではほとんど効果が検証されていない。これは問題である。臨床研究で検証された対面式治療と同じくらい効果的である、として売られるセルフヘルプ本もあるからである。市販された本をいくつか批評してみると、状況の複雑さがわかる。CBTが扱う要素の一部だけを記載した短い本がある。その一方で、もっとアカデミックな内容に偏っており、多くの情報や研究結果を記した本もある。読解レベルやテキスト理解についての研究は行われているが、読解レベルが効果にどの程度の違いをもたらすのか、という研究は不足している。インターネットによる治療を含む、ガイド付きセルフヘルプの研究では、そのほとんどが、十分な教育を受けた参加者を集めている。学歴が低かったり、言葉の壁があったりする人たちには、セルフヘルプは受け入れられないかもしれないと考えられる。

　良いセルフヘルプ本の構成要素は何であろうか。以下に、提案したい。

- 各章には、治療目標を記し、読者が自己診断するための工夫を含めるべきである。自己記述式の尺度を提供する際には、チェックリストや、可能性のある診断についてのカットオフ値の情報を含める。
- セルフヘルプを控えるべき時や、（診察などの）支援を求めるべき時について、わかりやすく助言する。セルフヘルプが適さないような深刻な症状を除外するために、セルフヘルプの利用は受診した後にだけ、と助言することになるかもしれない。
- セルフヘルプ本では、その効果やメカニズムを説明すべきである。治療説明は、CBTではいつも行うものであり、それゆえ、セルフヘルプのCBTにも加えるべきである。
- 治療に関する章はそれぞれ、通常のCBTを再現すべきである。例えば、うつ病対策のセルフヘルプ本に行動活性化を含める場合は、説明や手続きの概略、きちんとした実践方法の説明、全体の要約をその章に含めるべきである。文章は、偏りのないようにし、理解と共感を示す必要がある（Richardson et al., 2010参照）。読者が民族や宗教、性的嗜好について、様々な背景をもつ可能性を想定すべきである。白人中産階級の異性愛のカップルのみを例に挙げれば、多くの読者が除外されてしまう。治療が難しかったケースを例に含めれば、文章への関心を引き起こし、課題に取り組む意欲を引き出すことができる。
- セルフヘルプ本の課題には、取り組む際の推奨スケジュールを示すべきである。1週間に1章分の取り組みを意味することも多いが、振り返りや復習の時期を示すこともある。
- ホームワークは、CBTの特色であり、セルフヘルプ本にも含めるべきである。この場合、「今度は日常生活で試してみよう」以上のものとなる。つまり、外出して課題を行い、実際の様子を本に記入する。課題の記録を促すように、本の付録に記録用紙をつけることができる（例：社交不安障害における、恐ろしい社会的場面に対するエクスポージャー）。出版社のサイトでダウンロードができるように、提供されていることもある。
- 最後に、良いセルフヘルプ本とするためには、最後のまとめを示す必要がある。再発予防や、学習したスキルを将来に役立てる方法について、助言すべきである。自己評価や進歩の振り返りも含めることができる。

　セルフヘルプが最もよく用いられるのは本の形式であるが、その普及率の高さが本と比べて著しく低いのが、コンピュータ化されたセルフヘルプである。ホイットフィールドとウィリアムズ（Whitfield & Williams, 2004）のレビューによると、

セラピスト329名のうち2.4％しかコンピュータ化されたセルフヘルプを利用していなかった。もっとも、将来的な利用については否定しておらず（90％）、エビデンスに基づく、アクセス容易なインターネット療法が急速に広まれば、こうした状況が一変する可能性もある。明るいニュースとしては、ガイド付きセルフヘルプが対面式の治療に劣らず効果的であることを示すエビデンスがある（Andersson et al., 2014; Cuijipers et al., 2010）。この本の後の章では、ガイド付きのインターネット療法も同等に効果的である、というエビデンスを示す。次は、インターネットがクリニックにどのように普及したかについて見ていく。

## クリニックに普及したインターネット

今日、情報技術は、ますます最新の医療にも組み込まれている。スウェーデンの例を一つ挙げると、コンピュータ化された医療ファイリング・システムである（クローズドの病院ネットワーク）。オンライン予約システムも利用が増えており、スウェーデンのストックホルム地方などでは、インターネットを通じて、患者が自分の「医療窓口」にアクセスでき、電話でやりとりせずに、直接、診療予約ができる（図1.1参照）。この本では、オンラインの質問票や治療システムについて扱うが、これらはスウェーデンの専門外来、最も有名なところではカロリンスカ研究所（www.internetpsykiatri.se/）で組み込まれている。オーストラリアにも、そうしたいくつかのクリニックがある（https://thiswayup.org.au/）。

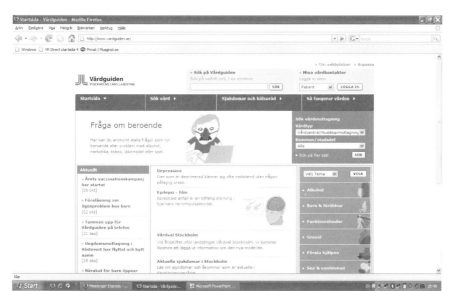

図1.1　マイ医療窓口のトップページ。医療窓口を必要とする、ストックホルム地方の患者向けの入り口。

様々な形の医療にどの程度インターネットが組み込まれているのか、その正確な数字は明らかでないが、徐々に増えている。しかしながら、進歩を妨げる要因が一つある。セキュリティの問題である。インターネット経由で銀行を利用する人であれば誰でも、セキュリティが重要であることを知っている。利用者が虚偽の個人情報を示す可能性を減らすためにセキュリティの問題を二段階認証で扱うシステムが必要とされている。

これは、特に医療にとっては、変化する標的である。セキュリティの要求度が増すと、システムの使い勝手が悪くなることもある。それでも読者には、この本を通じて、セキュリティにはつねに注意して欲しい。セキュリティの問題には解決策があるが、特に開業の臨床家にとってはコストがかかる。セキュリティ対策の商用システムも増えているが、リスクはつねに存在し、ごくわずかであってもハッキングの可能性が残る。臨床家は、旧式のシステム（紙のファイルやクライエントの名前が書かれた机上の質問紙など）もあまり安全ではないと覚えておく必要がある。

解決すべきセキュリティの考えや問題については、新しいものが最近の携帯電話（スマートフォン）とともに現れてきた。この話題については、後の章でまた扱いたい。そして、セキュリティの問題については解決策があるので、これ以上読者を怖がらせないようにしよう。

### 🔑 実用的な意義とキーポイント

- インターネットが現れてから約20年が経過し、現在は定着している。これはすでに、CBTを実践する根拠になる。
- インターネットは、利用者が着実に増えており、用途も多様である。援助を求めるクライエントは、インターネットで健康情報やCBTの情報を検索する可能性がある。これが期待に影響するかもしれない。科学的な情報は以前よりも入手しやすくなっており、クライエントが直接、最新の研究に触れることもできる。これもCBTに対する期待に影響するだろう。
- CBTは一般によく知られた心理療法の形式であり、一連の症状に対してエビデンスが多く示されている。しかしながら、臨床家の数が十分ではなく、代わりとなる低強度の介入が求められている（これは臨床家の観点だが、クライエントに必要なことでもある）[*10]。セルフヘルプ教材は、CBTの重要な要素であり、ガイド付きセルフヘルプは、クライエントと直接対面する形式と同じくらい、効果的であることが知られている。もっとも、セルフヘルプ本の中身が重要であり、推奨できるものがある。
- インターネットは、様々な形で、多くのクリニックに普及している。医療ファイルがオンライン化され、インターネットを通じて、自宅から直接医

療が求められる国もある。センシティブな情報をインターネットで扱うには、オンラインバンクと同じくらい安全な解決策が求められる。発展途上の領域であるが、クリニックにおけるセキュリティには、使いやすさとのバランスが求められる。例えば、年配の利用者は、ログインの際に毎回パスワードの変更を求められれば、混乱するかもしれない。必ずしもすべての情報がセンシティブではないのに、セキュリティに妥協が許されないことがある。

● 訳 注
* 1 **変化する標的**：技術や手法の革新によってつねに変化し続ける性質のこと。
* 2 **インターネット・プロトコル・スイート**：インターネットで用いられる通信規約の集合体のこと。
* 3 **トランスミッション・コントロール・プロトコル（TCP）**：データ転送の信頼性を高める標準的な通信規約。
* 4 **インターネット・プロトコル（IP）**：データ転送の目的地や経路を定める標準的な通信規約。
* 5 **IPネットワーク**：IPによってデータの送受信が行える通信ネットワーク。
* 6 **ローカルエリアネットワーク（LAN）**：大学やオフィスなどの施設内の通信ネットワーク。
* 7 **ワールド・ワイド・ウェブ（WWW）**：世界中のサーバで公開されている情報をウェブページとして閲覧させるシステムのこと。
* 8 **プロトコル**：通信規約。
* 9 **カットオフ値**：検査結果（陽性か陰性か）を分ける数値。
* 10 **低強度の介入**：従来型（高強度）の介入と比べて、臨床家の関わりが少ないアプローチのこと。

● 引用文献

Abbot J-AN, Klein B, Ciechomski L. (2008). Best practices in online therapy. *Journal of Technology in Human Services*, 26, 360-375.

Andersson G, Bergström J, Buhrman M, Carlbring P, Holländare F, Kaldo V et al. (2008). Development of a new approach to guided self-help via the Internet. The Swedish experience. *Journal of Technology in Human Services*, 26, 161-181.

Andersson G, Cuijpers P, Carlbring P, Riper H, Hedman E. (2014). Internet-based vs. face-to-face cognitive behaviour therapy for psychiatric and somatic disorders: A systematic review and meta-analysis. *World Psychiatry*, 13, 288-295.

Barak A, Klein B, Proudfoot JG. (2009). Defining Internet-supported therapeutic interventions. *Annals of Behavioral Medicine*, 38, 4-17.

Butler AC, Chapman JE, Forman EM, Beck AT. (2006). The empirical status of cognitive-behavioral therapy: A review of meta-analyses. *Clinical Psychology Review*, 26, 17-31.

Cuijpers P, Donker T, van Straten A, Li J, Andersson G. (2010). Is guided self-help as effective as face-to-face psychotherapy for depression and anxiety disorders? A systematic review and meta-analysis of comparative outcome studies. *Psychological Medicine*, 40, 1943-1957.

Cuijpers P, Geraedts AS, van Oppen P, Andersson G, Markowitz JC, van Straten A. (2011). Interpersonal psychotherapy of depression: A meta-analysis. *American Journal of Psychiatry*, 168, 581-592.

Keeley H, Williams C, Shapiro DA. (2002). A United Kingdom survey of accredited cognitive behaviour therapists' attitudes towards and use of structured self-help materials. *Behavioural and Cognitive Psychotherapy*, 30, 193-203.

Lovell K, Richards D. (2000). Multiple access points and level of entry (MAPLE): Ensuring choice, accessibility and equity for CBT services. *Behavioural and Cognitive Psychotherapy*, 28, 379-391.

Marks I, Shaw S, Parkin R. (1998). Computer-aided treatments of mental health problems. *Clinical Psychology: Science and Practice*, 5, 51-170.

Marks IM, Cavanagh K, Gega L. (2007). *Hands-on help. Maudsley monograph no. 49*. Hove: Psychology Press.

Richardson R, Richards DA, Barkham M. (2010). Self-help books for people with depression: The role of the therapeutic relationship. *Behavioural and Cognitive Psychotherapy*, 38, 67-81.

Rochlen AB, Zack JS, Speyer C. (2004). Online therapy: Review of relevant definitions, debates, and current empirical support. *Journal of Clinical Psychology*, 60, 269-283.

Whitfield G, Williams C. (2004). If the evidence is so good - why doesn't anyone use them? A national survey of the use of computerized cognitive behaviour therapy. *Behavioural and Cognitive Psychotherapy*, 32, 57-65.

### 参考文献

Norcross JC, Santrock JW, Campbell LF, Smith TP, Sommer R, Zuckerman EL. (2000). *Authoritative guide to self-help resources in mental health*. New York: Guilford Press.

Watkins PL, Clum GA. (Eds.), (2008). *Handbook of self-help therapies*. New York: Routledge.

# 第2章
# インターネットのリソース

**この章で学ぶこと** この章では、以下のことを学ぶ
- クライエントや臨床家がアクセスできるオンライン情報
- クライエントや身近な関係者、臨床家が目にする情報
- ウェブサイトの質を評価する方法
- 問題のあるインターネット使用
- インターネットで助言を求めるクライエントへの対応

**背景** 第1章で述べた通り、クライエントはオンライン検索に熱心な傾向がある。CBTの臨床家と出会う前も後も、検索をしている。

あるクライエントが例になるだろう。クレアと呼ぶことにするが、彼女は、この1か月間、疲労感や気分の落ち込みがあり、情報を求めている。クレアは、かかりつけ医の診察を予約したが、診察の前に、インターネット検索で「慢性疲労症候群」というのを見つけ、ウィキペディア（Wikipedia）でそのことについて少し調べた。自分の感じにちょうど合うようには思えず、それ以上読むことを止めた（もし読み続けていたら、もっとぴったりなうつ病の情報が見つかっただろう）。夫のロブも、クレアのことが心配で、インターネット検索をしていた。ロブの姉も若い頃にうつ病を患っていたため、ロブは、落ち込みがどのようなものであったか思い出すために、直接、うつ病について検索していた。興味深いことに、インターネットで検索したことは妻には話していない。その後、クレアはかかりつけ医を受診した。医師は、状態をかなり迅速に把握し、うつ病の診断基準について彼女に説明した。そして、うつ病は医療の問題であり、薬物療法か心理療法で効果的に治療できる、という話をした。多くの他の患者と同じように、彼女も薬物療法には少々気が進まないようであり（van Schaik et al., 2004）、心理療法とは何かと尋ねた。医師は、その後、認知行動療法（CBT）が受けられること、CBTがおそらく彼女の役に立つこと、そして、CBTは研究で効果が認められていることを説明した。時間が来て診察が終わり、次の受診が予約された。彼女には、CBTという選択肢について考えるように促したが、本人が望めば、薬物療法も試せると伝えた。

医師は、受診前に、オンラインや別の場所で、クレアが何を読んだのか尋ね

かったし、慢性疲労症候群には一言も触れなかった。その一方で、彼女は、診察に非常に満足し、治療が受けられるという話に勇気づけられた。少し戸惑ったのは、どうすれば良くなるか指導されるのではなく、自分で決断するように言われたことであった。家に帰り、彼女は病院での出来事を夫に話した。クレアもロブも、CBTについてはよく知らなかったが、ロブの同僚が、何年か前に、ストレスの問題でCBTを受けていたことを思い出した。クレアとロブは、一緒にコンピュータの前に座り、CBTとうつ病についてくわしく調べた。

## オンラインのリソースにはどのようなものがあるか

　インターネットは、ここ何年かで変化を遂げており、今後も変化し続けるだろう。2014年現在、多くの検索エンジンが利用できるが、グーグル（Google）社がかなりのシェアを占めている。グーグル社は、インターネットのサービスや製品を多数、開発・提供し、主にアドワーズ（AdWords）というプログラムによって広告収益を得ている大企業である。グーグル社がウェブの検索エンジンを始めたのは1998年である。その他の検索エンジンと同様に、グーグルも多くのウェブページの情報を収集して、機能している。2013年11月時点でグーグルは、デスクトップ向けの検索エンジン市場の71％を占めていた（Net Marketshare, 2014）。ヤフー（Yahoo）が6％、百度（Baidu）が16.5％、ビング（Bing）が5.5％であり、すべて、市場に占めるシェアは少ないものである（モバイルやタブレットの検索では、グーグルのシェアはもっと大きい）。グーグルは、検索や広告表示にも先進的アルゴリズムを適用しているので、使用されるコンピュータや検索が行われる国、その他の要素によって、必ずしも検索結果が同じになるとは限らない。利用者もまた様々なやり方で検索しており、検索の関連度はその関連度が返す結果によって決まる。多くの検索エンジンでは、結果をランク付けして、一番良い結果と考えられるものを最初に提示する方法がとられている。具体的な仕組みの説明については、この本では割愛するが、ウェブページのランク付けに用いられる方法は、時間とともに変化しており、母語の結果のみを表示する、というような条件にも影響される。最近のインターネット検索は、ますます携帯電話やタブレットで行われるようになったが、デスクトップのブラウザが85.8％であるのに対して、そのシェアは比較的少なく、13.42％である（Net Marketshare, 2014）。

　最近は、検索をすると、ウィキペディアのページが一番上に来ることが多いようである。ちょうど今、グーグルで「パニック障害」や「大うつ病」、「社交不安障害」を検索してみると（どの疾患にもCBTの適用が推奨される）、どれも最上位にウィキペディアが表示される。「認知行動療法」と入力した場合も同様である。スポンサー付きリンクがいくつか表示されることもあるが、概して、ウィキペディアのためにウェブ検索の世界は劇的に変化した。

それでは、ウィキペディアとは何であろうか。それは、無償で記事を投稿するボランティアが共同で編集する、基本的には誰もが無償で利用できる百科事典のことである。ログインすれば誰でも記事を編集することができる。更新することは難しくないが、一時的に荒らされることもある。例えば、スウェーデン語のウィキペディアでは、CBTに関する誤った記事が投稿されて（2011年秋）、ほどなく削除された。もっとも、ウィキペディアは編集しやすいので、誤った記事も通常、長くは続かない。

　ウィキペディアに加えて、他にもたくさんの検索結果がグーグルで見つかる。例えば、スポンサー付きのサイトである。必ずしもエビデンスに基づかないような、製品の情報や広告が示される。ある条件で検索すると、補完医療[*1]のやり方が見つかることもある。スポンサー付きのサイトでは、クリニックや病院の宣伝が行われることもある。多くの大学病院には専用のサイトがあり、患者向けのリソースや一般向けの情報を公開することもある。ある具体的な薬物療法について検索するときには特に、製薬会社のページがヒットすることもある。検索結果に、オンライン書店の広告が頻繁に現れたり、著作権を考慮せずに公開された文書が見つかったりすることもある。患者と専門家の双方に関わるような特殊な利益団体も見つかる。さらには、研究情報（無料でダウンロードしたり、読んだりできる、オープンアクセスの雑誌など）を提供してくれるサイトも多く見つかる。

## インターネットは臨床家や患者に何を与えてくれるか

　インターネットの活動として、健康情報へのアクセスは3番目に多く行われることである。そして、大切な人の健康状態についても調べられることが多い（Fox, 2011）。健康問題に直面した人にとって、インターネットは、臨床家の助言に次いで、影響力が2番目に強い情報源である（Couper et al., 2010）。こうしたことから明らかに、CBTを利用する患者も臨床家もインターネットをよく用いているようだが、根拠となる研究はほとんど見当たらない。10年以上前から指摘されてきたにもかかわらず、である（Riley & Veale, 1999）。

　インターネットでは、どのような情報が見つかるだろうか。もちろん、それは何を検索するかによるし、勧められたウェブページをまず見るかどうかにもよる。例えば、スウェーデンの行動療法学会では、CBTを実施するセラピストのリストをインターネットで公表している。開業の臨床家で、マーケティングのために自らのウェブページを開設し、クライエント向けにサービスを知らせている人たちもいる。もっとも、苦悩を抱える人の多くは、検索する前にはCBTについてよく知らないかもしれない。そのため、「パニック障害」のような情報について検索するときに、どのような言葉があるのか知っておくことが重要である。治療の選択肢として、CBTには一言も触れていないページに行き着く可能性もある。

インターネットのもう一つの活用法は、「アスクドクターズ（Ask the doctor）[*2]」のようなサービスで直接助言を求めることである（Umefjord et al., 2003）。通常、それ以前に、利用者がその医師の診察を受ける必要はない。こうした現象には様々な理由がある。アンメヒョルドら（Umefjord et al., 2003）の調査によると、便利さ（52％）や匿名性（36％）、また、医師が忙しすぎる（21％）、病院に行く時間がとりにくい（16％）、受診の予約がとりにくい（13％）、医師と会うのは不快（9％）、受診するお金がない（3％）といった理由から、「アスクドクターズ」のサービスが利用されている。また、セカンドオピニオンを求める、以前の医師に不満がある、医療的問題の判断を初めて求める、恥ずかしい問題やセンシティブな問題について尋ねる、家族の代わりに質問する、書き言葉のやりとりを好む、といった理由によって、本当にオンラインのサービスが求められていることが示された。もちろん、オンラインで回答することには責任が伴うので、多くの臨床家は質問に答えたがらないし、回答が禁じられる場合すらある。しかしながら、助言や情報を求める人たちは、オンラインの患者団体も見つけることができる。そこでは、情報や助言が提示され、サポートグループが組織されることもある（この話題については次の章で述べる）。

検索エンジンのフィルタによって健康問題の疑問に対する答えが得られるような、公的ウェブサイトも存在している。例えば、英国国民保健サービス（NHS, www.nhs.uk）やオーストラリアのヘルスダイレクト（www.healthdirect.gov.au/）、米国のメドラインプラス（medlineplus.gov）がある。ビーコン2.0（Beacon2.0, www.beacon.anu.edu.au）のような、オンラインのセルフヘルプを特に勧める消費者向けのサイトもあるが、科学的な研究に代わるものではない。

患者も臨床家も、CBT（やその他の治療法）を推奨する治療ガイドラインを、ウェブで手に入れることができる。英国では、国立医療技術評価機構（NICE）のガイドラインがオンラインで公開されている（www.nice.org.uk）。また、（政府の）公的資金で賄われた、あるいは独立行政法人によって管理されたサイトが、誰もが利用できるように公開されている。米国精神医学会（www.psychiatry.org）や米国心理学会（www.apa.org）のような組織がまとめた治療ガイドラインが好例である。その他にも国が実施した例がある（例えば、スウェーデン保健福祉庁が発行した、不安・抑うつ治療のガイドラインがある）。英国行動認知療法学会（www.babcp.com）のようなCBTの組織は、主に学会員向けのものであるが、患者も見つけることができる。

全体として、私たち臨床家は、クライエントがウェブ検索をしたり、専門家向けのサイトを訪問したりすることに気づく必要がある。したがって、公開されたサイトでは、公平で丁寧な言葉づかいをすることが大切である。オンラインの専門家向けの話し合いの場が会員向けのサービスであったとしても、同様である。組織が提供するサイト以外にも、一般的な検索に現れることは少ないが、個人が

運営するサイトも見つかる。また別の種類のウェブサイトには、製薬会社のものがある。薬の情報や「自己診断」の支援、全般性不安障害のような、特定の疾患に関する情報が提供されている。

最後に、グーグル検索を行うと、調査研究に関する情報が見つかる可能性がある。誰もがダウンロードできて読むことができる、オープンアクセスの科学雑誌（例えば、*BMC Psychiatry*や*Plos One*）もあれば、研究者のウェブページに掲載された研究論文もある。図書館施設にアクセスできる研究者は恵まれているが、一般の臨床家は、最新の研究を同じように簡単に見つけることができない。こうした状況は、最近変わり始めている。科学助成団体の多くは、研究者が研究成果を一般公開するように強く求めたり、義務化したりしている。その結果、研究成果の普及が促されるようになった。

グーグルのようなブラウザで検索するのは、研究を見つけるための一つの方法であるが、クライエントには、高学歴で、パブメド（PubMed, www.ncbi.nlm.nih.gov/pubmed）の存在を知っており、自分で研究情報を調べる人も少なくない。実際、最新の研究を読み、よく学んだクライエントもいる。クライエントは、あなたが聞いたこともない最新の研究について知っているのに、臨床家としてあなたはそのことを知らないという過ちを犯すかもしれない。

## ウェブサイトの質はどのように評価できるか

1990年代の終わり、おびただしい数の健康情報がインターネットにあふれた頃、研究者たちは、多種多様なウェブサイトの質を評価することが必要であると考えた（Eysenbach & Diepgen, 1998）。メンタルヘルスに関するインターネット上の情報について、その質を測る研究がいくつか行われている。その一例は、グリフィスとクリスチャンセン（Griffiths & Christensen, 2000）の研究であり、うつ病に関するウェブサイトの質を評価した。それ以降、精神障害に関する情報サイトの質については、多くの研究が発表されている（Reavley & Jorm, 2011参照）。

ウェブサイトの評価には、少なくとも四つの方法がある。第一に、インターネットは誰でも利用できるので、個々の判断をクライエント自身に任せることができる。これはインターネットの自由を守る方法であるが、最良のエビデンスに基づいた情報にたどり着けるとは限らない。クライエントは、ウェブブラウザが優先させるページや、スポンサー付きのリンクの影響も受けやすい。第二に、ウェブサイトの開発者は、望ましい臨床実践に即した倫理指針を注意深く守ることができる。これによって、問題のあるインターネットの活動をある程度防ぐことはできるが、すべてではない。倫理を無視するサイトや、認証を受ける余裕がないサイトもあるからである。第三に、専門家（研究者や臨床家）や患者団体は、系統的な手順にしたがって閲覧可能なウェブサイトを独自に査定することができ

る。これにより、おすすめサイトの一覧や、避けるべき、あるいは、クライエントが利用しないように警告すべきサイトの一覧を用意することができる。第四の選択肢は、ウェブサイトの可読性を評価する方法である。

■ HON

ウェブサイトを評価する、第二の方法の一例である。サイトの運営団体や責任者に任されるもので、認証を受けるための評価を促すものである。自主的なウェブサイトの認証制度には様々なものがあるが、ヘルス・オン・ザ・ネット（Health On the Net; HON）財団がその一つを提供している（Boyer et al., 1998）。HONは、スイスの非営利組織であり、クライエントや臨床家をインターネット上の良質な健康情報に導くことを目的としている（www.hon.ch）。HONは、インターネット上の健康情報のための行動規範を、1996年に初めて提供した。最新版は、35の言語で読むことができる。ウェブ開発者に遵守を呼びかける原則が強調されている（表2.1）。

表2.1 ヘルス・オン・ザ・ネット（HON）財団の行動規範原則

| 問題となる考え方 | 代表的な考え |
| --- | --- |
| 信頼性 | 執筆者の資格は明示すべきである。 |
| 補足性 | 情報は、臨床家とクライエントの関係を支援すべきであり、それに代わるものではない。 |
| プライバシー | 利用者の個人情報についてプライバシーや守秘義務に配慮すべきである。 |
| 情報特性 | 公開した情報の源は、年月日とともに、提示すべきである。 |
| 正当性 | サービスの利点や実績については、根拠に基づいて主張すべきである。 |
| 透明性 | わかりやすい提示の仕方で、連絡先は正確にくわしく提示すべきである。 |
| 財務状況の開示 | 資金源は特定されるべきである。 |
| 広告ポリシー | 広告は、本文の内容とは、明確に区別されるべきである。 |

(出典：Boyer et al., 1998)

■ ディサーン（DISCERN）

ウェブサイトを評価する第三の方法は、独自評価によるものである。臨床家もクライエントも、ディサーンの16項目の判断基準（Charnock et al., 1999）を用いてインターネットの健康情報の質を測ることができる（www.discern.org.uk）。ディサーン計画は、1996年から1997年まで、英国図書館や英国国民保健サービスの健康開発支援プログラムから助成を受けたものである。ディサーンには、16項目の短い質問票がある（表2.2参照）。どの項目も1～5の尺度で評価でき、点数が高ければ質が高い、ということになる。ディサーンの評価は次のように表現される。

1………質問項目への答えは、まったく該当していない。質的基準がまったく満たされていない。
2～4…質問項目への答えは、部分的には該当している。質的基準がある程度は満たされている。
5………質問項目への答えは、完全に該当している。質的基準が完全に満たされている。

それぞれの質問項目に対して、ディサーンの手引きには基準の明確な定義と評価の仕方の例が記されている。ディサーンには良好な内的整合性と評定者間の一致が認められている（Ademiluyi et al., 2003）。6項目しかない短縮版も用意されている（Khazaal et al., 2009）。

表2.2　治療選択に関する消費者向け健康情報のためのディサーン判断基準

| | |
|---|---|
| ① | 情報の目的ははっきりしているか |
| ② | その目的を達成しているか |
| ③ | 治療選択の提案は適切か |
| ④ | 編集された情報源は明らかか（執筆者や制作者以外のもの） |
| ⑤ | 編集物に使われたり、報告されたりした情報の作成時期は明らかか |
| ⑥ | バランスのとれた、偏見のないものか |
| ⑦ | 追加のサポート源や情報源がくわしく提示されているか |
| ⑧ | よくわかっていない領域に言及しているか |
| ⑨ | 個々の治療の効果を説明しているか |
| ⑩ | 個々の治療の利点について説明しているか |
| ⑪ | 個々の治療のリスクについて説明しているか |
| ⑫ | 治療を受けなければ何が起こりうるか説明しているか |
| ⑬ | 治療の選択がどのように生活の質全般に影響を及ぼすか説明しているか |
| ⑭ | 治療の選択には複数のものがありうるかもしれないことを説明しているか |
| ⑮ | 意思決定の話し合いを支援するものであるか |
| ⑯ | 上記の質問すべてに対する回答を踏まえて、治療選択に関わる情報源としての編集物の全般的な質を評価して下さい。 |

（出典：Charnock et al., 1999）

■可読性

　可読性とは、書かれた情報がどの程度読みやすく、わかりやすいかということである。ウェブサイトの多くは書き言葉に頼っているので、可読性が当然重要となる。文章が読めるのは、文字がはっきりと識別できるからである。そうした当たり前の事実以外にも、多くの要因が可読性を低下させる。文章をわかりにくくさせる特徴は、専門用語であったり（例えば、多音節語を用いた文章）、複雑な言語構造（例えば、冗長な文章）であったりする。ウェブサイトの可読性を

評価する検査には、いくつかのものがある。フレッシュ読みやすさ得点（Flesch Reading Ease Score）やフレッシュ－キンケイド学年レベル式（Flesch-Kincaid Grade Level Formula）、難解表現単純尺度（Simple Measure of Gobbledygook）といったものが、インターネット上の健康情報の可読性を評価するために用いられてきた（例：Walsh & Volsko, 2008）。可読性の三つの検査は、いずれもオンラインツールで実施できる（www.online-utility.org/english/readability_test_and_improve.jsp）。利用者は、ウェブサイトのアドレスを入力して調べることもできる。フレッシュ読みやすさ得点（Flesch, 1948）は、100文字あたりの文章の数や音節数の平均値に基づいて、学年の読解レベルを算出するものである。点数が高ければ可読性も高いことになる。フレッシュ－キンケイド学年レベル式は、0〜100のフレッシュ読みやすさ得点を米国の学年レベルに換算したものであり、その文章を読むために必要な教育年数を算出する。点数が低いと可読性が高いことになる。難解表現単純尺度（McLaughlin, 1969）は、多音節語（3音節以上の単語）の数を使用して、学年の読解レベルを推定する。フレッシュ－キンケイド学年レベルと同様に、点数が低いと可読性が高いことになる。米国の保健福祉省は、教育年数が9年を超える可読性の文章は多くの人にとって難しい、としている（Walsh & Volsko, 2008）。

　まとめると、臨床家や患者がウェブサイトの質を知るためにはいくつかの方法がある。それに加えて、インターネット上の情報の質に関する科学論文もあり、臨床家が患者に利用可能な最善のサイトを勧めるのに役立つ。もっとも、インターネットの変化はめまぐるしく、今日勧められるサイトも、2か月後には同じものでなくなっているかもしれない。

### コラム 2.1　インターネット検索

社交不安障害の例

　社交不安障害（SAD）は、以前は社会恐怖として知られていたものである。世界に共通する疾患であり、有病率は10％をはるかに上回る（Furmark, 2002）。

　SADの特徴は、脅威を感じる社交場面を回避することと、困惑するかもしれない一つ以上の社交場面に対する持続的な恐怖である。決してすべての人が治療を求めるわけではなく、援助を求める人と、SADをもつ人の数には隔たりがある。実際に、アーウィンら（Erwin et al., 2004）は、インターネット調査に参加した人434名について調べている。対象者の92％がSADの診断基準に合致していた。この集団には、インターネットを利用することで否定的な結果が生じていた。例えば、対象者は、インターネットのせいで以

前よりも受け身になり、人付き合いが減ったと報告している。対面するよりも、インターネットで交流する方が気楽なのでインターネットを利用している、とも報告している。比較的肯定的な話題としては、インターネットを通じてSADに関する新しい情報が得られ、心理療法や薬物療法について学ぶことができた、とも報告している。

こうした知見を踏まえると、SADに関する情報にはどのようなものがあるのか知りたくなる。このことは、キャザールら（Khazaal et al., 2008）が調査している。「社会恐怖」「社交不安障害」という二つのキーワードを用いて、系統的な検索を行い、ウェブ情報の質を評価した。質の指標としてHONのラベルやディサーンの尺度を用い、読解レベルも調査した。200のリンクから58を採用することができた。対象となったサイトの質は、全体として悪いものであった。11のサイト（19%）だけがHONのラベルを使用していた。フレッシューキンケイド学年レベルは7.34であり、（推奨される標準レベルの）8を下回っていた。ディサーンの平均値は36であり、低い得点と見なさなければならなかった（Reavley & Jorm, 2011）。HONのラベルを取得したサイトと、そうでないサイトの間には違いが見られた。HONのラベルがあるサイトはディサーンの得点が有意に高かったのである。この研究は、2006年に実施されたものである。状況は変化しており、SADのサイトも改善された可能性がある。

臨床的に考えれば、SADのある人は、クリニックにたどり着く前に、インターネット検索をしているだろう。対面のやりとりの代わりに、インターネットを利用する場合もあるだろう。しかしながら、この本の後の章で示す通り、SADをもつ人は、インターネットを介した治療によって改善することがわかっている。したがって、インターネットは、害悪というよりも、手助けになるかもしれない。

### 問題のあるインターネット使用

この本は、CBTを行う臨床家にとって、インターネットがどれほど便利であるかを説明するものである。しかしながら、インターネットは害にもなりうる、という事実から逃れることはできない。問題のあるインターネット使用について、ここでは三つの異なる観点から論じる。第一に、インターネット依存の概念を扱う。第二に、問題のあるインターネット使用に見られるかもしれない形式について解説する。第三に、インターネット上の否定的で有害な情報に触れたり、クライエントが自らセンシティブな情報を公開するリスクも論じる。

インターネットのやり過ぎは、食べ過ぎや飲み過ぎ、ギャンブルのし過ぎ、運動のし過ぎ、その他の度を越した行動が問題や害になるのと同じことである。1990年代後半に、問題のあるインターネット使用について議論が行われ、「インターネット依存」の概念が紹介された（Griffiths, 1998）。現在、10年以上が経過したが、問題のあるインターネット使用については、まだ議論がある。インターネット依存を疾病概念として『精神疾患の診断・統計マニュアル（DSM-5）』に掲載すべきか議論が行われた。しかしながら、これは実現されなかった。

インターネット依存には、本質的なものとして四つの構成要素があるとされている。

1. 時間感覚の喪失や基本的欲求（食欲や睡眠欲）の無視と関わるような、インターネットの過剰使用
2. コンピュータが使えないとき（今はスマートフォンやタブレットも同様だろう）の怒りや緊張、不安や抑うつなどの離脱症状
3. 高性能なコンピュータの設備やより多くのソフト、無制限のアクセス、より多くの利用時間などを必要とすることを含む、耐性の形成
4. 口論や嘘、学業不振、仕事の不振、社会的孤立、疲労などの悪影響

インターネット依存の概念は、暫定的と見なされるべきものであり、十分に実証された診断方法が存在しない（自己報告尺度はいくつかある）。CBTの臨床家にとって、上記のリストは、嗜癖や強迫行動と見まがうほど、インターネットをやり過ぎるクライエントがいる、ということを思い出すきっかけになるかもしれない。インターネット依存に関わる健康問題は、主に睡眠不足や、おそらくストレス関連疾患をもたらしている。臨床的な観点から見れば双方向に作用している。精神障害をもつクライエントは、問題のあるやり方でインターネットを利用する可能性があり、インターネットのやり過ぎが心理的な問題につながる可能性もある（Ko et al., 2012）。その時間的な関連性については、まだ研究が不十分である。しかし、インターネット上でよく見られる病的賭博など、問題のあるインターネット使用の治療法の開発に成功した試みはある（Carlbring & Smit, 2008）。

病的賭博は、問題のあるインターネット使用の一例である。その他の例には、性的執着（サイバーセックス）や買い物・販売、ソーシャル・ネットワークのやり過ぎ、違法薬物の購入、孤独感の高まりがある。最後の例は、クラウトら（Kraut et al., 1998）が、初期の研究で調査したものである。インターネットへのアクセスを促された対象者は、孤独感を募らせていた。もっとも、その後の研究は、インターネット使用が孤独感をもたらす、という仮説に一致するものはなかった。インターネット使用には、良い点も悪い点もあり、功罪相半ばすることもある。

CBTの見方をとれば、問題のあるインターネット使用は、「安全行動」の形を

とる可能性がある。言い換えると、不安を抑えるつもりが、役に立つどころか、不安を維持させてしまうような行動である（例：Salkovskis et al., 1996）。安心や不安抑制のためにインターネットに頼ることは、十分、安全行動の機能を果たすものであり、CBTの標的とすべきかもしれない。最近では、携帯電話（スマートフォン）によるインターネット使用も、不適切な不安管理に用いられる問題となっている。もっとも、スマートフォンは治療の手助けにも用いることができる（第10章参照）。

インターネット使用の三つ目のリスクは、インターネット上で見つかるものに関係している。有害情報、例えば、自傷行為の手ほどきや、拒食症の人が体重を減らす方法、その他様々な有害となりうる情報がある。おそらく若干ましな使用の仕方には、ある治療法についてエビデンスに基づかない悪い情報を探したり、エビデンスがないのに優れた効果が謳われる治療法について情報を探したりすることがある。

最後に考えられる悪影響としては、おそらく扱いきれていない問題が多く残されているが、クライエントが（セラピストの場合もありうるが）自分自身に関するセンシティブな情報をブログやフェイスブックに掲載するリスクがある。例えば、筆者はある経験をした臨床家を何人か知っている。クライエントが、治療の直後に、セッション内容のブログを書いていたのである。この場合もやはり、そうした行動がすべて否定的である、有害である、となかなかはねつけることはできない。良い効果がもたらされることもある。フェイスブックでは、友達として関係が維持され、治療がうまく進んだときに、すぐにフィードバックが得られる。私たち臨床家にとっての教訓は、気づかない間に、クライエントがソーシャルメディアを使っているかもしれない、ということである。

## インターネットで検索をするクライエント：すべきこと、すべきでないこと

ここでは、使える質問やすべきこと、すべきでないことの助言について提案する。

1. クライエントには、インターネットやスマートフォン、携帯電話をいつも使っているかどうか尋ねる。オンラインの行動を尋ねる理由について明確に説明する。「インターネットの使い方について、いくつか質問させてください。というのも、それがわかると参考になるからです。最近のインターネットは、生活の重要な一部になっていますからね。例えば、クライエントの中には、CBTについてインターネットで調べる方もいます。インターネットにはたくさんの情報がありますが、すべてが正しいわけではありません。インターネットの使い方について、伺ってもよろしいですか」。

2. クライエントがインターネットを使用していれば、健康情報について検索したか、とりわけCBTについて何か読んだことがあるか尋ねる。オープンな

態度を保ち、クライエントを判断しない。
3. サポートグループのような、ソーシャル・ネットワークやオンライングループに参加しているかを尋ねる。留意すべきことだが、クライエントはインターネットでサポートを得ているかもしれないが、フェイスブックのようなソーシャル・ネットワークからは疎外感を覚えているかもしれない。また、自分自身の情報を投稿しているか（例：ブログやフェイスブック）、それに満足しているかについても尋ねる。セラピーの部屋に留めておくべきことについて、ここで話し合うことができる。
4. メールを確認したり、フェイスブックに投稿したりするなど、クライエントがインターネットにストレスを感じていないか尋ねる。クライエントによっては、インターネットの使い方がほとんど嗜癖の状態であったり、安全行動であったりする。ストレスや気分の落ち込みの源であったりもする。したがって、インターネット使用の悪影響について尋ねることが重要となる場合がある。肯定的な影響も聞き忘れてはならない。否定的な影響と、肯定的な影響の両方があるかもしれない。
5. 後ろめたいことを尋ねる。クライエントは、オンラインでの行動について恥じているかもしれない。例えば、メンタルヘルスの情報について検索したり、オンラインの掲示板に参加したりしたことなどについて、身近な人には話していないかもしれない。ここでは、ギャンブルやサイバーセックスのような否定的側面についてもくわしく尋ねることができる。

## 実用的な意義とキーポイント

- インターネットを利用すれば、たくさんの情報が得られるが、入手の仕方も様々である。ウィキペディアは、精神病理学や心理療法に関する情報が豊富にまとめられた、一般的なウェブサイトである。
- クライエントや臨床家は、（うつ病のような）具体的な病態や、治療の選択肢について、インターネット上で情報を得ることができる。専門的なリソースや科学的な情報にもアクセスすることができる。
- ウェブサイトの質は様々であり、その質を測る方法もある。インターネットはつねに変化しているため、情報の検索はつねに行う必要がある。しかしながら、整合性や信頼性、可読性について、ウェブサイトの質を評価した研究がある。臨床家としては、どのウェブサイトが推奨できて、推奨できないのか知っておくことが無難だろう。
- 問題のあるインターネット使用が、クライエントの問題の一部になっていることがある。インターネットを使いすぎていたり、（ストレスのような）悪影響が生じていたり、安全行動として使用していたりすることもある。

> 臨床家は、治療の初期にオンライン行動について尋ねることが役に立つ。CBTの計画や実施に影響が及ぶ可能性があるからである。

●訳　注
* 1　**補完医療**：従来の医療の不足を補うとされる療法や施術のこと（鍼灸やマッサージ、サプリメントなど）。
* 2　**アスクドクターズ（Ask the doctor）**：掲示板で医師に相談ができる有料会員制のQ&Aサイト。

●引用文献

Ademiluyi G, Rees CE, Sheard CE. (2003). Evaluating the reliability and validity of three tools to assess the quality of health information on the Internet. *Patient Education and Counselling*, 50, 151-155.

Boyer C, Selby M, Scherrer JR, Appel RD. (1998). The Health On the Net code of conduct for medical and health Websites. *Computers in Biology and Medicine*, 28, 603-610.

Carlbring P, Smit F. (2008). Randomized trial of Internet-delivered self-help with telephone support for pathological gamblers. *Journal of Consulting and Clinical Psychology*, 76, 1090-1094.

Charnock D, Shepperd S, Needham G, Gann R. (1999). DISCERN: An instrument for judging the quality of written consumer health information on treatment choices. *Journal of Epidemiology and Community Health*, 53, 105-111.

Couper MP, Singer E, Levin CA, Fowler FJ Jr, Fagerlin A, Zikmund-Fisher BJ. (2010). Use of the Internet and ratings of information sources for medical decisions: Results from the DECISIONS survey. *Medical Decision Making*, 30, 106S-114S.

Erwin BA, Turk CL, Heimberg RG, Fresco DM, Hantula DA. (2004). The Internet: Home to a severe population of individuals with social anxiety disorder? *Journal of Anxiety Disorders*, 18, 629-646.

Eysenbach G, Diepgen TL. (1998). Towards quality management of medical information on the Internet: Evaluation, labelling, and filtering of information. *British Medical Journal*, 317, 1496-1502.

Flesch R. (1948). A new readability yardstick. *Journal of Applied Psychology*, 32, 221-233.

Fox S. (2011). Health topics: 80% of internet users look for health information online (Pew Internet & American Life Project, February 1). Retrieved September 9, 2011, from http://www.pewinternet.org/~/media/Files/Reports/2011/PIP_HealthTopics.pdf

Furmark T. (2002). Social phobia: Overview of community surveys. *Acta Psychiatrica Scandinavica*, 105, 84-93.

Griffiths KM, Christensen H. (2000). Quality of web based information on treatment of depression: Cross sectional survey. *British Medical Journal*, 321, 1511-1515.

Griffiths M. (1998). Internet addiction: Does it really exist? In J Gackenbach (Ed.). *Psychology and the Internet: Intrapersonal, interpersonal, and transpersonal implications* (pp.61-75). San Diego: Academic Press.

Khazaal Y, Chatton A, Cochand S, Coquard O, Fernandez S, Khan R et al. (2009). Brief DISCERN, six questions for the evaluation of evidence-based content of health-related websites. *Patient Education and Counseling*, 77, 33-37.

Khazaal Y, Fernandez S, Cochand S, Reboh I, Zullino D. (2008). Quality of web-based information on social phobia: A cross-sectional study. *Depression and Anxiety*, 25, 461-465.

Ko CH, Yen JY, Yen CF, Chen CS, Chen CC. (2012). The association between Internet addiction and psychiatric disorder: A review of the literature. *European Psychiatry*, 27, 1-8.

Kraut R, Patterson M, Lundmark V, Kiesler S, Mukopadhyay T, Scherlis W. (1998). Internet paradox. A social technology that reduces social involvement and psychological well-being? *American Psychologist*, 53, 1017-1031.

McLaughlin GH. (1969). SMOG grading: A new readability formula. *Journal of Reading*, 12, 639-646.

Net Marketshare. (2014). Search Engine Market Share (February 2014). Retrieved February 15, 2014, from http://marketshare.hitslink.com

Reavley NJ, Jorm AF. (2011). The quality of mental disorder information websites: A review. *Patient Education and Counseling*, 85, e16-25.

Riley S, Veale D. (1999). The Internet and its relevance to cognitive behavioural psychotherapists. *Behavioural and Cognitive Psychotherapy*, 27, 37-46.

Salkovskis PM, Clark DM, Gelder MG. (1996). Cognition-behaviour links in the persistence of panic. *Behaviour Research and Therapy*, 34, 453-458.

Umefjord G, Petersson G, Hamberg K. (2003). Reasons for consulting a doctor on the Internet: Web survey of users of an Ask the Doctor service. *Journal of Medical Internet Research*, 5, e26.

van Schaik D, Klijn A, van Hout H, van Marwijk H, Beekman A, de Haan M et al. (2004). Patients' preferences in the treatment of depressive disorder in primary care. *General Hospital Psychiatry*, 26, 184-189.

Walsh TM, Volsko TA. (2008). Readability assessment of internet-based consumer health information. *Respiratory Care*, 53, 1310-1315.

Weinstein A, Lejoyeux M. (2010). Internet addiction or excessive internet use. *American Journal of Drug and Alcohol Abuse*, 36, 277-283.

### 参考文献

Joinson AN. (2003). *Understanding the psychology of internet behavior: Virtual worlds, real lives*. Basingstoke: Palgrave MacMillan.（A・N・ジョインソン（著），三浦麻子・畦地真太郎・田中敦（訳）（2004）．インターネットにおける行動と心理——バーチャルと現実のはざまで　北大路書房）

Reavley NJ, Jorm AF. (2011). The quality of mental disorder information websites: A review. *Patient Education and Counseling*, 85, e16-25.

Weinstein A, Lejoyeux M. (2010). Internet addiction or excessive internet use. *American Journal of Drug and Alcohol Abuse*, 36, 277-283.

# 第3章
# オンラインサポートグループ

> **この章で学ぶこと**　この章では、以下のことを学ぶ
> - インターネットのセルフヘルプグループ
> - オンラインサポートグループの効果
> - CBTの臨床家としてサポートグループをどのように扱うか

**背景**　うつ病の再発を経験した人の多くが感じるように、ジョーンはしばしばまわりの人たちが自分の状態を十分に理解できていないように感じていた。彼女は、CBTのセッションでは、役に立つ多くのことを学んだ。落ち込むことがあっても、受け身にはならず、今は活動的でいる。そのおかげで回復することが増えた。しかし、そうしたときにも彼女は孤独を感じていた。家族はもちろんジョーンの落ち込みに気づいたものの、彼女が気分の変動にとてもよく対応していたので、彼女の状態には口を挟まなかった。それにより彼女は孤独を募らせることになった。そんな状況が変化したのは、うつ病のためのオンラインサポートグループを見つけたときであった。そこで彼女は、自分の気持ちや、自分の気持ちを正しく理解してくれそうに思えた人たちとの葛藤について話し合うことができた。実際に、フォーラムの外でも一人の人物と連絡をとり、会うことについて話し合った。その新しい友人は、彼女が住む場所から遠くない町に住んでいたからである。オンラインサポートグループでは、彼女にとって興味深い話がいくつか進められていた。

CBTも話題になっていたが、薬物療法についての方がよく話されていた。グループのメンバーは、薬物療法や医療制度のシステムについて、本当に様々な経験をしていたからである。彼女は最初に、最も活動的な人物は二、三人であることに気づいた。彼女自身は、意見をいくつかと質問を一つ書き込んだだけだった。それは、彼女が直接、新しい友達にメールした意見に関連するものであった。

## オンラインサポートグループとは何か

インターネットを利用すると、ピアサポートの機会を気軽に得ることができる。オンラインサポートグループ（インターネットのピアサポートとも呼ばれる

もの）は、セルフヘルプの一つの形式である。類似した問題に悩む人が集まれば、お互いに助け合うことができる、という仮説に基づくものである。メーリングリストやチャットルーム、フォーラム（オンライン掲示板）など、インターネットの様々な場で利用することができる。最も一般的なのは、おそらくフォーラムだろう。時間差のあるやりとりに、リアルタイムのチャットを超える利点があるからである。最近、オンラインの掲示板は、写真や動画の投稿が当たり前のフェイスブックに引き継がれるようになった。オンラインサポートグループは、相互扶助の形式をとる。インターネットには、健康問題について話し合いたい人、質問したい人、答えてあげたい人にとって多くの機会がある。どのグループにも当てはまることであるが、オンラインサポートグループにも実に様々なものがある。

　第一の特徴は、ファシリテーターがいてもガイドなしのグループであるか、専門家が議論を見守っているか、ということである。言い換えると、オンラインサポートグループは、専門家の関わりがまったくなくても展開するが、専門家が組織することもできる。専門家が関わった例の一つに、うつ病の入院治療後に組織された、ドイツのチャットグループがある（Bauer et al., 2011）。オンラインサポートグループでの専門家の関わりは、最小限に抑えることができる。主に、他のメンバーへの攻撃や自傷行為についての危ない助言など、不適切な行動が見られたときに介入を行う。その一方で、正式メンバーとして議論に参加し、議論のポイントを示すなど、もっと積極的に関わることもできる。

　第二の特徴は、グループの働きに関するものである。サポートの主な目的には、情緒的なものや情報的なもの、道具的なものがある。これら三つが組み合わされることも多い。もっとくわしく言うと、サポートグループには、孤独感を減らし、ストレスの影響を弱め、健康や自己管理についての情報を共有し、ロールモデルを提示する可能性がある（Pfeiffer et al., 2011）。バラクら（Barak et al., 2008）は、オンラインサポートグループに潜む機能をいくつか強調している。例えば、オンラインサポートグループによって個人がエンパワメントされる、と主張した。

　オンラインサポートグループの第三の特徴は、グループの構造とメンバーの行動に関するものである。サポートグループの大きさは、ほんの数名から数千名まで、様々である。実際、インターネット利用者数の多さを考えれば、オンラインサポートグループが対面式のサポートグループと少なくとも同程度には広まっている、と研究者が考えるのも当然である（Kaplan et al., 2011）。2013年12月時点で簡単に検索したところ、ヤフーのサポートグループは、うつ病に関わるものだけでも4,110件が見つかった。膨大な数のグループがあることがわかる。

　オンラインサポートグループには、クローズドのものや、公開されていても紹介が必要なもの、義務や入会条件が何もなくて興味のある人にはすべて公開されるものがある。メンバーは出入りしており、その多く（しばしば大多数）が活

動的というよりも、受動的にオンラインフォーラムのやりとりを見守っている（McKenna & Bargh, 1998）。

第四の特徴は、オンラインセルフヘルプグループで見られる作用に関するものである。「オンライン脱抑制効果」は、そうした作用の一つである（Joinson, 1998）。インターネットで意見を述べる人が、他の人と対面したときには通常、直接言ったり、したりしないようなことを表明するという現象である。互助的なサポートグループの文脈においては、少なくともあるメンバーにとっては、自分の生活（健康問題のグループでは医療での経験など）を開示することは明らかに必要となる。正直さと自己開示の両方がセルフヘルプグループでは重要な要素となる。バラクら（Barak et al., 2008）によると、インターネット上では脱抑制が見られることがあり、サポートグループの治療的な機能を促す可能性がある。しかしながら、脱抑制や個人の秘密を曝すことには、潜在的な危険がある（Kelly & McKillop, 1996）。オンラインサポートグループは公開されることが多く（メンバーも出入りできるため）、誰に情報が渡るかコントロールすることが難しいのである。

その一方で、通常のサポートグループでは、匿名性はある程度しか保たれないが、オンラインサポートグループでは容易に匿名性が確保でき、個人情報を隠すことができる。いつでもこれが有効とは限らない。送り手の視覚的な情報がないと、不適切な反応を招くことがあるからである。文字情報にのみ頼るサポートグループでは、誤解を生じさせてしまう。例えば、オンラインサポートグループの

図3.1　サイコセントラル（PsychCentral）うつ病フォーラム
　　　（http://forums.psychcentral.com/depression/）

メンバーは、名前や年齢、ジェンダー、民族を変更して、別人を装うことができる。もちろん、匿名をよしとしないフェイスブックのようなソーシャル・ネットワークの利用が増えれば、こうした状況は変わる。

まとめると、オンラインサポートグループが普及してから約20年が経過し、その数はさらに増している（例えば、図3.1参照）。ソーシャル・ネットワーキングの現れとともに、サポートグループも少しずつ変化するようになったが、多くの健康状態について、色々な言語のオンラインサポートグループが存在している。次は、オンラインサポートグループに参加すれば健康が改善するのか、という明らかな疑問と向き合おう。

## オンラインコミュニティの効果に関する研究

オンラインサポートグループは、いくつかの研究で検証されてきた。時には単独の介入の形で、もしくは介入の一部として、または、CBTの比較試験の対照群としてさえ用いられている。例えば、筆者の研究グループが行った研究がある（例：Andersson et al., 2005）。

一般的なメンタルヘルスの問題に対するオンラインサポートグループの効果から見ていく。グリフィスら（Griffiths et al., 2009a, 2009b）は、抑うつ症状に対するオンラインサポートグループの効果を調べた研究について、系統的レビュー[*1]を行った。ヒューストンら（Houston et al., 2002）による初期の研究（グリフィスらがレビューした研究）では、オンラインサポートグループへの参加によって、抑うつ症状が有意に低下した。ただし、グリフィスがまとめた先行研究は、質が高いものではない。グリフィスらも、抑うつ症状に対するオンラインサポートグループの効果については、良質な比較試験が不足していると考察した。つい最近、カプランら（Kaplan et al., 2011）は、300名の参加者を対象とするランダム化比較試験を行った。参加者は、統合失調症スペクトラムまたは感情障害と診断されていた。採用された参加者は、メーリングリストによるインターネットのピアサポート、掲示板によるインターネットのピアサポート、または統制条件にランダムに割り付けされた。研究の結果、（管理も構造化もなされていない）オンラインサポートグループの参加者が健康状態を改善することはなかった。それどころか、ピアサポートグループに積極的に参加した者は、積極的でない者やまったく参加しない者と比べて、苦しみを報告する傾向が強かった。ここで少し間を置き、オンラインのディスカッショングループに何が期待できるのか考える。バラクら（Barak et al., 2008）の議論によると、オンラインサポートグループは、苦しみの悪影響を取り除くものではない。むしろ、情緒的な安らぎやコントロール感の回復を目指すものであり、それらがエンパワメントの要因となる（Barak et al., 2008）。この主張はもっともであるが、サポートグループは、一般的に、治療法として、または、

従来のケアの代わりとして提供されることがある。しかし、健康への影響について、オンラインディスカッションフォーラムに参加することの効果を調べた比較試験がある。

　研究が盛んに行われる領域の一つに、オンラインのがんフォーラムの役割がある。全体として、オンラインのがんフォーラムに参加する利点については、研究結果がまちまちである（Hoey et al., 2008）。最近、サルツァーら（Salzer et al., 2010）は、直近に乳がんと診断された78名の女性を対象として、インターネットによるピアサポートの利点について調査した。参加者は、インターネットのピアサポートグループまたはインターネットによる心理教育の統制条件にランダムに割り付けた。4か月後、12か月後のフォローアップも実施した。この研究では、知覚されたソーシャルサポート、自己効力感、希望の各尺度において、ピアサポートの利点は何も見つからなかった。さらに、ピアサポート群では、症状や機能を測る主要評価項目において、統制群よりも悪化が見られた。しかしながら、インターネットのピアサポートグループには多くの女性が積極的に参加し、そのサポートに満足したことが報告された。インターネットのピアサポートに関する二つ目の研究は、様々ながんのサバイバー921名を対象としたものである（Høybye et al., 2010）。こちらの比較試験では、通常治療（リハビリテーションのプログラム）が、リハビリテーションプログラム終了後のウェブ上の講義や、インターネットのサポートグループへの参加と比較されている。つまり、インターネットによるサポートが、通常のリハビリテーションに追加された。サルツァーらの研究でも期待通りの結果が見られなかったように、インターネット条件では、6か月後の時点で統制群よりも悪化していた。まとめると、この最近の二つの研究によって、がんのオンラインピアサポートの利点については懸念が生じている。

　オンラインサポートグループの別の使い方は、入院リハビリ治療が終わってから、オンラインのチャットフォーラムを提供するというものである。ハンス・コーディー（Hans Kordy）らによる一連の研究によって、効果が検証された（Golkaramnay et al., 2007）。全体として、こちらの研究結果は、有望なものである。以前の治療に直接関連づけた、オンラインサポートグループの革新的な使い方を示すものである（コラム3.1参照）。

　筆者自身も、オンラインのディスカッショングループを比較試験で採用した経験がある。その効果はまちまちであった。いくつかの比較試験では、統制条件として、議論を管理するディスカッショングループへの参加を設定したところ、多少の例外はあっても、症状がわずかに改善していた。ところが、難聴の高齢者を対象とした研究は例外的であった。ディスカッションフォーラムへの参加によって、統制群に多くの利点が認められたのである（Thorén et al., 2011）。統制群への適用に続いて、筆者らは、オンラインディスカッションフォーラムをインターネットによるCBTの追加要素として加えた。グループに参加したことを喜ぶクライ

エントはいたが、うつ病や不安障害の研究では、ディスカッショングループによって何らかの効果が加えられた、という明確な兆しは得られなかった。他の研究グループもオンラインフォーラムを治療の一部に加えたが、効果が増したという明確な兆しは得られなかった（例：Titov et al., 2008）。

> **コラム 3.1　対面式治療のアフターケアとしてのオンラインチャットグループ**
>
> 　ドイツ、ハイデルベルクの心理療法研究センターにおいて、ハンス・コーディーらは、入院治療後のケアに関して興味深いアプローチを開発した。ドイツでは、精神障害をもつ患者に入院治療を行うことが一般的である。不安やうつの患者も含めてであるが、英国のような国であれば、外来患者として治療することが通常である。ドイツの研究者らは、チャットフォーラムを8〜10名の参加者に割り当てる、一種のオンラインサポートを開発して、効果を検証した。参加者は、チャットルームで週1回90分間、セラピストと会話する。このグループは、誰もが参加できるもので、マニュアルがなかった。期間は12〜15週間で、入院治療を終えた患者の橋渡しとして実施された。グループをガイドするセラピストは、メンバー全員のことを知っていた。治療中に実際に会ったことがあるか、退院時に面接していたからである。比較試験では、オンラインのアフターケアと、チャットフォーラムに参加しなかった統制群の効果を比較した（Golkaramnay et al., 2007; Bauer et al., 2011）。退院後12か月の時点で、チャット参加者（114名）は、統制群（38.5％）と比べて、悪い結果のリスクが有意に低かった（25％）。残念ながら、この研究はランダム化比較試験ではない。しかし、この知見は励みになる。治療後の再発を防ぐ利点を備えた、オンラインサポートグループの革新的な利用法を示したものである。

## オンラインサポートグループについて、臨床家として何と言うべきか

　この本は主にCBTにおけるインターネットの使い方を扱うものである。しかし、オンラインサポートグループについては、章を独立させる必要があると考えた。オンライングループへの参加について臨床家が尋ねることはないが、臨床現場ではよく見られる状況だからである。特定の領域（若者支援など）ではもっと当たり前だろうが、クライエントは、インターネットを使用している。ほとんどの若者にとって、オンライングループやソーシャル・ネットワークの会員になることは、例外的というよりも、普通のことである。今日では、ソーシャル・ネットワーク（フェイスブックなど）がクローズドな形式をとることも多いが、特定

の話題(摂食障害や自傷など)に関するオンラインのディスカッションフォーラムは、今でも、誰でも参加したい人が広く利用できるようになっている。

　CBTの臨床家にとって、オンラインサポートグループ参加の話をいつ持ち出すのか判断するのに重要な問題が二つある。一つ目の問題は、参加することの利点と弊害の可能性である。バラクら(Barak et al., 2008)は、通説に反し、オンラインサポートグループで素人が提供した情報には、ほとんど間違いがないか、害がなかったと結論づけている。これは、決してそうならないと言うわけではない。クライエントは、CBTで学んだメッセージとは明らかに異なる情報を目にする可能性もある。しかし、CBTの利点に関する投稿を目にすることで、自信を得る可能性もある。グループのプロセスは、オンラインのグループで生じる。そのため、セラピストがコントロールできる範囲を超えるが、それでも治療に影響しうる出来事がオンラインのグループでは起こるかもしれない。

　オンライングループに参加するクライエントについて、考慮すべき二つ目の問題がある(再び注意してもらいたいのは、セラピストがたとえ承知しなくても、クライエントはインターネットを使用している)。それは、オンラインフォーラムで、治療経験について他の人たちとやりとりをしているか、そして、それをどのように認識しているか、という問題である。例えば、クライエントは、実際にCBTを経験したことがある人から助言を受けているかもしれない。少し想像してもらいたい。あなたが不安障害のCBTを行っている、と書き込んだことへの反応である。フォーラムの誰かが「私もやってみたけど、まったく役に立たなかった。セラピストはエクスポージャーというものをやらせようとしたけど、私には効かなかった」と書き込む。こうした反応があれば、誰もが落ち込むだろう。治療の場で、オンライングループへの参加を隠していれば、その後のセッションで話し合うこともできない。さらに悪いことに、フォーラムにはセラピストと呼ばれる人がいて、威圧されることもある。もっと肯定的な場面を考えると、フォーラムでは「素人によるCBT」が行われることもある。フォーラムに積極的に参加することによって、悪い助言をもらうよりも、勇気づけられるような体験が本当によく生じる。

### 🔑 実用的な意義とキーポイント

- オンラインのディスカッションフォーラムが普及している。予想よりも多くのクライエントがグループのメンバーになっている。
- オンラインフォーラムに参加することの効果は、まちまちである。利点がある人もいれば、弊害が認められる人もいる。もっとも、そこで力を得たように感じる人も多く、類似した問題をもつ人たちからサポートを受けている。

- フォーラムの活動はCBTに影響する可能性があるため、CBTの臨床家は、オンライングループへの参加についてクライエントに尋ねることを考えてもよい。

● 訳　注
* 1　**系統的レビュー**：ある臨床的な疑問（例：成人のうつ病患者がICBTを受けた場合、そうでない場合と比べて、抑うつ症状が改善するか）について、先行研究を再現可能な条件で網羅的に調査し、批判的に吟味した上で結論を導く文献研究の方法。

● 引用文献

Andersson G, Bergström J, Holländare F, Carlbring P, Kaldo V, Ekselius L. (2005). Internet-based self-help for depression: A randomised controlled trial. *British Journal of Psychiatry*, 187, 456-461.

Barak A, Boniel-Nissim M, Suler J. (2008). Fostering empowerment in online support groups. *Computers in Human Behavior*, 24, 1867-1883.

Bauer S, Wolf M, Haug S, Kordy H. (2011). The effectiveness of Internet chat groups in relapse prevention after inpatient psychotherapy. *Psychotherapy Research*, 21, 219-226.

Golkaramnay V, Bauer S, Haug S, Wolf M, Kordy H. (2007). The exploration of the effectiveness of group therapy through an Internet chat as aftercare: A controlled naturalistic study. *Psychotherapy and Psychosomatics*, 76, 219-225.

Griffiths KM, Calear AL, Banfield M. (2009a). Systematic review on Internet Support Groups (ISGs) and depression (1): Do ISGs reduce depressive symptoms? *Journal of Medical Internet Research*, 11(3), e40.

Griffiths KM, Calear AL, Banfield M, Tam A. (2009b). Systematic review on Internet Support Groups (ISGs) and depression (2): What is known about depression ISGs? *Journal of Medical Internet Research*, 11(3), e41.

Hoey LM, Ieropoli SC, White VM, Jefford M. (2008). Systematic review of peer-support programs for people with cancer. *Patient Education and Counseling*, 70, 315-337.

Houston TK, Cooper LA, Ford DE. (2002). Internet support groups for depression: A 1-year prospective cohort study. *American Journal of Psychiatry*, 159, 2062-2068.

Høybye MT, Dalton SO, Deltour I, Bidstrup PE, Frederiksen K, Johansen C. (2010). Effect of Internet peer-support groups on psychosocial adjustment to cancer: A randomised study. *British Journal of Cancer*, 102, 1348-1354.

Joinson A. (1998). Causes and implications of disinhibited behavior on the Internet. In J Gackenbach (Ed.). *Psychology and the Internet: Intrapersonal, interpersonal and transpersonal implications* (pp.43-60). San Diego: Academic Press.

Kaplan K, Salzer MS, Solomon P, Brusilovskiy E, Cousounis P. (2011). Internet peer support for individuals with psychiatric disabilities: A randomized controlled trial. *Social Science & Medicine*, 72, 54-62.

Kelly AE, McKillop KJ. (1996). Consequences of revealing personal secrets. *Psychological Bulletin*, 120, 450-465.

McKenna KYA, Bargh JA. (1998). Coming out in the age of the Internet: Identity "demarginalization" through virtual group participation. *Journal of Personality and Social Psychology*, 73, 681-694.

Pfeiffer PN, Heisler M, Piette JD, Rogers MA, Valenstein M. (2011). Efficacy of peer support interventions for depression: A meta-analysis. *General Hospital Psychiatry*, 33, 29-36.

Salzer MS, Palmer SC, Kaplan K, Brusilovskiy E, Ten Have T, Hampshire M et al. (2010). A randomized, controlled study of Internet peer-to-peer interactions among women newly diagnosed with breast cancer. *Psycho-Oncology*, 19, 441-446.

Thorén E, Svensson M, Törnqvist A, Andersson G, Carlbring P, Lunner T. (2011). Rehabilitative online education versus Internet discussion group for hearing aid users: A randomized controlled trial. *Journal of the American Academy of Audiology*, 22, 274-285.

Titov N, Andrews G, Schwencke G, Drobny J, Einstein D. (2008). Shyness 1: Distance treatment of social phobia over the Internet. *Australian and New Zealand Journal of Psychiatry*, 42, 585-594.

 参考文献

Bargh JA, McKenna KYA. (2004). The Internet and social life. *Annual Review of Psychology*, 55, 573-590.

Davison KP, Pennebaker JW, Dickerson SS. (2000). Who talks? The social psychology of illness support groups. *American Psychologist*, 55, 205-217.

# 第4章
# インターネット経由のアセスメント

**この章で学ぶこと**　この章では、以下のことを学ぶ

- 自己報告尺度はどのようにインターネットに移すことができるか
- 診断尺度はインターネットで実施するとどうなるか
- オンライン質問票の心理測定学的特性
- オンライン質問票をどのように日常臨床に組み入れるか

**背景**　マークが対面式治療をちょうど受け始めた頃だった。担当のセラピストから、回復の度合いを一緒に把握できるように、抑うつ尺度に毎週回答するのはどうかと提案された。インターネットを定期的に使用しているかと尋ねられ、マークは使っていると答えた。すると、セラピストからオンラインプロフィールを作成することも勧められた。オンライン尺度にログインして入力すれば、毎回の面接前にセラピストが確認できる、ということだった。マークはまた、セラピストにメッセージを送ったり、オンラインで予約を確認したりすることもできるようになった。そのおかげで便利になった。さらにそのサイトには、自分の生活がモニタリングできるように、治療経過の概要も示されていた。治療が終結したとき、マークは、オンライン尺度に入力する機会が役に立ったと感想を述べた。具合が悪いときには、書類をなくしたり、予約を忘れたりすることがあったからである。

　医療現場で働く臨床家には、クライエントの治療経過を記録する義務がある。ここには、心理療法の記録も含まれる。CBTに取り組む臨床家は、治療経過や転帰を評価するために、検証済みの自己報告尺度を用いることが多くなった。インターネットを使用すれば、オンラインで自己報告尺度を実施できるようになる。さらに、研究者は、予備的診断が行えるスクリーニング尺度の開発に取り組んでいる。スマートフォンを利用すれば、生態学的に妥当性の高い状況で、関心のある問題（例えば、不安）をリアルタイムに測定する機会が得られる（Boschen & Casey, 2008）。[*1]

## 自己報告尺度

　自己報告尺度は、インターネットが普及するのとほぼ同時に、インターネットで行われてきた（Buchanan, 2002）。インターネットでの尺度の実施については、質問紙の場合と似ているが、相違点もある。

　まず、オンラインで実施すると、すべての項目を一緒に提示する場合と異なり、一度に一つの質問項目が提示できる。次に、回答忘れや回答ミスが防げる。ディスプレイのフォントサイズを変更することで、誤りをさらに最小限に抑えることができる。さらに、質問票の回答に要する時間がわかるように、クライエントにプログレスバーを提示することもできる。

　他にも利点がある。オンラインで実施すれば、採点が即座に完了し、結果をすぐにスクリーン表示することができる。オンライン質問票には、双方向的な機能を含めることもできる。例えば、スクリーニングの結果、クライエントにその尺度で測るような問題がないことがわかれば、後に続く質問を省略することができる。オンラインで実施することにより、自己開示の意欲やセンシティブな情報の共有が促されることも示されている（脱抑制効果に関する第3章の議論を参照のこと）。

　臨床家や研究者にとって、オンライン管理は、時間の節約になる。質問紙からコンピュータにデータ入力する必要がないからである。オンライン質問票は、もちろん、実施に要する紙の削減にもなる。必要に応じて、各項目を簡単に付け加えたり、変更したりできることも利点の一つである。筆記式の質問紙では、大量にコピーした場合、つづり間違いを修正することが難しいだろう。しかし、オンラインの質問票では、即座に修正することが可能である。臨床家も研究者も、わかりやすいインターフェイスが利用でき、特別なプログラミングスキルがなくても、尺度の項目を簡単に修正することができる。

　さらには、オンラインで毎週測定することによって、自殺念慮や症状の悪化をモニタリングすることができる。これは、かなりの数の相談を抱える臨床家にとっての合図になるだろう。こうした実践が行われているのが、ストックホルムのカロリンスカ研究所のインターネット精神科病棟である。ここでは、不安や抑うつの治療を受ける患者が、治療の際にログインして、毎週、尺度に回答することが求められる。患者の自殺念慮の得点が高まれば、これが合図となり、患者に注意が必要である、というメッセージが臨床家に届く。セラピストはまた、セラピスト用の管理画面（いわゆるバックエンド）で、概要を把握することができる。図4.1にその一例を示した。

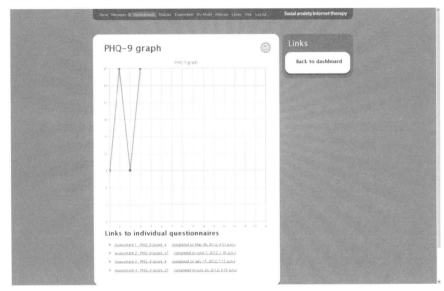

図4.1　PHQ-9（Patient Health Questionnaire 9；患者の健康に関する質問票9）の得点グラフの例

## 潜在的な問題

　オンライン質問票には、もちろん、いくつかの問題点が考えられる。第一に重要な問題は、「セキュリティ」に関するものである。これは、インターネットのあらゆる臨床実践に関わるものである（Bennett et al., 2010）。質問票のデータを収集する段階で重要となるセキュリティには、いくつかの種類がある。ベネット（Bennett et al., 2010）の用語を借りると、1番目は「方法論的セキュリティ」である。これはアプリケーションの設計や使用する技術、データの運用方法に関わるものである。ここでは、パスワードの保護やシステム認証の方法が問題として検討される。この種の問題には、データがどのように保存され、管理されるかというものもある。

　セキュリティの種類の2番目は、「技術的セキュリティ」である。アプリケーションの技術的側面をすべて網羅するものである。これには（外部要素が含まれるかもしれない）アプリケーションのソフトウェアが含まれる。ユーザー入力の検証は、もう一つの技術的問題である。コンピュータに特有の注意点（不正アクセスやファイヤーウォールなど）もある。

　ベネットらが特定したセキュリティの3番目は、「手続き的セキュリティ」である。これはむしろ、新たな脅威が現れたり、欠陥が見つかったりした際の、システム運営やアップデートの仕方に関わっている。

　質問票をインターネットに移す場合には、第二の問題が潜んでいる。検証され

た尺度の多くは著作権で保護されている。心理テストの出版社にも、オンライン使用の取り扱いについて定められていないことがある。無料で使える尺度もあることから、ますますオンラインの使用は一般化すると考えられる。筆者らが調査で講じた部分的な解決策は、心理テストの出版社と契約を交わし、オンラインでの実施に対して料金を支払うことであった。データ収集はすべて、第三者（オンライン調査を専門とする会社など）に委託する、という解決策もあるかもしれない。この場合は、臨床家が収集データを自由に扱えないことがあり、注意を要する。

第三の問題は、ヒューマンファクター（人的要因）に関わるものである。クライエントは、自分のパソコンにあるセンシティブな情報には十分配慮していないかもしれない。例えば、ログアウトをし損ねれば、質問票への回答を他人に見られるおそれがある。こうした事態は、自宅で、筆記式の質問紙に回答する場合とあまり変わらない。もっとも、クライエントは、コンピュータでの行動を意図せずに曝してしまうリスクには気づいていないかもしれない。

ヒューマンファクターに関連するリスクとして、クライエントによっては、システムが難しくて使えなかったり、ログインの問題やパスワードの喪失で意欲がそがれたりすることがある。臨床家もまた間違えることがある。クライエントのインターネット接続がうまくいかない場合、サーバーのプロバイダーだけではなく、ローカルの端末によって、技術的な障害が生じることもある。

## 筆記式からどのように移すか

筆記式の質問紙をインターネットに移す際には、検討すべきポイントがある。この本は、プログラミングの課題を扱うものではなく（CBTの臨床家の多くはプログラマーではないので）、技術的な問題は大抵、プログラミングの扱いを心得ているIT技術者に任せるのが一番である。病院に勤務する臨床家であれば、IT部門のスタッフが見つかるかもしれない。オンライン質問票に関するクエリ[*2]の扱いに慣れているスタッフや、多少訓練すれば臨床家も使用できるシステムを構築してさえいるようなスタッフである。大学にも独自のITサービスがある。開業の臨床家にも、大きな組織とつながりをもち、オンライン質問票を使い始めるのに支援が受けられるような人がいる。治療でのインターネット活用を検討する際には、オンライン質問票の導入から始めることを勧めたい。多くの重要な問題（セキュリティやデータ管理、セラピストとクライエントのセキュアなやりとりなど）がすでに、この段階で関わってくるからである。

さらに、オンライン質問票は、治療のシステムに組み込むことが望ましい。オンライン質問票については、商用のソリューションも多くあるが、データの保存場所を含めて、セキュリティやデータ管理については最優先に考えることを勧める。オンライン質問票のシステムについては、最近の課題の一つとして、様々な

端末からウェブページでの誘導が行えるようにすべきであるということがある。コンピュータではなく、スマートフォンやタブレットを利用する人が増えている。ウェブページを構築するときには、こうした端末で質問票を表示させる場合に、画面が最適化されるようにすべきである。

オンライン質問票は、臨床家が容易に設定できるように作るべきであるが、それはプログラムにテキストエディタを備えれば可能となる。注意点として、質問項目には何度も目を通し、自らシステムを検証する。システムが採点するものであれば、採点結果も検証することが望ましい。

オンライン質問票を使い始めるときに、知っておくべき重要な点がある。自己報告尺度は、インターネットで利用したときにも十分機能することがわかっている。しかし、別々の基準が必要になるかもしれない（Buchanan, 2002）。治療効果を評価するときに尺度の形式を変えることは勧められない。言い換えると、クライエントが最初はオンライン尺度に回答し、治療が終わってからは筆記式の尺度に回答したとする。それぞれのテスト環境が、インターネットか筆記式かで異なれば、二つの形式は同じではない可能性がある。

導入にあたっての最後のポイントは、クライエント自身の生活環境で日常的なデータを取得できる見込みがある、というものである。スマートフォンのアプリケーションは急速に進化しており、それらを用いて測定することができる。もっとも、クライエントが望まない限り、スマートフォンで長時間のアセスメントを行うことは実際的ではない。

## オンラインアセスメントの研究

インターネットを介した質問票の実施については、調査研究がいくつか行われている。質問票は、筆記式の心理測定学的な特徴（内的整合性や因子構造、その他の構成概念との相関関係など）を保ちながら、インターネットに移すことが望ましい。さらに、国際テスト委員会（International Test Commission, 2006）は、二つのバージョンが生み出す数値（比較できる平均値や標準偏差、比較できる信頼性や信頼性の推定から見込まれる水準の相関関係）のエビデンスを示すように勧めている。CBTで使用される尺度のいくつかで、こうした数値が得られている。例えば、筆者らは最近、ベック抑うつ尺度（BDI-II）（Beck et al., 1996）の検証を行った。かかりつけ医や精神科から患者を募り、BDI-IIともう一つの抑うつ尺度を、筆記式とインターネット形式で実施した（Holländer et al., 2010）。順序効果（例：どちらの回答形式を選ぶかで、同じ尺度を用いても、次の回答の仕方が影響されること）を統制するため、提示順はランダムにした。調査の結果、二つの実施形式は、心理測定学的な性質がほぼ同じであることがわかった（両方とも優れていた）。先行研究に沿う結果として、形式と順序には有意な交互作用が認められたが、くり

返し測定を行う際の実施形式を変えなければ、これは大きな問題にはならないと考えられた。

　CBTに関わる例は他にもある。いくつか例を挙げると、不安障害の領域では、パニック障害（Carlbring et al., 2007）、社交不安障害（Hirai et al., 2011）、強迫性障害（OCD）（Coles et al., 2007）、そして、全般性不安障害（Zlomke, 2009）のためのオンライン質問票が検証されている。行動医学では、その他、耳鳴りの例が挙げられる（Andersson et al., 2003）。

　一つの重要な問題は、クライエントや臨床家の好みに関わるものである。これは変化する標的である。クライエントがますますインターネットに親しむようになり、安全だと思えるようになれば、オンライン尺度を怪しむ人はほとんどいなくなるからである。通常外来の患者を対象とした研究では、インターネットでの尺度の実施に対して高い満足感が示されていた。そして、経過観察については、実際のところ、診察室での質問紙よりもオンライン質問票の方法が好まれることが判明した（Zimmerman & Martinez, 2012）。その一方で、臨床家はオンライン質問票には不慣れかもしれないが、筆者が知る限り、このことについては調査されていない。

## コラム 4.1　オンライン質問票の心理測定学的特性

　オンライン尺度の心理測定学的特性については、独立した研究が行われている。尺度全般に言えることだが、尺度項目は、十分なα係数が得られる程度に、相互に関連しなければならない。通常、一つの尺度を構成したと言うためには、いわゆるクロンバックのα係数が少なくとも0.70、理想的には0.90以上でなければならない。

　オンライン尺度の研究では、クロンバックのα係数を報告することが一般的である。例えば、ヘッドマンら（Hedman et al., 2010）は、二つの異なる集団のデータを用いる方法で、心理測定学的特性を基本的に比較する方法をとった。

　使用した尺度の一つは、自己報告尺度のリーボヴィッツ社交不安尺度（Liebowitz Social Anxiety Scale）である（Baker et al., 2002）。ヘッドマンらは、インターネット形式と筆記式による実施では、クロンバックのα係数が同じであったと報告している（α=0.94）。彼らは、尺度の相関も報告している。しかし、議論の余地はあるかもしれないが、別々のサンプルを使うアプローチでは、二つの実施形式が交換可能なのかという疑問に直接答えることにはならない。

ヒライら（Hirai et al., 2011）は、類似のものであるが、非臨床群に対する研究を行った。ヘッドマンらと同じく、クロンバックのα係数については優れた値が示された。さらに、二つの形式の因子構造も類似していた。しかしながら、測定モデルのパラメーターが群間で等しいときに成立する測定不変性についても分析を行ったところ、このより洗練された方法を用いた場合、どの社交不安尺度についても、二つのアセスメントの形式間に測定不変性を確認することはできなかった。インターネットでの実施を評価するのにもう少し手のかかる方法は、比較試験である。カールブリングら（Carlbring et al., 2007）は、時間内に終了する二つのテスト状況を用いて、ランダム化クロスオーバー試験を行った。パニック障害の比較試験の参加者494名を対象とし、インターネット、または筆記で尺度に回答する条件にランダムに割り付けた。その後、翌日に、もう一方の形式を用いた同一尺度に回答させた。その結果、二つの実施形式については、同様の心理測定学的性質が示された。ただし、順序効果の分析により、実施の形式については、測定箇所で変更すべきではないと結論づけられた。

　多くの点で、オンラインの測定は、コンピュータメディアの利点を十分に活かしていない、と言うこともできる。例えば、オンライン質問票を研究や臨床実践で用いることは珍しくないが、アセスメントの手続きに画像や動画を含めることは非常に珍しい。その一方で、スクリーニング項目があり、否定的な反応があれば余分な質問が省略できるオンライン質問票を用いることはよくある。これは、もちろん筆記式の質問紙でも行うことができるが、オンライン質問票を使う方がはるかにわかりやすい。

## 診断手続き

　自己報告尺度をオンラインで実施すれば、筆記式の場合と同等（以上）の尺度特性を得られることが判明しているが、診断面接の完全な手続きがインターネットで提供できるかどうかについてははっきりしていない。一番の障害は、自己報告に頼る手続きが、訓練された臨床家の面接結果と十分に一致しない、ということである（Eaton et al., 2000）。例えば、筆者の研究グループでは、構造化診断面接法である統合国際診断面接（Composite International Diagnostic Inteview; CIDI）短縮版（Kessler et al., 1998）の妥当性について調査した。パニック障害の治療を求める患者に対して、インターネットを介して、このCIDI短縮版と呼ばれる尺度を実施した。その後、すべての患者に対して、実際に精神科面接を行った（ゴールドスタンダード、すなわちDSM-IV第I軸障害のための構造化診断面

接〔Structured clinical interview for DSM-IV Axis I Disorders; SCID-I〕）（First et al., 1997）。二つのアプローチの一致率は、十分なものではなかった（Carlbring et al., 2002）。この残念な結果を受けて、筆者らは、自己報告の診断に電話面接を補うことで、研究の診断手続きの信頼性を高めることにした。他の研究グループの試みはもっと肯定的なものであった。ファーボルデンら（Farvolden et al., 2003）は、ウェブで実施したスクリーニングテストと、その後の診断面接との間に一致を見出している。ただし、全般性不安障害については一致率があまり高くなかった。

　医療診断を行うのに自己報告（尺度と似たもの）のみを用いるのは不十分である。しかし、セキュリティの問題に対処できれば、ウェブカメラを使用することができる。この領域についての研究のことはよくわからないが、遠隔地の患者を面接する際に、例えばスカイプ（Skype）でウェブカメラを時々用いている臨床家のことは承知している（Armfield et al., 2012）。もちろん、医療に関する法的な問題があり、少なくとも一度は患者の診察を実際に会って行わなければならない病院もある。こうした必要や義務がないときには、すでに述べたように、診断カテゴリーについて十分な情報を得られることが多い電話面接で、自己報告のデータを補うことができる。この根拠となる研究も存在している（Crippa et al., 2008）。身体症状の治療を行うときには、かかりつけ医への受診を患者にまず求めることが役に立つ。実際、かかりつけ医は、リファーの責任まで負ってくれるかもしれない。開業の臨床家がインターネットによる査定や治療を考える場合は、国や専門家によって異なる可能性もあるので、医療に関する法的な問題について検討することが重要である。

## 実験のための手段

　この章では、自己報告尺度に焦点を当てているが、それは、基本的には、筆記式テストをコンピュータでの実施に移すことだけを意図している。しかしながら、その他の種類のテストも存在する（CBTの調査や、最近では治療でよく使用されるもの）。多くの研究において、しばしばコンピュータを用いた、様々な種類の情報処理テストが扱われている。例えば、情動ストループ色命名課題やドット・プローブ課題である[*3][*4]（詳細はHarvey et al., 2004を参照）。そして、こうしたテストがインターネットでどのように実施できるかの研究が行われている（例：Johansson et al., 2008）。研究の主な制約は、タイミングや、研究室外のコンピュータから正確な反応時間を得ることに関連しているが（例えば、測定のより技術的な側面）、研究室外でテストを実施する、手続き的な問題も存在している。最近の進歩は、注意修正訓練である（ドット・プローブ課題の修正版を使用している）。いくつかの研究でその効果が確認されている（例：Amir et al., 2009）。しかしながら、筆者らが同じ治療をインターネット経由で実施したときには、同様に機能するようには

見えなかった（Carlbring et al., 2012）。スクリーンショットの一例を図4.2に示す。

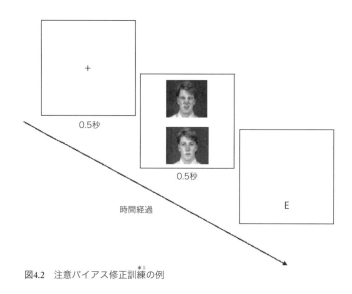

図4.2　注意バイアス修正訓練の例[*5]

## オンラインのアセスメントを日常臨床にどのように組み入れるか

　この本の主要テーマは、CBTにおけるインターネットの活用である。CBTではアセスメントが重要な役割を担っている。医療場面ではますますアセスメントや情報管理のコンピュータ化が進んでいる。それは、多くの臨床家が、CBTの中でさえも、コンピュータやインターネットと日常的に関わっているということである。診療記録も徐々にコンピュータ化され、患者が自宅から自分の診療記録にアクセスできるような進歩が生まれている。こうした急速な変化にしたがって、オンラインのアセスメントは、通常のサービスに組み込まれることになるだろう。臨床家にとって、これは実に、現代の情報技術を自らのサービスに組み入れる最初の一歩になるかもしれない。セキュリティの問題に対処できれば、オンライン質問票の実施には多くの利点がある。そして、オンライン質問票によるアセスメントは、これが実施できない人も出てくるだろうが、次第に筆記式のアセスメントに取って代わることになるだろう。オンライン質問票によるアセスメントを始めるには、多くの方法がある。セキュリティやデータ管理の問題を扱うにしても、システムを購入したり、はじめから構築したりするにしても、様々な方法がある。オンラインの治療ポータルの多くにアセスメントも組み込まれているが、アセスメントと治療が別々の場所で行われるケースもある。

### 実用的な意義とキーポイント

- 実証された自己報告尺度であれば、測定特性を保ったまま、インターネットでも実施できることが判明している。しかしながら、臨床家が治療効果を評価する際には、一貫して一つの形式を用いることが勧められる。
- インターネットを介したすべての臨床活動と同様に、インターネットを通じてデータを収集する場合は、セキュリティが重要となる。
- スクリーニングの手続きをインターネットで進めることはできるが、少なくとも電話で患者と話したりせずに、内科または精神科の疾患を的確に診断することは不可能である。
- 情報処理の実験的なテストで、インターネットに移せるものがいくつかある。もっとも、アセスメントの手続きでは、インターネットの利点の多くが十分には活かされていない。
- インターネットを治療サービスに組み込む第一歩は、オンラインアセスメントを始めることである。それによって、筆記式のアセスメントを補ったり、代替したりできる。また、クライエント自身の生活環境で実施することもできる。

- ●訳　注
- ＊1　**生態学的に妥当性の高い状況**：実験的な状況ではなく日常生活に近い状況のこと。
- ＊2　**クエリ**：データベースのデータを抽出したり、処理したりするためのコンピュータ言語。
- ＊3　**情動ストループ色命名課題**：被験者に彩色した単語の色を答えさせる実験課題のこと。単語の意味（情動価）によって反応に遅延が生じるため、注意バイアス（注意の偏り）の測定に用いられる。
- ＊4　**ドット・プローブ課題**：例えば、コンピュータ画面に注視点を示した後、同じ人の顔を二つ、続いて顔の代わりに目印を表示し、被験者にその位置（上下）を回答させる。脅威となる顔の位置に目印を表示する場合とそうでない場合の反応時間を比べると、その顔の表情に対する注意バイアスが判明する。
- ＊5　**注意バイアス修正訓練**：社交不安障害の治療法の一つで、他者からの否定的評価に敏感な注意バイアスを和らげる手続きのこと。ドット・プローブ課題を用いる場合、嫌な顔（脅威となる表情）ではなく、無表情な顔の後（位置）に目印を表示することで、注意の仕方を誘導することができる。

●引用文献

Amir N, Beard C, Taylor CT, Klumpp H, Elias J, Burns M et al. (2009). Attention training in individuals with generalized social phobia: A randomized controlled trial. *Journal of Consulting and Clinical Psychology*, 77, 961-973.

Andersson G, Kaldo-Sandström V, Ström L, Strömgren T. (2003). Internet administration of the Hospital

Anxiety and Depression Scale (HADS) in a sample of tinnitus patients. *Journal of Psychosomatic Research*, 55, 259-262.

Armfield NR, Gray LC, Smith AC. (2012). Clinical use of Skype: A review of the evidence base. *Journal of Telemedicine and Telecare*, 18, 125-127.

Baker SL, Heinrichs N, Kim HJ, Hofmann SG. (2002). The Liebowitz Social Anxiety Scale as a self-report instrument: A preliminary psychometric analysis. *Behaviour Research and Therapy*, 40, 701-715.

Beck AT, Steer RA, Brown GK. (1996). *Manual for the Beck Depression Inventory-II*. San Antonio, TX: Psychological Corporation.（小嶋雅代・古川壽亮（日本語版作成）(2003). BDI-II ベック抑うつ質問票　手引　日本文化科学社）

Bennett K, Bennett AJ, Griffiths KM. (2010). Security considerations for e-mental health interventions. *Journal of Medical Internet Research*, 12(5), e61.

Boschen MJ, Casey LM. (2008). The use of mobile telephones as adjuncts to cognitive behavioral psychotherapy. *Professional Psychology: Research and Practice*, 39, 546-552.

Buchanan T. (2002). Online assessment: Desirable or dangerous? *Professional Psychology: Research and Practice*, 33, 148-154.

Carlbring P, Apelstrand M, Sehlin H, Amir N, Rousseau A, Hofmann S et al. (2012). Internet-delivered attention bias modification training in individuals with social anxiety disorder: A double blind randomized controlled trial. *BMC Psychiatry*, 12, 66.

Carlbring P, Brunt S, Bohman S, Austin D, Richards J, Öst L-G et al. (2007). Internet vs. paper and pencil administration of questionnaires commonly used in panic/agoraphobia research. *Computers in Human Behavior*, 23, 1421-1434.

Carlbring P, Forslin P, Ljungstrand P, Willebrand M, Strandlund C, Ekselius L et al. (2002). Is the Internet administered CIDI-SF equivalent to a human SCID-interview? *Cognitive Behaviour Therapy*, 31, 183-189.

Coles ME, Cook LM, Blake TR. (2007). Assessing obsessive compulsive symptoms and cognitions on the Internet: Evidence for the comparability of paper and Internet administration. *Behaviour Research and Therapy*, 45, 2232-2240.

Crippa JA, de Lima Osório F, Del-Ben CM, Filho AS, da Silva Freitas MC, Loureiro SR. (2008). Comparability between telephone and face-to-face structured clinical interview for DSM-IV in assessing social anxiety disorder. *Perspectives in Psychiatric Care*, 44, 241-247.

Eaton WW, Neufeld K, Chen L-S, Cai G. (2000). A comparison of self-report and clinical diagnostic interviews for depression: Diagnostic interview schedule and schedules for clinical assessment in neuropsychiatry in the Baltimore epidemiologic catchment area follow-up. *Archives of General Psychiatry*, 57, 217-222.

Farvolden P, McBride C, Bagby RM, Ravitz P. (2003). A Web-based screening instrument for depression and anxiety disorders in primary care. *Journal of Medical Internet Research*, 5, e23.

First MB, Gibbon M, Spitzer RL, Williams JBW. (1997). *Structured clinical interview for DSM-IV Axis I Disorders (SCID-I)*. Washington, DC: American Psychiatric Press.

Harvey AG, Watkins E, Mansell W, Shafran R. (2004). *Cognitive behavioural processes across psychological disorders: A transdiagnostic approach to research and treatment*. Oxford: Oxford University Press.

Hedman E, Ljótsson B, Rück C, Furmark T, Carlbring P, Lindefors N et al. (2010). Internet administration of self-report measures commonly used in research on social anxiety disorder: A psychometric evaluation. *Computers in Human Behavior*, 26, 736-740.

Hirai M, Vernon LL, Clum GA, Skidmore ST. (2011). Psychometric properties and administration measurement invariance of social phobia symptom measures: Paper-pencil vs. Internet administrations. *Journal of Psychopathology and Behavioral Assessment*, 33, 470-479.

Holländare F, Andersson G, Engström I. (2010). A comparison of psychometric properties between Internet and paper versions of two depression instruments (BDI-II and MADRS-S) administered to clinic patients. *Journal of Medical Internet Research*, 12(5), e49.

International Test Commission. (2006). International guidelines on computer-based and Internet-delivered testing. *International Journal of Testing*, 6(2), 143-171.

Johansson L, Carlbring P, Ghaderi A, Andersson G. (2008). Emotional Stroop via Internet among individuals with eating disorders. *Scandinavian Journal of Psychology*, 49, 69-76.

Kessler RC, Andrews G, Mroczek D, Ustun B, Wittchen H-U. (1998). The World Health Organization composite international diagnostic interview short-form (CIDI-SF). *International Journal of Methods in Psychiatric Research*, 7, 171-185.

Zimmerman M, Martinez JH. (2012). Web-based assessment of depression in patients treated in clinical practice: Reliability, validity, and patient acceptance. *Journal of Clinical Psychiatry*, 73, 333-338.

Zlomke KR. (2009). Psychometric properties of internet administered versions of Penn State Worry Questionnaire (PSWQ) and Depression, Anxiety, and Stress Scale (DASS). *Computers in Human Behavior*, 25, 841-843.

 参考文献

Birnbaum MH (Ed.), (2000). *Psychological experiments on the Internet*. San Diego: Academic Press.

Emmelkamp PM. (2005). Technological innovations in clinical assessment and psychotherapy. *Psychotherapy and Psychosomatics*, 74, 336-343.

# 第5章
# オープンアクセスのガイドなし治療プログラム

> **この章で学ぶこと**　この章では、以下のことを学ぶ
> - オープンアクセスの（自由にアクセスできる）ガイドなしプログラムの性質
> - オープンアクセスのプログラムに期待できる機能
> - ガイドなしオープンアクセスプログラムの効果
> - オープンアクセスプログラムはどのように対面式CBTの補助手段として利用できるか
> - オープンアクセスプログラムでアドヒアランスや効果を高める方法[*1]

**背景**　ジョージは、不安や気分の落ち込みで何年間も悩んでいた。しかし、心理士（や精神科医）のところには行かない、と決めていた。それでも、かかりつけ医からは投薬治療を受けていた。前回、睡眠導入剤の処方で診察を受けたときに、彼は少し驚いた。心理療法を無料で提供する、良いプログラムがウェブにあると聞かされたからである。医師は、話のついでに述べただけで、直接、そうしたプログラムを勧めはしなかった。しかし、ジョージはもっと知りたくなり、帰宅後にインターネット検索をして、オーストラリアのムードジム（MoodGYM）を見つけた。失うものは何もないと考えて会員登録をし、プログラムを目にした。彼は、誰にも話す必要がないことを知って喜んだ。重篤な人向けのプログラムではないこともわかったので、信頼できそうな情報源だ、と強く感じた（彼は自分の問題がそこまでひどくはないと考えていた）。

## オープンアクセスの治療プログラムとは何か？

インターネットでCBTを提供するプログラムには、クローズドのもの（登録が必要なもの）とオープンなもの（登録が不要なもの）がある。クローズドの場合は、慎重なアセスメント手続きや対面式アセスメントのための受診を求められることも多い。こうした治療は、臨床家がガイドを行う傾向が強く、大学やクリニックが提供している場合も多い。こうした形式については、後の章で扱う。この章で焦点を当てるCBTのプログラムは、一般にオープンにされ、無料であることも多く、治療者によるガイドがないものである。内容については、オープン

アクセスのCBTプログラムは、クローズドのプログラムと類似している。しかし、ガイドが行われるかどうかという点でいくつかの相違点が生じる。あるプログラムを完全にオープンで、ガイドなしの状況にするとしたら、緊急対応に必要となる利用者情報は取り扱えない。例えば、自殺念慮に関する情報を得るには適さない。そうした情報への対応として、相談先についての助言を自動的に送ることしかできないからである。したがって、オープンアクセスプログラムは、重度の問題や緊急の問題を抱えていないクライエント向けであることが多い。臨床群の治療よりも、疾病予防のために計画されていることが多い。そして、オープンアクセスのプログラムは、対面式治療の補助として利用できるかもしれない（そして、セラピストや専門家でない人がガイドすることもできる）が、そのように計画されたものではない。多くの点で、オープンアクセスのCBTプログラムは、多くの人がインターネットに期待するようなものである。簡単にアクセスでき、コストが少なく、利用者や開発者からの要求がないものである。その一方で、これらは、標準的なCBTと同じように機能することが期待されている。オープンアクセスプログラムには、しばしばCBTの主要な治療的要素が含まれている。ガイドなしのプログラムにはどのようなものが含まれるのか、一つの例を図5.1に提示した。

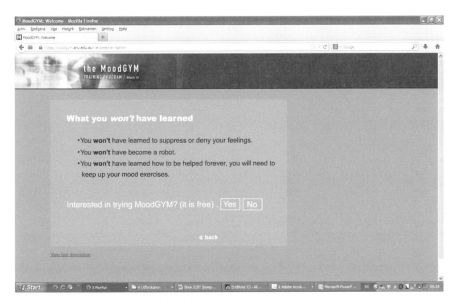

図5.1 ムードジムプログラムのスクリーンショット
(https://moodgym.anu.edu.au/welcome/new/splash)

ガイドなしのオープンアクセスプログラムには、いくつかの利点がある。何よりも、より多くの人たちにCBTを提供することができる。効果があることがわかれば、社会的なコストを削減することができる。利用者が臨床家とやりとりする必要がないので、スティグマを軽減することもできる。オープンアクセスプログラムの利用は、段階的な治療プロセスの第一歩になるかもしれない。ある種の人たちにとっては、もっとエビデンスのある支援を求めるきっかけにもなりうる（Christensen et al., 2006b）。さらに、オープンアクセスのインターネット療法プログラムには、匿名性が保たれるという利点もある（Christensen, 2010）。これは、医療現場で提供されるクローズドのプログラムでは不可能なことである。オープンアクセスプログラムの機能の多くは自動化されているので、利用者は魅力を感じるのかもしれない。人によっては、オープンアクセスのCBTプログラムが非常に有効であり、プログラムを終えた後には、それ以上の治療を必要としないこともある。

しかしながら、オープンアクセスプログラムには、よく知られる弱点もある。一番よく知られるのが、ガイドなしのオープンアクセスプログラムはドロップアウト率が高いということである（Eysenbach, 2005）。利用者登録した人の多くは、治療を終えることがない、または、治療を始めることすらしない。2番目の潜在的な弱点は、効果の低さである。多少の例外はあるものの、ガイドの有無によるプログラムの比較試験によって明らかにされている。3番目の弱点が関わるのは、クライエントの安全性である。重篤な問題をもつ人にはプログラムを使わないように助言する必要がある。問題となる可能性がある状態（重度の精神障害など）については情報収集ができないこともある。最後に、利用者は免責事項を見ないようにしている可能性がある。そのため、免責事項で制限していても、重篤な問題をもつ人が治療プログラムにアクセスすることもある。内容面については、当然のことながら、ガイドなしのオープンアクセスプログラムには、より軽度なメンタルヘルスの問題に焦点を当てる傾向がある。そのため、対面式治療のプロトコルで用いられるような、治療パッケージがすべて含まれることはまれである。

まとめると、臨床家が管理していない、オープンアクセスのCBTプログラムには、賛否両論がある。コストがかなり抑えられ、非常に多くの人に届けることができる。その一方で、嫌な経験をしてプログラムから離れた人にとっては、失望させられるものであるかもしれない。インターネット療法の分野でも、オープンアクセスプログラムの価値については研究者の意見が一致していない。オープンアクセスプログラムに反するような根拠（例えば、対面式CBTへの参加意欲を削ぐ）は、強いものではない。また、オープンアクセスプログラムのドロップアウト率は非常に高く、アドヒアランスも低いことが多いが、恩恵を受けるクライエントもいる、ということが議論されている。オープンアクセスプログラムを一人分増やしても、追加コストは最小限なので、失われるものはない。サービス

が行き届かない地域の支援を考えれば、代替策もあまり見つからない。こうした状況は、セルフヘルプ本の市場とあまり変わらない。セルフヘルプ本を買っても、多くの人は読み終えないか、一部しか読まないのが実際のところであろう。

CBTに基づくオープンアクセスプログラムは、乱立している状況である。英語で利用できるプログラムについて良質な情報を得るためには、ビーコンのウェブサイトを参照することができる（https://beacon.anu.edu.au/）（図5.2）。健康関連のウェブサイトを列挙して質を評価し、利用者の特性を調べ、利用者のフィードバックを公表するものである（Christensen et al., 2010）。ビーコンは、インターネット療法のすべてを網羅したものではなく、（大部分は英語の）研究で検証されたサイトを中心に取り扱っている。それでも、オンラインCBTに関心をもつ臨床家や研究者にとっては、有益なリソースになる。

図5.2　ビーコンのウェブサイト（https://beacon.anu.edu.au/）

## オープンアクセスの治療プログラムの効果についての研究

### ■系統的レビュー

インターネットを介した治療については、系統的レビューやメタアナリシス*2がいくつか行われている。しかし、他の条件と比べて、オープンアクセスやガイドなしのプログラムのみに焦点を当てる研究は行われていない。キュパーズら（Cuijpers et al., 2011）は、臨床家との接触が一切ない、うつ病に対するガイドなし治療のメタアナリシスを行った。筆者もまたこの研究に携わった。レビュー

には七つの比較試験しか含めることができなかった。対象者の合計は1,362名であった。研究の大部分（7分の6）は、インターネット治療に関するものであった。全体的な効果量の平均は、ポストテストにおけるガイドなし心理療法と統制群の差について、有意であるが小さいものであった（効果量 $d$=0.28）。その他の研究も同様であり、ガイドありの治療と比べた場合、うつ病に対するガイドなしのプログラムには小さな効果量が検出された（Andersson & Cuijpers, 2009; Richards & Richardson, 2012）。概して、うつ病に対するインターネット療法をガイドなしで実施すると、効果が相当低下する。こうした事実は最近知られるようになった（Spek et al., 2007）。不安を対象とするガイドなしのオープンアクセスプログラムについては、よく知られていない。

### ■不安のプログラム

不安障害については、ビーコンのウェブサイトで紹介されるプログラムがいくつかある。オープンなものであり、登録の有無にかかわらず無料で使用できるものである。その多くは、比較試験がまだ実施されていない。例の一つは、eコーチ（e-couch）のウェブサイトである。ムードジムの制作グループによるものである（https://ecouch.anu.edu.au/）。

ファーボルデンら（Farvolden et al., 2005）は、パニック障害に対するオープンアクセスプログラムを開発し、比較試験を行った。その結果、1,161名の登録利用者のうち、12名（1.03％）しか12週間のプログラムを終えることができず、非常に高いドロップアウト率が示された。もっとも、プログラムをある程度まで進めた利用者には改善が認められた。例えば、少なくとも3セッションまで終えた152名の利用者は、パニック発作の回数が減少していた。しかし、心理教育には潜在的な効果が認められたものの、アドヒアランスが非常に低いことは、きわめて重要な問題である。

最近になって、クラインら（Klein et al., 2011）は、大規模な比較試験の成果を公表した。五つの不安障害（全般性不安障害、パニック障害、強迫性障害、外傷後ストレス障害、社交不安障害）に対応する、完全に自動化した五つのセルフヘルプ・プログラムの効果を検証した研究である。多くのオープンアクセスインターネット療法と同じように、プログラムのアドヒアランスは、プリテストを終えた7,245名から、12週間の治療を終えた2,235名まで劇的に減少していた（追加の350名はまだ治療中であった）。しかも、この2,235名のうち、ポストテストまで終えたのは225名のみであった（1,913名が治療を終えたが、ポストテストは受けなかった）。クラインら（Klein et al., 2011）が、研究を終えた225名に分析の焦点を絞ると、群内の効果はかなり大きく、結果は有望なものであった。この研究の結果、参加者の多くは自動化されたオープンアクセスプログラムに対する興味をほとんど失ったが、実際にとどまり、治療を終えた人であれば、改善の見込みが得られるこ

とがわかった。

不安を対象としたガイドなしのインターネット療法の研究はいくつかあるが、次の章で示す通り、はるかに多くの研究が、ガイド付きCBTを対象として行われている。ガイド付きCBTの多くは、通常の対面式CBTと同じくらい、効果的であることが判明している。

## ■うつ病と抑うつ症状

ムードジム（MoodGYM）　抑うつ症状に対するオープンアクセスプログラムの研究に話を戻すと、世界で一番普及したオープンアクセスプログラムは、ムードジムであろう。臨床家がクライエントに接触し、サポートを行う形式も含めて、多くの比較試験で検証が行われている（Christensen et al., 2004）。図5.3にスクリーンショットを示した。世界中で驚くほどの人数が会員登録し、ムードジムを利用していた（Christensen, 2010）。2012年の登録利用者数は、400,000人以上であった。再び予想通りの結果だが、ガイドなしの場合は大部分の人がプログラムを終えていない。完了した人にとっては、ガイドがなくても、効果的なようである。

バターハムら（Batterham et al., 2008）は、2006年にムードジムにアクセスをした、約82,000人の利用者データを報告した。一つのモジュール（プログラムの要素）を終えたのはわずか27％であり、二つ以上のモジュールを終えた人は10％であった。この研究の興味深い点は、どのような要因によってアドヒアランスが予測されるか分析したところである。結果として、良好なアドヒアランスを予測したのは、抑うつ症状や不安症状の重さ、非機能的思考の著しさ、年齢の若さ、学歴の高さ、女性であること、そして、メンタルヘルスの専門家によってサイトを紹介されたこと、であった。言い換えると、多くの問題を抱える、学歴が高い人（さらには女性）は、比較的、ガイドなしのうつ病治療に適しているようである。

クリスチャンセンら（Christensen et al., 2006a）は、詳細なプロセス研究を行っている。その結果、ガイドなしのプログラムではドロップアウトの率が高まるが、一つの治療モジュールでは不十分であり、二つ以上のモジュールを実施した場合に抑うつ得点が減少することがわかった。この研究では、ムードジムの六つの異なるバージョンを用いて、完全に自動化したランダム化比較試験を行っていた。モジュールが一つでは不十分であるという知見に加えて、わずか20％の人しか割り当てられた治療を終えることができず、高いドロップアウト率が示された。

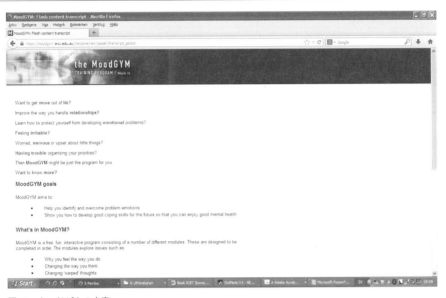

図5.3　ムードジムの内容
(http://www.moodgym.anu.edu.au/welcome/new/splash/transcript_splash)

オーディン（ODIN）　米国発のオーディン（Overcoming Depression on the Internet; ODIN）と呼ばれるプログラムは、もう一つの早くからあるうつ病プログラムであり、比較研究も実施されている。オーディンについては、今日まで三つのランダム化比較試験が報告されている（Clarke et al., 2002, 2005, 2009）。

オーディンには、認知的なオリエンテーションを中心とする七つのモジュールが含まれている。そのため、このうつ病治療には、行動活性化が含まれていない。全体的に、各研究の効果量は、通常の治療と比べて小さかった（最初の研究では効果がまったく認められなかった）。しかし、二つ目の研究では、メールか電話による催促が行われ、（小さくはあるが）治療効果が見出された。

三つ目の研究では、18〜24歳の若い成人160名が対象となった。この比較試験では、オーディンの治療が「通常の治療」と比較された。調査者は再び、プログラムの利用を促すために、定期的に催促のはがきを送付したが、セラピストによる働きかけは、それ以上は行わなかった。治療に関しては、小さいが統計的に有意な群間の効果が認められた。ただし、効果については女性の方が大きかった。

デプレキス（Deprexis）　デプレキスはうつ病の治療プログラムである（http://www.deprexis.com/）。ドイツで開発され、英語とスウェーデン語の翻訳版でも利用することができる。筆者も、デプレキスの研究

のいくつかに携わってきた。ほとんどのモジュールは、うつ病に対する典型的なCBTであるが、CBTへの異なるアプローチ（マインドフルネスなど）も反映されている。

プログラムには、10のモジュールがあり、利用者にもよるが、10〜60分間で完了することができる。モジュールは擬似的な対話として提示され、その間、概念や技法が説明される。利用者は、課題に取り組み、プログラムの中では定期的に回答を行う。

デプレキスは柔軟なものであり、利用者の反応に応じて内容が個別化される。すべてのモジュールには、絵や写真、フラッシュのアニメーションなどによる解説がある。モジュールに含まれるのは、(1)行動活性化、(2)認知変容、(3)マインドフルネスとアクセプタンス、(4)対人的スキル、(5)リラクセーション、身体的運動、生活習慣の改善、(6)問題解決、(7)子ども時代の体験（不運な記憶）と早期のスキーマの処理、(8)ポジティブ心理学的介入、(9)ドリームワークと情動焦点型の介入、そして(10)心理教育である。内容のモジュールに加えて、イントロダクションとまとめのモジュールが一つずつある。ドリームワークや情動焦点型療法のモジュールを含めるのは、正攻法のCBTではないが、残りのプログラムにもよくフィットしており、ある種の利用者にとっての魅力にもなっている（Moritz et al., 2012）。

今日まで、すべてドイツのバージョンであるが、このプログラムについては、三つの比較試験が論文になっている。最初の研究は、抑うつ症状が見られる396名を対象としたものである(Meyer et al., 2009)。このかなり大きな比較試験では、(ガイドなしのプログラムとしては) 通常以上の大きな効果が示された。ただし、ドロップアウト率は高かった。

二つ目の研究は、ウェイティングリスト統制群[*3]と比較した場合に、ガイド付きのデプレキスとガイドなしのデプレキスに効果の違いが見られるかどうかを検証したものであった（Berger et al., 2011）。この研究では、うつ病と診断された66名が対象となった。（統計的に有意ではなかったが）ガイド付きのバージョンに有利な結果が若干見られ、どちらの条件にも、ウェイティングリスト統制群を超える効果が示された。しかしながら、ガイドなしの条件でも、参加者すべてに電話の診断面接が行われ、そのため、デプレキスのプログラムは、まったく人間からの連絡がないような、完全にガイドなしの状況ではなかった。ガイドなしの群のドロップアウト率は低く、88％の人がポストテストを終えたが、これは電話による面接がドロップアウトを防いだ可能性がある。これは完全にガイドなしの治療ではなかったと主張することもできるが、それでも、臨床家やかかりつけ医が臨床面接の後にどのようにインターネット療法を処方するかという例を示すことができただろう。

デプレキスに関する最新の研究では、比較試験の際には診断がつかなかった

が、以前であれば診断がついていたかもしれない110名の参加者が対象となった（Moritz et al., 2012）。診断がついていた場合は、以前の精神科医（セラピスト）の名前を知らせてもらった。しかしながら、これは研究に参加するための条件ではなかった。参加者は、研究の二つの群に、ランダムに割り振られた（すぐに治療する群とウェイティングリスト統制群である）。治療期間が終わった時点で、82％の人が治療を終えていた。この数値は、ガイドなしのプログラムにしては、非常に高いものである。しかしながら、面接の中盤に電子メールによって、治療的なものではない連絡がいくつか行われていた。結果として、デプレキスの群では、ウェイティングリスト統制群よりも大きく改善したことがわかった。しかしながら、群間差はかなり小さかった。一つの理由は、統制群もまた改善したから、というものである。これはうつ病の比較試験には珍しいことではない。デプレキスのスクリーンショットは図5.4に示す。

図5.4　デプレキスプログラムの例（Meyer et al., 2009）

**精いっぱい生きる（Living Life to the Full）**　英国では、クリス・ウィリアムズ（Chris Williams）によって「精いっぱい生きる」プログラムが開発されており（http://www.llttf.com/）、

無料で利用することができる。これは、非常に魅力的なプログラムである。五つの領域のアプローチに基づき（Williams & Chellingsworth, 2010）、比較的軽度な心理的問題（不安と抑うつ）に焦点を当てている。利用者にわかりやすい言葉で表現されているが、インターネットを介した治療としての効果はよくわかっていない。ただし、大規模研究が現在進んでいる。

### ■健康関連の問題

　ガイドなしのインターネット療法は、様々な健康状態に利用することもできる（https://beacon.anu.edu.au/参照）。一つの例は、リカルド・ムニョス（Ricardo Muñoz）らが開発した、禁煙に対するオープンアクセスプログラムである（Leykin et al., 2012）。喫煙は、かなり大きな公衆衛生問題なので、ムニョスらのグループは、ドロップアウト率が非常に高いものであっても、このプログラムによって多くの人が禁煙できる、と論じている。「インターネット禁煙治療によって、大勢の喫煙者の禁煙を支援できる。自動化されたインターネットサイトを用いれば、大規模で国際的な比較試験をうまく実施することができる」と述べている（Leykin et al., 2012, p.1）。

　このプログラムは、英語はもちろんスペイン語でも利用できる。サイトにアクセスできる人の数は驚くほどである。利用に関する記述的研究で、ムニョスら（Muñoz et al., 2012）は、募集の最初の年に、152か国94,158名の人がサイトを訪れたと報告している。この研究の興味深いところは、利用者が九つの要素を選ぶことで、自分用のサイトにカスタマイズできる点である（禁煙前のチェックリスト、禁煙ガイド、ニコチン置換療法ガイド、人生をコントロールする、タイミングを個人に合わせた電子メールのメッセージ、情動マネジメントの介入、バーチャルな集まり、日誌、喫煙カウンター）。

　サイトにアクセスした人の多くは二度と戻ってこず、インフォームドコンセントも残さないが、治療を終えた人の禁煙率は良好であった。例えば、12か月後のフォローアップでは、1,096名中449名（45.4％）の人は煙草をやめることができたと報告している。これをガイドなしのオープンアクセスプログラムととらえれば、大きな成果と見なすべきであろう（スクリーンショットは図5.5参照）。

　もう一つのプログラムは、問題飲酒に焦点を当てたものである（いくつかのプログラムが利用できるが、ほとんどはCBTに基づくものではない）。オランダでは、ミンダー・ドリンクン（Minderdrinken, http://www.minderdrinken.nl/）が利用できる。これは比較試験で検証されたプログラムであり（Riper et al., 2008）、効果が認められている（ただし、ドロップアウト率は約40％と相当なものであった）。

　シャット・アイ（Sleep Healthy Using the Internet; SHUT-i；インターネットによる健康睡眠）と呼ばれる、不眠症のためのプログラムも存在している（http://

図5.5　サンフランシスコの禁煙サイト（https://www.stopsmoking.ucsf.edu/es/intro/munoz.aspx）

shuti.me/）。小規模な比較試験が行われたが、結果は非常に有望である（Ritterband et al., 2009）。このプログラムは、文章や画像、アニメーション、音声の形式で提供される。フィードバックは自動化されるが、個別化されている。不眠症の有病率が高いことを考えると、シャット・アイのようなプログラムは、社会の睡眠問題に取り組む、重要な補助的手段になる可能性がある。他にも不眠症のプログラムは利用できるが（第9章参照）、シャット・アイは最も検証されたガイドなしプログラムである。

　CBTに基づいたオープンアクセスプログラムをすべて挙げることはできないが、大部分は研究で効果が検証されていない。しかしながら、効果についての知見が徐々に得られるようになった。プログラムは、様々な言語に翻訳されて、利用しやすくもなっている。例えば、ムードジムは、中国語に翻訳された。別の国でも治療が効果的であるか、さらに多くの研究で検証する必要がある。新しいプログラムを評価する場合は、多くの異なる面を検証することも重要である。一つの例をコラム5.1に示した。

### コラム 5.1　オープンアクセスプログラムについての研究例

　抑うつ症状に対するガイドなしオープンアクセスプログラムの効果を慎重に評価した例がある。オランダのエスター・ド・グラーフ（Esther de Graaf）やシルビア・ゲルハルト（Syliva Gerhards）らによって行われた研究である。使用した抑うつプログラムは、カラー・ユアライフ（Colour Your Life）と呼ばれるものであり（http://www.kleurjeleven.nl/）、オランダのトリンボス研究所で開発されたものであった。

　プログラムには、8週間、各30分間行うオンラインセッションと追加のブースターセッションが含まれている。各セッションの後にはホームワークが勧められる。プログラム全体はCBTの原則、とりわけ、レウィンソンら（Lewinsohn et al., 1986）が開発した、オランダ版の抑うつ対処法に基づいている。

　カラー・ユアライフには、双方向的でマルチメディアな特徴がある。最近の多くの心理社会的な介入に関する研究と同じように、研究者らは、計画の概略を記した研究プロトコルを最初に出版した（de Graaf et al., 2008）。続く比較試験では、303名のうつ病患者を、カラー・ユアライフ・プログラム、通常治療、または通常治療とカラー・ユアライフの組み合わせのいずれかにランダムに割り付けた。意外なことに、治療後も、6か月のフォローアップ時も、三つの群の間に差は見られなかった（de Graaf et al., 2009a）。治療に積極的な人は少なく、カラー・ユアライフの群で完了できた人は36%、組み合わせの群では13%であった。治療の完了者を比べても、群間の差は認められなかった。その一方で、三つすべての群において、1年後のフォローアップで抑うつ症状の軽減が認められた（de Graaf et al., 2011）。ただし、ここでも群間差は見られなかった。しかしながら、興味深いことに、費用効果分析を行うと、カラー・ユアライフ群は、他の二つの群と比べてコストが低かった（Gerhards et al., 2010）。

　研究者らは、この研究結果について追加の報告も行っている。例えば、予測研究として、非機能的態度の下位尺度で「極端な肯定的反応」と呼ばれるものが、カラー・ユアライフ群の良好な結果に関わることが示された（de Graaf et al., 2010）。この指標はオプティミズム（楽観性）を測定するものと考えられる。また別の研究では、ホームワークの実施と治療への期待が良好な結果に関わることが示された（de Graaf et al., 2009b）。しかし、おそらく、もっと興味深い知見がある。インターネット療法（または併用治療）を終えた患者18名を副次サンプルに選んだ質的研究の結果である（Gerhards et al., 2011）。この研究では、サポートがないことが否定的にとらえられるかもし

れない、ということが明らかになった。例として、論文の一部を引用する。「あのプログラムは返事をしてくれません。……全然やりとりができませんでした。でも、あなたに話せば、反応してくれるでしょう。コンピュータよりも深いところですぐに反応してくれます」(Gerhards et al., 2011, p.122)。

　こうしたかなり否定的な反応を受けて（医療経済的な利益は例外としても）、比較試験に携わった研究者らは、このように結論づけた。「オンラインセルフヘルプの介入にセラピストによるサポートを加えれば、アドヒアランスが向上するだろう」(de Graaf et al., 2009b, p.230)。この研究のカラー・ユアライフ・プログラムは、オランダのプライマリケアで実施されたものだが、さらなる効果は認められなかった。それでも、群間差が認められなかった理由は、通常治療にあったのかもしれない。群内の効果はかなり大きく、多くの患者に抑うつ症状が時間とともに軽減する傾向が見られた。しかしながら、ガイドなしインターネット療法の多くに共通する問題として、アドヒアランスは不十分なままであった。

## オープンアクセス治療はいつどのように勧めるべきか

　この章では、ガイドなしのオープンアクセスプログラムについて簡単に例を示してきた。今日までのエビデンスを踏まえると、他の治療やアセスメントが実施されない場合、中等度以上の症状をもつ患者にガイドなし治療を勧めることは見合わせたい。治療を終えられないリスクがあまりに大きく、誤った治療が患者に行われる可能性がある。しかしながら、何らかの形で診断的情報が含まれ、治療へのアドヒアランスが促されるのであれば、ある種の患者にとっては、ガイドなしのオープンアクセスプログラムは、CBTの概念に親しむ第一歩になるかもしれない。筆者は、プログラムを完了しないことが大きな害になるとは考えていないし、CBTのセルフヘルプ本に対しても同様の議論が行える（おそらく最初の章が読まれた後に、そのまま本棚に放置される可能性が高い）。ガイドなしのプログラムから多くの利益が得られるような、患者の下位集団が存在することも明らかとなった(Titov et al., 2008)。そして、実際のセラピストのサポート機能を模倣する、新しい方法を開発することができるだろう。臨床家としては、もしある程度のガイドや他の治療との併用が行えるのであれば、ガイドなしのオープンアクセス治療にはもう一つの重要な役割を認めることができる。こうした観点から、以下のことを推奨する。

1. 担当する患者がインターネットに親しんでいるかどうかを確認する。
2. 問題の重篤度や性質について、そして患者の特徴について、適切かどうかを確認する。例えば、禁煙のウェブサイトは、誰に勧めたとしても役に立つだろう。しかし、重篤なうつ病の人に対して、ガイドなしの治療を勧めることは適切でないかもしれない。
3. エビデンスに基づく、または、少なくとも研究で検証された治療プロトコルに基づくインターネットのプログラムだけを勧める。
4. オープンアクセスプログラムを勧めるのであれば、フォローアップのセッション（あるいは電話面接）の機会を設けて、プログラムについてどのように感じたかを必ず患者に確認する。
5. 患者を直接サポートする際に、プログラムから心理教育や課題を取り出して、患者との治療に組み込むことを考える。
6. 実証的に支持されたインターネット療法であれば、自分自身の治療の補助として、利用することをためらわない（例：不安を主な治療標的としている場合に、不眠症のプログラムを勧める）。しかし、オープンアクセス治療については、よく理解しておく必要がある。セラピストとインターネット治療プログラムのメッセージに矛盾が生じて、患者を混乱させることがないように努めなければならない。

## 実用的な意義とキーポイント

- CBTのプログラムは、専門家の監修がまったくない状況でも、オンライン使用のために開発されている。無料のプログラムもあるが、ほとんどがガイドなしのプログラムである。プログラムには、アドヒアランスを高めるための自動的な要素が含まれることもある。
- インターネットのオープンアクセスプログラムは、通常のCBTによる治療と同様に機能することが期待されているが、対面式のケアの補助として提供されることも多い。
- ガイドなしCBTによるインターネット療法の効果は、何らかのサポートが行われる場合と比べて、低いようである。ドロップアウト率も、通常は相当なものである。しかしながら、オープンアクセスプログラムは、サービスが行き届かない地域にも届けることができる。
- 臨床家は、自らのサービスの補助手段として、ガイドなしのインターネット療法の利用を検討すべきである。また、ドロップアウトを防ぐために、自ら治療をガイドすることも考えるべきである。

● 訳　注
* 1　**アドヒアランス**：患者が積極的に治療方針の決定に参加し、その決定に沿った治療を受けること。
* 2　**メタアナリシス**：系統的レビューの中でも特に、批判的に吟味した先行研究の結果を量的・統計的に統合する文献研究の方法。
* 3　**ウェイティングリスト統制群**：治療待機統制群とも呼ばれる。実験期間中は統制条件を割り当てられるが、実験終了後には実験群と同じ介入が行われる。

● 引用文献

Andersson G, Cuijpers P. (2009). Internet-based and other computerized psychological treatments for adult depression: A meta-analysis. *Cognitive Behaviour Therapy*, 38, 196-205.

Batterham PJ, Neil AL, Bennett K, Griffiths KM, Christensen H. (2008). Predictors of adherence among community users of a cognitive behavior therapy website. *Patient Preference and Adherence*, 2, 97-105.

Berger T, Hämmerli K, Gubser N, Andersson G, Caspar F. (2011). Internet-based treatment of depression: A randomized controlled trial comparing guided with unguided self-help. *Cognitive Behaviour Therapy*, 40, 251-266.

Christensen H. (2010). Increasing access and effectiveness: Using the Internet to deliver low intensity CBT. In J Bennett-Levy, D Richards, P Farrand, H Christensen, K Griffiths, D Kavanagh et al. (Eds.). *Oxford guide to low intensity CBT interventions* (pp.53-67). Oxford: Oxford University Press.

Christensen H, Griffiths KM, Jorm A. (2004). Delivering interventions for depression by using the Internet: Randomised controlled trial. *British Medical Journal*, 328, 265-268.

Christensen H, Griffiths KM, Mackinnon AJ, Brittliffe K. (2006a). Online randomized trial of brief and full cognitive behaviour therapy for depression. *Psychological Medicine*, 36, 1737-1746.

Christensen H, Leach LS, Barney L, Mackinnon AJ, Griffiths KM. (2006b). The effect of web based depression interventions on self reported help seeking: Randomised controlled trial. *BMC Psychiatry*, 6, 13.

Christensen H, Murray K, Calear AL, Bennett K, Bennett A, Griffiths KM. (2010). Beacon: A web portal to high-quality mental health websites for use by health professionals and the public. *Medical Journal of Australia*, 192(11 Suppl.), S40-S44.

Clarke G, Eubanks D, Reid E, Kelleher C, O'Connor E, DeBar LL et al. (2005). Overcoming depression on the Internet (ODIN) (2): A randomized trial of a self-help depression skills program with reminders. *Journal of Medical Internet Research*, 7, e16.

Clarke G, Kelleher C, Hornbrook M, DeBar L, Dickerson J, Gullion C. (2009). Randomized effectiveness trial of an Internet, pure self-help, cognitive behavioral intervention for depressive symptoms in young adults. *Cognitive Behaviour Therapy*, 38, 222-234.

Clarke G, Reid E, Eubanks D, O'Connor E, DeBar LL, Kelleher C et al. (2002). Overcoming depression on the Internet (ODIN): A randomized controlled trial of an Internet depression skills invervention program. *Journal of Medical Internet Research*, 4, e14.

Cuijpers P, Donker T, Johansson R, Mohr DC, van Straten A, Andersson G. (2011). Self-guided psychological treatment for depressive symptoms: A meta-analysis. *PLoS ONE*, 6(6), e21274.

de Graaf LE, Gerhards SA, Arntz A, Riper H, Metsemakers JF, Evers SM et al. (2009a). Clinical effectiveness of online computerised cognitive-behavioural therapy without support for depression in primary care: Randomised trial. *British Journal of Psychiatry*, 195, 73-80.

de Graaf LE, Gerhards SA, Arntz A, Riper H, Metsemakers JF, Evers SM et al. (2011). One-year follow-up results of unsupported online computerized cognitive behavioural therapy for depression in primary care: A randomized trial. *Journal of Behavior Therapy and Experimental Psychiatry*, 42, 89-95.

de Graaf LE, Gerhards SA, Evers SM, Arntz A, Riper H, Severens JL et al. (2008). Clinical and cost-effectiveness of computerised cognitive behavioural therapy for depression in primary care: Design of a randomised trial. *BMC Public Health*, 8, 224.

de Graaf LE, Hollon SD, Huibers MJ. (2010). Predicting outcome in computerized cognitive behavioral therapy for depression in primary care: A randomized trial. *Journal of Consulting and Clinical Psychology*, 78, 184-189.

de Graaf LE, Huibers MJ, Riper H, Gerhards SA, Arntz A. (2009b). Use and acceptability of unsupported online computerized cognitive behavioral therapy for depression and associations with clinical outcome. *Journal of Affective Disorders*, 116, 227-231.

Eysenbach G. (2005). The law of attrition. *Journal of Medical Internet Research*, 7(1), e11.

Farvolden P, Denisoff E, Selby P, Bagby RM, Rudy L. (2005). Usage and longitudinal effectiveness of a Web-based self-help cognitive behavioral therapy program for panic disorder. *Journal of Medical Internet Research*, 7(1), e7.

Gerhards SA, Abma TA, Arntz A, de Graaf LE, Evers SM, Huibers MJ et al. (2011). Improving adherence and effectiveness of computerised cognitive behavioural therapy without support for depression: A qualitative study on patient experiences. *Journal of Affective Disorders*, 129, 117-125.

Gerhards SA, de Graaf LE, Jacobs LE, Severens JL, Huibers MJ, Arntz A et al. (2010). Economic evaluation of online computerised cognitive-behavioural therapy without support for depression in primary care: Randomised trial. *British Journal of Psychiatry*, 196, 310-318.

Klein B, Meyer D, Austin DW, Kyrios M. (2011). Anxiety online - A virtual clinic: Preliminary outcomes following completion of five fully automated treatment programs for anxiety disorders and symptoms. *Journal of Medical Internet Research*, 13, e89.

Lewinsohn PM, Muñoz RF, Youngren MA, Zeiss MA. (1986). *Control your depression*. New York: Prentice Hall.（P・M・レウィンソン（著），熊谷久代（訳）（1993）．うつのセルフ・コントロール　創元社）

Leykin Y, Aguilera A, Torres LD, Pérez-Stable EJ, Muñoz RF. (2012). Interpreting the outcomes of automated Internet-based randomized trials: Example of an international smoking cessation study. *Journal of Medical Internet Research*, 14(1), e5.

Meyer B, Berger T, Caspar F, Beevers CG, Andersson G, Weiss M. (2009). Effectiveness of a novel integrative online treatment for depression (Deprexis): Randomized controlled trial. *Journal of Medical Internet Research*, 11(2), e15.

Moritz S, Schilling L, Hauschildt M, Schröder J, Treszl A. (2012). A randomized controlled trial of Internet-based therapy in depression. *Behaviour Research and Therapy*, 50, 513-521.

Muñoz RF, Aguilera A., Schueller SM, Leykin Y, Pérez-Stable EJ. (2012). From online randomized controlled trials to participant preference studies: Morphing the San Francisco stop smoking site into a worldwide smoking cessation resource. *Journal of Medical Internet Research*, 14, e64.

Richards D, Richardson T. (2012). Computer-based psychological treatments for depression: A systematic review and meta-analysis. *Clinical Psychology Review*, 32, 329-342.

Riper H, Kramer J, Smit F, Conijn B, Schippers G, Cuijpers P. (2008). Web-based self-help for problem drinkers: A pragmatic randomized trial. *Addiction*, 103, 218-227.

Ritterband LM, Thorndike FP, Gonder-Frederick LA, Magee JC, Bailey ET, Saylor DK et al. (2009). Efficacy of an Internet-based behavioral intervention for adults with insomnia. *Archives of General*

*Psychiatry*, 66, 692-698.

Spek V, Cuijpers P, Nyklícek I, Riper H, Keyzer J, Pop V. (2007). Internet-based cognitive behaviour therapy for symptoms of depression and anxiety: A meta-analysis. *Psychological Medicine*, 37, 319-328.

Titov N, Andrews G, Choi I, Schwencke G, Mahoney A. (2008). Shyness 3: Randomized controlled trial of guided versus unguided Internet-based CBT for social phobia. *Australian and New Zealand Journal of Psychiatry*, 42, 1030-1040.

Williams C, Chellingsworth M. (2010). *CBT: A clinician's guide to using the five areas approach*. London: Hodder Arnold.

 参考文献

Bennett GG, Glasgow RE. (2009). The delivery of public health interventions via the Internet: Actualizing their potential. *Annual Review of Public Health*, 30, 273-292.

Bennett-Levy J, Richards D, Farrand P, Christensen H, Griffiths K, Kavanagh D et al. (Eds.), (2010). *Oxford guide to low intensity CBT interventions*. Oxford: Oxford University Press.

# 第6章
# ガイド付きICBTプログラム概論

> **この章で学ぶこと**　この章では、以下のことを学ぶ
> - ガイド付きセルフヘルプはどのようにインターネットに移せるか
> - ガイド付きICBTにおけるセラピストの役割
> - 系統的レビューにおけるICBTの全体的効果
> - ガイド付きICBTの医療経済的効果
> - ICBTはどのように受け止められるか
> - 倫理的配慮

**背景**　ルーシーは、長年のストレスの問題から、心理療法を受けようと考えていた。しかし、一度、彼女が心理士のもとを訪れたとき、彼女が一番悩んでいた問題、生活のストレスについて心理士はあまり関心を示してくれなかった。かかりつけ医からは、抗うつ薬を勧められていたが断っていた。理学療法士のリラクセーションを学ぶように勧められたときも同じであった。彼女は、対面式治療の時間がとれないと感じていた。仕事や、犬、学童期の二人の子どもの日々の世話で忙しい日常生活にうまく合わせられそうもなかったからである。彼女はある新聞記事を目にした。インターネットのストレスマネージメントコースに効果があることがわかり、研究者が現在、新たな研究の参加者を探しているというものであった。彼女は、1日考えてから、ウェブサイトで登録することにした。研究の説明には、そのプログラムを通じて個人的なガイドが受けられることと、ストレスマネージメントコースはCBTに基づくということが記載されていた。質問票への回答と電話面接を終えると、彼女は、研究の参加者として採用された。説明を受けた後、最初の治療モジュールに取り組み始めた。8週間のストレスマネージメントコースを終えると、非常に良くなった感じがした。特に、オンラインセラピストからの週1回のフィードバックが役に立った。好ましく思えたことの一つは、同じ研究の他の参加者とインターネットでやりとりできたことであったが、これは研究の一部ではなかった。

## ガイド付きICBTと対面式CBT

　ガイドなしの多くの治療とは異なり、ガイド付きICBTは、もともと、そして今も、その多くが専門家が何らかのガイドを行う読書療法の研究に基づいている（Watkins, 2008）。ガイド付きICBTの研究や臨床実践の多くには、双方向的なオンラインの要素や映像などのマルチメディア要素に加えて、セルフヘルプ本に似た文章が含まれている（Barak et al., 2009）。どのようなプログラムも（前章で論じた自動化されたオープンアクセスプログラムなど）、ガイド付き治療として実施することができる。ただし、セラピストは、治療プログラムの進捗状況に応じて、クライエントとやりとりできるようにすべきである。

　数年前、筆者らは、ガイド付きICBTの一つのアプローチを定義した。

> [A] セルフヘルプ本に基づく治療法のこと。フィードバックを行い、質問に答える、特定のセラピストがガイドするもので、対面式の面接と似たようなスケジュールを立てる。また、治療モジュールへアクセスするためにパスワードを得るクエリのような、双方向的なオンラインの特徴も含むものである（Andersson et al., 2008, p.164）。

　この定義が、ムードジムのような自動プログラムと明らかに違うのは、プログラムの技術的な複雑さが最小限に抑えられる点である。実際、筆者らが頭痛に対して最初の臨床試験を始めたときには、静的ウェブページを作成し、調査対象者に文章の資料をメールで送付しただけであった（Ström et al., 2000）。今日、ブロードバンド接続が広く普及し、以前よりも双方向的なウェブサイトが用いられるようになったが、高度なセキュリティの必要性も高まるようになった。

　この章では、最も研究が進められているアプローチについて説明する。また、ガイド付きセルフヘルプに最も近いアプローチや、CBTのセラピストがクライエントとやりとりする方法（例：ホームワークや、ホームワークに関する個別的フィードバック）についても説明する。第1章では、セルフヘルプの資料の効果を高める方法について、いくつかの助言を提示した。これは、もちろん治療条件による。そのため、次の三つの章では、気分障害と不安障害、最後は、身体症状（慢性疼痛や耳鳴りなど）に関するプログラム内容について、より専門的な情報を伝える。

　CBTの知識や訓練経験のある読者が抱く疑問の中で重要なものの一つは、ICBTが通常のCBTとどのような関係にあるのかというものである。ガイド付きICBTは、多かれ少なかれ対面式CBTと同じものであり、両者の違いは単なる形式の問題であると言える。（ホワイトボードで文章や図が書き加えられることも

多いが）対面式CBTでは、セッション中に話し言葉でやりとりする。これに対して、ガイド付きICBTでは、主に文章で情報が示され、セッション中は実際のセラピストによってフィードバックや治療的助言が行われる。

さらに、単なる情報提示の仕方以上の違いも存在する。例えば、集団CBTでは、治療的なプロセスの促進となるか、妨げとなるような、集団のプロセスが本質的に含まれる（Burlingame et al., 2002）（筆者は集団CBTを長年実施しているが、その多様性に驚かされることも多い）。ガイド付きICBTでは、クライエントとのやりとりに「タイムラグ」があり、直接的ではないことが一般的である（第10章のリアルタイムICBTも参照）。言い換えれば、内省がある程度進んだ後に、ガイドや治療的な支援が行われる。ただし、やりとりの多くは、励ましの形をとる傾向が強い（セラピストの役割については次節を参照のこと）。ICBTの多くの形式では、診断が一度下されると、「ケースフォーミュレーション（事例の定式化）」が主要な役割を果たせなくなる。多くのCBTの臨床家にとって、ケースフォーミュレーションは、CBTの主要な要素と見なされており、しばしば、CBTのセラピストを育てる訓練の一部にもなっている。しかしながら、ガイド付きICBTは、個人のニーズ分析に基づいて、個別化することができる（これについては後の章で述べる）。ただし、治療の資料は、特定の障害に対するマニュアルに準拠することが多い。したがって、治療マニュアルは、それを読む（あるいは見聞きする）クライエントが自分の問題に合っていると感じられるように、具体的なものにする必要がある。

対面式CBTとガイド付きICBTのもう一つの違いとして、後者には、しばしば、時間の制約がある対面式CBTの治療で伝わる情報よりも、「はるかに多くの情報」が含まれることがある。対面式CBTでは、セラピストとクライエントは、クライエントの能力に応じて治療の優先順位やペースを整えることが多い。最悪の場合は、心理学者のグレン・ウォーラー（Glenn Waller）が「セラピストの漂流」（Waller, 2009）と呼んだ状態に陥ることがある。つまり、エビデンスに基づくCBTから離れて、その代わりに「会話療法」に流れるセラピストもいる。ICBTでは、少なくともプログラム内でこのようなことは起こらないが、ガイドするセラピストによってはありうることかもしれない。

クライエントは、治療プログラムをすべては終えられないことが多く、不十分なアドヒアランスがICBT関連の多くの研究で問題となっている。ただし、ガイドなしのICBTよりも、ガイド付きICBTの方が問題は少ない（第5章参照）。少し意外なことであるが、必ずしも未完了者にとっての効果が低い、ということではなく、必要な治療が全10週間、180ページの文章未満の量で済む、ということである。さらに、ある種のクライエントは、治療の主効果がかなり早い時期、4〜6週間で現れて、それ以上に改善する余地がない。そうは言っても、クライエントには治療プログラムをすべて終えるように筆者は勧める。再発予防のための過剰学習（例：恐怖場面に対する追加のエクスポージャー）や計画が、クライエン

トの利益になるだろうからである。

　対面式治療に対して、ガイド付きICBTが優位であるもう一つの点は、プログラム内容やガイド役のセラピストの助言、セラピストに向けた以前の質問を含む治療の全記録、そして、関連するフィードバックを、クライエントが復習できる（読み返せる）ことである。これは、セッションを録画すれば、対面式治療でもある程度実施できることであるが、おそらく、かなりまれなことだろうし、ビデオ（や音声）を紛失すれば、守秘義務という点からも少々問題となる。ガイド付きICBTにおける、セラピストとクライエント間のやりとりは、セキュアなインターフェイス（インターネットバンクと同様なもの）で扱われるので、対面式治療でセッションのノートや記録などを取り扱うよりはリスクが高くない。

　もちろん、ガイド付きICBTには、対面式CBTと比べた場合、いくつかの弱点もある。まず、患者を現実エクスポージャー[*1]によって導く力が限られている（ウェブカメラは一つの可能性になる）。さらに、ホームワークに対するフィードバックでは、タイムラグが生じるのは同じかもしれないが、対面式セッションで与えられるフィードバックは、より即時的である。

　2番目の弱点について、対面式CBTでは、エクスポージャーや行動活性化において、セラピストがクライエントを穏やかに後押しするが、この比較的積極的な態度は、ガイド付きICBTではそれほど効果的ではないかもしれない。課題となる状況が難しすぎれば、クライエントは実に簡単に逃避する。言い換えると、ガイド付きICBTは、セラピストのクライエントを後押しする手段が限られるので、比較的嫌がられないかもしれないが、これはまた弱点にもなりうる。ガイド付きICBTのクライエントは、自分が嫌いな治療要素を簡単に避けられるからである。

　3番目の弱点は、うつ病研究の参加者を対象とした質的な研究で、筆者らが見出したものである（Bendelin et al., 2011）。ガイド付きICBTのクライエントには、読むだけで何も生活を変えない、または、ホームワークをまったくしない（もしくは、変化が生じるまで続けない）クライエントがいる。これはもちろん、対面式CBTでも起こりうることである。クライエントは1週間ぶりのセッションでも、ほとんど、もしくはまったく変化を示さなかったり、ホームワークをしてこなかったりする（しかも、前回のセッションの内容をほとんど思い出せない場合もある）。勤務先の病院で、こうした現場に立ち会う読者もいると思う。経験豊富なCBTのセラピストであれば、セッションの中でこの問題を扱い、したがって、セラピストの漂流や「会話療法」は避けるだろう。しかし、面接を行った研究の参加者は、一定数が治療の資料を実際に読んでいたので、与えられた助言を何も試していないというのは、少々意外なことであった。

　ガイド付きICBTの弱点の4番目は、プログラム内容が定まっており、過剰治療または過少治療のリスクが明白である、ということである。これは、ケースの概念化（事例の定式化。ケースフォーミュレーションの類義語）の問題にも関

連している。対面式治療のセラピストであれば、患者の特徴に合わせて、治療計画を調整するからである。これまで筆者が取り扱ってきたプログラムの多くは長いものであり、短すぎると思われることはまれだったが、ガイド付きICBTを提案する前には、適切なアセスメントを行うことを強く勧めたい。その一方で、ICBTのプログラムの中には、実際に短いものもある。クライエントが修得できるであろう要素に合わせて、適した長さで適用すべきである。

次の章では、ICBTの個別化について論じる。アセスメント段階で明らかになった点に合わせて、治療モジュールの数を調整するやり方である。表6.1では、筆者らの病院での経験（Bergström et al., 2009）や研究（Andersson et al., 2009）を踏まえて、ガイド付きICBTを実施する方法について、いくつかの提案を行う。

表6.1　ガイド付きICBTの提供方法に関する助言

① 候補になるクライエントのアセスメントは慎重に行う。最低限でも構造化した電話面接はなるべく行う。セッション中に面接を行うのが一番よい。必要に応じて、専門家に相談する（例：慢性疼痛患者を治療する場合は内科医に）。

② 治療はインターネット用に調整する。画像や動画、音声ファイルの利用を考える。ただし、（PDFなどで）患者が資料をプリントアウトできるようにする。また、ブロードバンド接続を必要とするようなウェブシステムには頼りすぎない。

③ 第1章のセルフヘルプ本に関する助言について検討する。例えば、理解するのに難しすぎる言葉や偏りのない言葉を用いる。

④ オンラインの資料でも、クライエントとのやりとりでも、共感の意を伝える。

⑤ クライエントが治療モジュールをどれだけ終えたかにかかわらず、治療には期限（締め切り）があり、効果が測られることを明確に伝える。

⑥ 実生活での課題を勧める（すなわちホームワークを出す）。それは、特定の日に行い、報告する（例：日曜日に報告する）ことができる、現実的な課題である。実行可能性が高まるように指導する。例えば、記入を終えたワークシートがどのようなもの か例を示す。

⑦ 実行された課題には、毎回、できるだけ早くフィードバックを与える。24時間以内が望ましい（セラピスト要因については以下を参照）。

⑧ 融通はある程度、しかし多すぎない程度に利かせる。例えば、ホームワークについて、読んできたことを強化する一方、可能であればやり終えるようにも促す。

⑨ クライエントに悪化の兆しが見られたときに、どう対応するのか計画を練る。インターネットのやりとりの間にも悪化の兆しが見られたら電話できるように、比較的重症な患者については、電話番号をきいておくことが役に立つ。

⑩ コンピュータでのやりとりに問題を示すクライエントもいる。ある程度、コンピュータのサポートが必要になるかもしれない。システムが故障した場合には、できるだけ早く、質問に直接応答し、問題を解決することが重要である（例：患者がシステムにログインできない場合、システム管理者が速やかにメールを送る。「私どもは問題を把握し、解決に取り組んでいます」）。そうすれば、患者のドロップアウトが防げる。

⑪ プログラムは、定期的に調整し、アップデートする。くり返し作業を行うなかで、治療に関わる同僚やセラピストから、次期バージョンで実現できるような重要なフィードバックを得られることがある。

## ガイド付きICBTにおけるセラピストの役割

　この章では、ガイド付きICBTについて紹介しているが、セラピストによって行われるガイドが治療の大事な要素である。ガイド付きICBTは、多様な形式をとることができ、個々のクライエントに費やす時間によって異なる（Palmqvist et al., 2007）。

　クライエントからの質問への回答や、ホームワークの確認とフィードバックの返信、その他の問題の整理にかかる時間は、様々である。しかし、筆者らの経験では、一人のクライエントにつき、平均して1週間で10分以上かかることはない。全体として、10セッションのプログラムで約100分間になり、これに電話による診断面接の時間が加わる（通常は約40分間なので、合計140分間である）。しかしながら、単に短く励ますことから、治療的な長文をクライエントに送ることまで、この時間は変動するかもしれない。

　筆者がよく行っていたアプローチでは、セラピストは名前（と研究のホームページの写真）を明示し、つねにファーストネームの署名をつけて返信していた。セラピストとクライエントのやりとりは、必要最小限のガイド、または、低強度である点が最大の特徴である。そして、二段階認証（第1章参照）が必要な、セキュアなオンライン連絡処理システムで行われる。（暗号化、認証、メッセージ認証コードを適切に用いる）インターネットバンキングに似たシステムである。したがって、セラピストもクライエントも、ログインし、治療期間中のやりとりのすべてを確認することができる。

　この他にも、通常の電話や携帯電話のショートメッセージサービス（SMS）などの連絡手段があり、こうした手段が求められる機会がある（Andersson & Carlbring, 2010）。例えば、危機的な状況にある比較的重症な患者の対応に、電話でのサポートが求められる場合である。

　治療ページの確認時期を知らせる通常の通知は、「治療」に関わりがあると知らせることなく、SMS経由で届けることができる。例えば、「あなたのページにメッセージが届いています。ログインしてお読み下さい。ゲルハルト　ソフィ・プロジェクト」というメッセージである。この種の通知は、ICBTのシステムでは自動化されることが多い。

　著者が取り組んだアプローチは、セラピストによる関わりをかなり抑えたものであったが、治療同盟を築くのに十分であった（治療同盟については後でくわしく説明する）。その他のアプローチには、例えば、インタラピーがある（Ruwaard et al., 2011）。フレディ・ランゲ教授の研究チームが開発したプログラムで、構造化した筆記課題を治療に含めた通り、セラピストが関わる時間をより多く必要とするものである。この治療法は、セラピストと患者との間に多くのやりとりが生じる、メールセラピーに近いものである（定義については、Murphy & Mitchell（1998）の第1章を参照のこと）。

■ セラピストの行動

　セラピストは、クライエントをガイドするときに何をしているのだろうか。筆者らは、全般性不安障害の研究に参加したセラピストの反応を分類した。3名のセラピストの回答（研究に参加したクライエントに送られた全490通の電子メール）について、内容分析を行った。見出されたカテゴリーについては、表6.2に示した（Paxling et al., 2013からの引用）。

　興味深いことに、こうしたセラピストの行動の頻度について、相関を分析してみると、課題の強化や課題の促し、自己効力感の形成、共感的発言がモジュールの遂行に関わることが判明した。言い換えると、こうした反応は、参加者がより多くのモジュールを終えることに関連していた。締め切りを柔軟にすることは、効果と負の相関を示し、課題の強化は、実施したペンシルバニア州立

表6.2　ガイド付きICBTにおけるセラピストの行動

| 行　動 | 行動の詳細 | 例 |
|---|---|---|
| 締め切りを柔軟にする | ホームワーク提出の締め切り日や与えられた治療モジュールの期間を延ばすようなセラピストの行動 | 課題を終えるために、あと2、3日とりましょう。今週の課題は後にして、取り組んでいた課題を続けて結構です。 |
| 課題の強化 | 参加者がすでに終えた課題を強化するための行動 | よくできました！心配ごとをはっきりと表現できましたね。 |
| 治療同盟の補強 | 参加者の生活状況に対する関心や配慮といった、治療的ではない特有の言葉がけ（このカテゴリーは治療に関わるものではない） | 良い1週間が過ごせて良かったですね。それは難しかったでしょうね。 |
| 課題の促し | 与えられたホームワークに取り組むように、参加者を励ます行動。クライエントが変化する将来の姿にはっきりと関心を示す | 次のモジュールの課題でも、あなたからのお知らせを楽しみにしています。次の課題もがんばってください。 |
| 心理教育 | 心理的過程や治療目的、治療に含まれる課題の目的や意味の説明に関する情報 | 心配するのは、全般性不安障害の症状の一つです。 |
| 自己開示 | 患者の状況と似ている、または関連した、自らの生活状況について説明するセラピストの行動 | 私もなかなか眠れなかったことがあります。 |
| 自己効力感の形成 | 患者が治療で身につけた、健康を増進する自発的な行動を促し、強化する行動 | これを練習すればするほど、自分の考えに気づけるようになります。 |
| 共感的発言 | 参加者の苦しみや不満、治療に関わる生活状況に対して、理解や共感を伝えようとする言葉 | ……ということなのですね。あなたが……であった理由がわかりました。 |

（出典：Paxling et al., 2013）

大学心配尺度（Penn State Worry Questionnaire）(Meyer et al., 1990) の変化と正の相関を示していた。サンチェス－オルティスら (Sánchez-Ortiz et al., 2011) の研究も同様のアプローチをとり、摂食障害のプログラムをガイドするセラピストが送付した電子メールを分類した。712通の電子メールの内容を分類したところ、セラピストが送った電子メールの14.7％にCBTのコメントが少なくとも一つは含まれていた。その一方で、95.4％には少なくとも一つの支持的なコメントが、13.6％には少なくとも一つの技術的なコメントが含まれていた。こうしたことから、送られた電子メールの大部分は、支持的な性格のものであった。

しかしながら、概して、インターネットセラピストの効果的な特徴については、ほとんど知られていない。そして、実際、ガイド付きICBTの短めのやりとりの中では、セラピスト効果はほとんど認められない。筆者が関わった研究では、セラピストが誰であるかが大きな違いをもたらす、というエビデンスはほんのわずかしか得られなかった (Almlöv et al., 2009, 2011)。しかし、これは、セラピストは何でも書き送ればよいということではない。多くのセラピストは、バランスのとれた、適切な反応をクライエントに示すことができる。そして、治療的なやりとりの行き違いについても、うまく解決することが多い。ただし、こうしたことが起こるのはまれである（インターネットセラピストに対して、自分の怒りをわざわざ表現する患者は少ない。その代わりに、ただドロップアウトするのだろう）。患者からの架空の質問例については、図6.1に示した（ストックホルムのインターネット精神科にある、スウェーデン製のシステムである）。

原則として、ガイドはどのような形式で行っても良いが（例：ウェブカメラ、電話、実際の指導）、ICBTの支援で断然、最もよく用いられるのは、電子メールである。再度指摘するが、これはセラピストの電子メールが受信箱に届くのではない。やりとりは、セキュアに暗号化された連絡処理システムの中で行われるべきである。ティトフ (Titov, 2010) は、電子メールによるガイドについて具体的に述べている。タイムラグのある電子メールについて言及したが、リアルタイムのメッセージ（インスタントメッセージやチャット）は扱っていない。ティトフはまた、文章力や読解力の役割を認めており、次のように述べている。「臨床家とクライエントには、タイピングスキルや、読んだり、保存したり、電子メールを送信したりするスキルが最低限度求められる。治療についての複雑な考えを伝えたり、クライエントの指導のために電子メールを用いる場合は、臨床家には、文章でのやりとりに関する上級レベルのスキルが求められる」(Titov, 2010, p.289)。

セラピストは、自らがガイドするプログラムについて熟知することが非常に重要である。クライエントからわかりやすく説明して欲しいと頼まれることがあるが、質問には、目の前の問題や他の治療（薬物療法など）、技術的な問題についてのものがある。筆者が知る限り、クライエントの質問やセラピスト宛のメール内容について、系統的な調査はほとんど行われていない。興味深いことに、耳

図6.1　カロリンスカの連絡処理システム（インターネット精神科病棟）

鳴り治療に対する、筆者らの臨床研究の一つでは（身体症状の詳細については第9章参照）、治療の否定的な側面（例：治療の遅れやホームワークが終わらないこと、技術的問題）に関わる、クライエントからの電子メールが、悪い結果と相関していた（$r$=-0.39）。つまり、セラピストと連絡をとることは必ずしも良いことではないことが示されている（Kaldo-Sandström et al., 2004）。

　やりとりの頻度が問題となることもある。多くのシステムでは、クライエントは、いつでも自分の報告が送信でき、おおよそ早い時期に回答が得られる。（筆者らも行っているが）ホームワークの送付には締め切りがあり、締め切り日以降にフィードバックが得られる。クライエントに対して責任をもつのであれば、緊急事態が生じた場合に、クライエントが担当者に連絡をとれるようにすべきである。しかし、頻繁なやりとりが必ずしも転帰の改善につながるわけではない。クラインらの研究（Klein et al., 2009）は、この問題を系統的に扱った数少ない研究の一つである。「パニック・オンライン（Panic Online）」のプログラムを実施した際、心理士が頻繁に支援しても（週3回の電子メール）、頻繁に支援しなくても（週1回の電子メール）、効果に違いが認められなかった。

　やりとりを効果的にするために、長文を記す必要はない。表6.3には、セラピストとクライエントのやりとりの例を示した。ホームワークを正しく終えられたかわからない、というクライエントのコメントに対して、セラピストがあまり注意を示さなかったことに気づいて欲しい。その代わりに、セラピストは、課題の強化や「自己効力感の形成」に焦点を合わせていた。おそらく、読者のあなたであれば、別のやり方をしていたのではないだろうか。

表6.3　クライエントとセラピスト間のやりとりの例（プライバシー保護のために一部改変している）

| クライエント | こんにちは。今、2番目のモジュールをだいたい終えました。動き出して、実際に課題を行うのが面倒でした。ちゃんとやれたかどうかわかりません。もしちゃんとやっていたら、全部終えられなかったかも……。<br>メアリー |
|---|---|
| セラピスト | メアリー様<br>つらいときなのに、取り組めたのはよいですね。次のモジュールは、活動記録と週間計画の課題に移ります。この課題は、本当に大変なので、短期的には疲れてしまうかもしれません。それでも、この方法は気分を良い方向に変える効果が知られています！　最後は報われますから、できることを続けていきましょう。<br>クリス・ジョーンズ、心理士 |

## ■治療同盟

　CBT以外の流派でよく強調されることだが、心理療法の多くの形式では、「治療同盟（患者とセラピストの絆）」が重要な要素と考えられている。もっとも、治療同盟の役割に関する従来のエビデンスでは、治療同盟はCBTでも形成され、しかもクライエントがそれを高く評価していることが明らかにされている（Horvath et al., 2011）。これはつまり、クライエントが、セラピーの「課題」と「目標」についてセラピストに同意しており、セラピストとの「絆」を感じているということである。

　ガイド付きICBTの治療同盟が重要であるかはわからない。この話題に関する文献でも、どの程度効果に影響するのか、結果はまちまちである。関連性を示す研究もあれば、そうでない研究もある。ICBTでは、対面式治療と比べて、セラピストとのやりとりがはるかに少ない（おそらく10分の1の時間である）。クライエントは、直接セラピストと会うことすらないかもしれない。こうして、治療同盟が根ざすような情報の多くが、ICBTには欠けている。しかしながら、治療的な相互作用は存在し、ガイド付きICBTのセラピストは、ICBTに取り組むクライエントを励ますのに、具体的かつ共通の要素を用いている（表6.2参照）。

　治療同盟の評価は、対面式治療と同程度に高い傾向にあることがわかっているので（例：Knaevelsrud & Maercker, 2007）、治療同盟を築くのに、セラピストとの間で直接、対面のやりとりを行う必要はない。実際、静的な文章の資料であっても、治療同盟を育む共感を伝える余地はある。文章の背後にいる臨床家の思いやりを、クライエントは知覚しているかもしれない（Richardson et al., 2010）。ICBTの治療同盟を評価すると、オンラインでのセラピストとのやりとりや治療システムでのやりとり、文章の資料から構成される、クライエントが得る情報のすべてが治療同盟を促すのかもしれない。

（セラピストの関わりが最小限度である）ガイド付きICBTでは治療同盟が重要か、という研究上の疑問に戻ろう。筆者らは、三つの異なる群に対して治療同盟の評価を行ってもらう研究を発表した（Andersson et al., 2012a）。対象とした参加者は、うつ病49名、全般性不安障害35名、社交不安障害90名であった。参加者は全員、治療同盟尺度（Working Alliance Inventory）に回答した（Busseri & Tyler, 2003）。これはガイド付きICBT用に修正した尺度であった。評価は、治療の初期に行われた（第3〜4週）。結果として、三つのどの群でも治療同盟の評価は高かったが、治療同盟の尺度と改善度との相関は、統計的に有意ではなかった。したがって、この話題に関する今日までの最大の研究では、ICBTにおける治療同盟は、やはりクライエントに高く評価されていたが、転帰には違いをもたらさなかった。その一方で、筆者らが不安障害を区別せずに行った最近の小規模研究では、治療同盟と転帰との間に相関が見出された（Bergman Norgreen et al., 2013）。つまり、治療同盟の重要性は、クライエントの属性によって異なるのかもしれない。

■ **セラピストが専門家である必要はあるのか**

ICBTに関する筆者の理解では、ドロップアウトを防ぎ、治療効果を高めるのにガイドが役立つ。2、3の例外はあるものの、このことは実証研究によっても明確に支持されている（例外とされる研究でも、実際の治療はガイドなしであっても、研究者との間である程度のやりとりを含むことが多い）（Johansson & Andersson, 2012を参照）。次の疑問は、セラピストのスキルや訓練の程度が重要であるかどうかというものである。（訓練や経験によって高まるであろう）力量の重要性については、CBTでも議論されている。先行研究の知見はまちまちであるが（Webb et al., 2010）、CBTの世界では、訓練は関係ない、またはセラピストのスキルは重要でない、と主張する人はほとんどいないだろう。

この議論の核心は、改善をもたらすには、具体的な技法が本当に必要なのか、それとも、温かさや共感、信頼などのより一般的な「共通」要素で十分なのか、ということである（Wampold, 2001）。明らかにICBTは、比較的、技法が多く、共通要素が少ないだろう。ただし、共通要素が（上述した通り）皆無というわけではない。ガイド付きICBTの多くの形式でオフラインのガイドが行われることを考えると、ガイド役の臨床家は、セラピストとしてのスキルを徐々に高めることができる。例えば、応答速度や適切なガイドを行う速度は経験に左右される。こうした事実は、（ICBTのガイドに関する）経験がある心理士と経験がない心理士を比較した研究で見出したものである。心理士はプログラムを通じて社交不安障害のクライエントをガイドしていた（Andersson et al., 2012b）。どちらの群も同じくらい効果を示したが、経験のない心理士は、比較的頻繁にログインする傾向があった。これは各クライエントにより多くの時間を費やしていたことを意味する。

ガイドの主な内容によって違いが生じるかどうかについての研究が行われてい

る。ティトフらは、一連の比較試験を行った。特定の治療的助言をせずに、「技術的」観点からガイドが行えるかについて調べた。この研究では、「技術者」によるガイドは、「セラピスト」がガイドを行う場合と同じくらい効果的であることがわかった（Robinson et al., 2010; Titov et al., 2009, 2010a）。その一方、この研究の「技術者」は研究チームの一員であった。また、別の比較試験も注目に値する。ムードジムのプログラムを用いて、専門家ではない電話カウンセラーによる電話追跡の効果を調べた研究である。ガイドなしの治療との比較が行われたが、追加の効果は見られなかった（Farrer et al., 2011）。ここで、ムードジムは概ねガイドなしの治療であるが（第5章参照）、この研究は、参加者全員に電話連絡のやりとりを行い、国立の電話相談サービスを現場としていた。そのため、この研究をICBTの提供の仕方に関する知見に加えることができる。

　筆者が関わった多くの研究や臨床現場のセラピストは、心理士養成プログラムの最終学年の5年生か、臨床活動の一環としてガイド付きICBTを続ける元学生であることが多かった。その他にもICBTの経歴をもたずにICBTをガイドする臨床家がいる。しかし、ガイド付きICBTについて、CBTの経験豊富なセラピストをどのように訓練するか、という大規模研究は行っていない。したがって、ガイドを行う臨床家は、比較的臨床経験が浅い場合が多い。そのため、熟練した、経験豊富な臨床家が行えば、いっそうの改善が見込めるかもしれない、と言ってよいだろう。経験豊富な臨床家は「やり過ぎ」たり、マニュアルから逸脱したりするかもしれないが、文章力のような要因が重要である。ただし、臨床家には、ケースの負担をあまり多くかけ過ぎないことが重要である（最悪、臨床家がクライエントを混乱させることにもつながる）。

　スーパービジョンもまた、筆者らが多くの研究で取り入れたテーマである。スーパービジョンは、セラピストがクライエントへの対応に迷ったときに役立つ。しかし、セラピストを励ますことも重要である。そして、グループスーパービジョンでは、他のセラピストがどのようにケースに対処しているか耳を傾けることも重要である。

　ICBTでクライエントをガイドするときや、治療プログラムを開発するときには、セラピストとしてのスキルが求められる。セラピストのスキルは、治療におけるミスや誤解、その他の問題を扱うのに役立つ。概して、ICBTの治療同盟への評価がかなり高かったように、クライエントは、オンラインのセラピストを信頼して、気に入るようである。

　オンラインカウンセリング、または、eセラピーをテーマにした文献がある（Murphy & Mitchell, 1998）。この形式は、はるかに多くのやりとりを含み、したがって、対面式CBTに近いものである。こうしたインターネット療法の形式については、第10章で扱う。しかし、ティトフらの研究から、ガイドは必ずしも治療的に行う必要はないこともわかっている。そのため、おそらくは心理士のスーパー

ビジョンによって、CBTの臨床家以外の専門家がガイドを行えるかどうかを調べることが重要である。低強度CBTや英国の心理療法アクセス改善（Increasing Access to Psychological Treatment; IAPT）モデル（Clark, 2011）の時代を迎えて、様々なサービス提供モデルの研究が求められている。

## 系統的レビューから見たガイド付きICBTの全般的効果

　ここではガイド付きICBTの全体的効果について論じる。そして、これ以降の三つの章では、うつ病、不安、身体症状に焦点を当てる。「ガイド付きICBTはどの程度効果的か」という質問に対しての答えは、「対面式CBTとほぼ同程度である」というものである。ただし、例外もある。答えになるであろう研究の数は増え続けており、「場合によっては、ほぼ同程度であるか、少し劣ることもある。少数の例では、対面式CBTより優れることもある」。おそらく、こうした曖昧な質問は、「薬物療法は効くか」と尋ねるようなものであり、意味がないだろう（この話題についての考察については、Marks & Cavanagh, 2009を参照）。これ以降の章では特定の症状に焦点を当てる。しかし、ここであえて触れておくと、ガイド付きICBTは、15年以上にわたり、広い領域の問題について検証されている（Hedman et al., 2012）。

　表6.4では、ランダム化比較試験で検証された健康状態の多くを一覧にしている。ただし、新しい研究がほぼ毎週現れるので、包括的な一覧ではないかもしれない。ガイドなし治療を含めれば、もっと長くなっていただろう。しかしながら、この一覧は、この領域がどれほど急速に進歩してきたかを示している。リストに挙がっているいくつかの健康状態については20近くのランダム化比較試験が行われているが（例：社交不安障害）、1990年代中頃までは、ガイド付きICBTに関する研究がまったく行われていなかったのである。

　ICBTが彼らのために開発され、検証されてきたものの、表6.4に挙げられていない対象者もいる。多くの比較研究では、ボランティアで参加した成人が対象とされている。しかし、通常の病院患者や青少年、高齢者、様々な言葉や文化をもつ人々など、その他の集団を標的とする研究も数多く行われるようになった。例えば、中国系オーストラリア人を対象として、標準中国語や広東語を話すスタッフが支援を行った、うつ病治療の研究がある（Choi et al., 2012）。筆者の研究グループでは、最近、クルド語によるうつ病研究を行った。具体的な適用例については、後の章で述べる。

　比較試験の数が増えているように、インターネット治療全般や、ガイド付きICBTに関する新しいレビュー論文の発表も相次いでいる。レビュー論文には潜在的な問題が見られるものもある。インターネット療法の様々な形式の研究が、それ以外の形式のコンピュータ化された介入や、ガイドはあってもインターネットの要素がないセルフヘルプの研究とも統合される傾向がある（例：Cuijpers et

表6.4 ガイド付きICBTの効果が研究（ランダム化比較試験）で検証された健康状態の例

| 精神科症状 | 身体症状 | その他 |
| --- | --- | --- |
| うつ病 | 頭痛 | カップルセラピー |
| 双極性障害 | 耳鳴り | 親業訓練[*2] |
| パニック障害 | 糖尿病 | ストレスの問題 |
| 社交不安障害 | 不眠症 | 完璧主義 |
| 特定の恐怖症 | 小児遺糞症 | バーンアウト |
| 混合性不安抑うつ | 慢性疼痛 | 優柔不断 |
| 健康不安 | がん | |
| 強迫性障害 | 過敏性腸症候群 | |
| 全般性不安障害 | 勃起障害 | |
| 外傷後ストレス障害 | 難聴 | |
| 病的賭博 | 慢性疲労 | |
| 過食症と摂食障害 | 多発性硬化症 | |
| | 肥満 | |
| | 喫煙 | |

al., 2009)。こうしたレビューは有用であるが、読者にとっては混乱のもとになる。ガイド付き治療とガイドなし治療が同じ研究にまとめられ、CD-ROMによるコンピュータ化された治療と読書療法を同様にまとめられるのである。些細な問題と見なされるかもしれないが（定義については第1章参照）、コンピュータ化された認知行動療法（CCBT）のような用語には、多くの様々な形式の治療が含まれてしまう。

よく引用されるレビューで、初期のメタアナリシスの一つは、ドイツの研究グループがまとめたものである（Spek et al., 2007）。不安と抑うつのICBTに対象を絞ると、不安障害には大きな効果量が、うつ病性障害にはやや小さな効果量が認められた。しかしながら、サポートの程度を考慮した場合、ガイド付きの介入には比較的大きな効果があることがわかった。翌年、バラクら（Barak et al., 2008）は、一連の健康状態と介入を網羅したメタアナリシスを出版した。結果として、平均効果量（標準化した平均値の差）は0.53であり、中程度の効果量と解釈された。しかしながら、性質の大きく異なる研究が92も含まれていたので、この指標にはあまり意味がない。興味深いことに、CBTを含む研究は、比較的大きな効果量を示すようであった。ただし、再び、研究の蓄積される速さを考えれば、CBT以外を採用する最新研究の多くが、このレビューに含まれたわけではない。そうは言いつつも、このレビューは、非常に有益な研究を多く集めた、稀少な研究の一つである。

不安や抑うつと、ガイド付きのコンピュータ化された介入（実際には、すべて

がインターネットによる介入）にも焦点を当てた研究として、アンドリュースら（Andrews et al., 2010）は、22の比較試験を集め、平均効果量のコーエンの$d$が0.88であることを見出した。これは対面式CBTで実現される値と非常に近い値であった。また、中央値26週間後のフォローアップで長期的効果のエビデンスも見出した。この知見に加えて、キュパーズら（Cuijpers et al., 2010）は、対面式とガイド付きセルフヘルプ（再び、ほとんどがインターネットによるCBT）の直接比較についてメタアナリシスを発表した。筆者も、このレビューの共同研究者であった。21の研究と810名を対象とした結果、ガイド付きセルフヘルプと対面式治療の間には、明確な差が認められなかった。むしろ、わずかな傾向ではあるが、反対方向の$d$=-0.02の効果量が示された。ガイド付きセルフヘルプの効果を支持する結果である。筆者は、対面式とガイド付きICBTの比較研究にいくつか携わったので、どちらの治療形式も有効であるという考えに至っている。ただし、多少なりとも、どちらかの治療形式に向いたクライエントは存在するとも考えている。もう一つ注意すべき重要な点は、ガイド付きICBTを対面式CBT（個人療法または集団療法）と比較した研究では、アセスメントの際に参加者と直接やりとりする機会が多いことである。提供した対面式CBTが通常のCBTよりも劣っていた、という可能性も考えられるが、筆者らの知見とは明らかに異なる。実際、どちらの形式で治療を行う場合も、通常は大きな治療効果が認められたからである（ここでは主に不安と抑うつの比較試験について述べている〔例：Carlbring et al., 2005〕）。

　この話題に関する多くの系統的レビューに加えて、総説や「最先端」のポジションペーパーが出版されている（例：Andersson, 2009; Griffiths et al., 2007; Ritterband et al., 2003）。しばしば自明なことであるが、ICBTの一番の提供方法については、様々な研究グループによってある程度見解が分かれている。ガイド付き治療とガイドなし治療の賛否について、健全な議論が生じている。

　結論として、今や多くの研究がなされており、様々な健康状態を一つにまとめるレビューには意味がなくなりつつある。それぞれの健康状態についての研究が増えている（例：慢性疼痛に対するICBTの比較試験）。他には、多くの領域で、CBTの研究者や臨床家からよく尋ねられる質問に似た疑問が残されている。例えば、治療における「アドヒアランス」の役割や、ICBTの効果が望めそうな患者を予測する方法、前述した治療同盟の役割についてである。

　予測変数や媒介変数（治療が誰に効くのか）については、これ以降の章で述べる。健康状態の分類を超えて、同一の要因が重要になることはありそうもないからである。ガイドの役割も健康状態によって異なるだろう。うつ病の人をICBTで治療する方が、不眠症以外は健康である人を治療するよりも、ガイドがより重要になる可能性がある。忘れずにいて欲しいのは、問題の領域を超える共通性や併存疾患があるとしても、通常のCBTで行うのと同じように、治療は専門的に行

う必要があるということである。今や私たちの立場では、ガイド付きICBTはエビデンスに基づいており、普及のための準備が整ったと考えることができる。アンドリュースら（Andrews et al., 2010）の言葉を引用すれば、「不安・抑うつ障害をもつ人々に対するインターネットプログラムは、その効果や適用範囲、潜在的なコスト削減が十分、認識されはじめたようである。こうしたインターネットサービスが既存のメンタルヘルスサービスに導入されはじめている」(p.5)。

## ガイド付きICBTはコスト削減になるか

アンドリュースら（Andrews et al., 2010）の引用でも示唆された通り、インターネット治療は、ガイド付きICBTもそうだが、コストを削減すると考えられる。セラピストの時間だけを計算しても、ICBTのガイドには、クライエントと直に会うよりも時間がかからない。その上、治療効果が損なわれなければ、ICBTは費用対効果が高いということになる。

これが事実であることを示すエビデンスが集まりつつある。コストの計算は複雑であり、治療のコストやセラピストの時間ばかりを考えるものではない（Drummond et al., 2005）。費用対効果に関する最近の研究では、「社会の視点」をとるものが多い。ヘルスサービスすべての種類のコストや生産性低下に関わるコストなどである。したがって、かかりつけ医の受診回数や、精神科医との面接回数、入院日数、薬剤使用量、その他の医療の全消費量のような指標を測定する。さらに、労働損失日数（仕事の欠勤）や労働削減日数（体調不良による労働効率の低下）の情報も収集する。

セラピストのサポート、スクリーニングの面接、コンピュータ、サーバーやインターネット接続に関わる「治療コスト」と、公的または私的なヘルスサービス提供者に関わる「直接医療費」は、区別することが役に立つ。コストを様々な要素に分解するのは、非常に労力がかかる（筆者は自らこうした分析を進めたわけではなく、オランダのフィリップ・シュミット（Filip Smit）やスウェーデンのビヨン・パクリング（Björn Paxling）、エリック・アンダーソン（Erik Andersson）、エリック・ヘッドマン（Erik Hedman）などの優秀な同僚とともに取り組んだ）。

また、患者がヘルスサービス提供者のもとに出向いたり、駐車場代や交通費を支払ったりする直接の非医療費など、その他のコストもかかる。コストや節約コストは個々の新しいクライエントにとってはほぼ同じであるが、それに加えて、ICBTプログラムの開発やセラピストの訓練にかかるコストもある。これらのコストは一定せず、新しいICBTシステムが古いシステムと入れ替わるときには、ごくわずかなものから膨大なものまで様々となる。

ICBTに関する（ガイド付きICBTについても）費用対効果の研究が増えてい

る。重要な種類の研究の一つは、対面式治療とICBTのコストを直接比較するものである。筆者らはこの研究を、社交不安障害の比較試験と関連づけて行った（Hedman et al., 2011）。この研究では、費用対効用も検討した。つまり、質調整生存年（QALYs[*3]）を考慮する計算を行った。その結果、対面式もICBTの条件も、コストの総計は、プリテストと比べて6か月のフォローアップで有意に低下していた。どちらの治療も同じくらい社交不安とコスト総計を改善させたことから、介入コストが低い分、ICBTの費用対効果が高かった（ICBTは一人あたり$464であるが、対面式の集団療法は$2,687であった）。

筆者らは、健康不安や過敏性腸症候群、全般性不安障害など、その他の健康状態についても、費用対効果を検証した。ウォーマーダムら（Warmerdam et al., 2010）は、うつ病に対するガイド付きICBTや、インターネットによる問題解決療法にも、費用対効果を見出している。

この研究分野は、ICBTにとってはもちろん、CBT全般にとっても重要である。リソースには限りがあるため、エビデンスに基づく治療によって、社会のコストが実際に減ることを示すのが重要だからである。

## どのように認識され、誰が求めているのか

ガイド付きICBTが世に出てからしばらく経つので、CBTを提供するこのやり方が臨床家やクライエント、一般の人にどのように受け取られているか知りたいと思うかもしれない。ホイットフィールドとウィリアムズ（Whitfield & Williams, 2004）は、コンピュータ化されたCBTの利用について、英国で調査を行った。その結果、CBTのセラピストでこの治療形式をとる人はごく限られていた（2.4％）。わずかに1％のセラピストが対面式に代わる形式として用いていた。この結果は、CBTの臨床家の88％が日常臨床でセルフヘルプのアプローチを用いている、という先行研究の結果と比較しなければならない（Keely et al., 2002）。もっとも、インターネットは、おそらく旧来のCD-ROMのプログラムよりも、はるかに利用しやすいだろう。したがって10年経った今、当然、同じ状況がICBTにも当てはまると考えることはできないだろう。

2,098名のソーシャルワーカーや心理士、その他の専門家からなる、全国サンプルを対象とした米国の研究が論文化された。オンラインのメンタルヘルス治療については、受け入れが悪く、理解も乏しい状況が判明した。治療を提供するためにインターネットを使っていた人はわずかに2％だった（Wells et al., 2007）。おそらく、米国では当時、インターネット接続率が比較的低かったために（データが収集されたのは2003年であった）、また、各州の間には法的規制（後の倫理の節を参照）があることから、こうした結果が認められたのかもしれない。しかし、臨床家の態度が、国によって異なることも事実であるかもしれない。

ワングベルグら（Wangberg et al., 2007）が行ったノルウェーの研究では、著しく異なる結果が示された。ノルウェー心理学者協会の会員1,040名のうち、45％もの人がクライエントとのやりとりにインターネットを用いていた。クライエントとセラピストの間のインターネット使用は容認できない、と考えた心理学者は3％だけであった。興味深いことに、精神力動の理論的立場をとることが、インターネット療法への否定的な態度に関連していた。この研究結果は、近年、米国の研究でも再現された。モーラら（Mora et al., 2008）では、CBTの臨床家が、精神分析的志向をもつ臨床家よりも、インターネット介入の実施を支持することがわかった。しかしながら、ウェルズ（Wells）らの結果と同じく、対象者全体としては、対面式治療の補助または代わりとして、オンライン治療を強く支持することはなかった。

オーストラリアの研究で明らかにされた通り（Gun et al., 2011）、臨床家の多くは、重篤な健康状態にインターネット療法を適用することに、比較的抵抗を感じるようである。ガン（Gun）らは、医療従事者と一般の人を対象として、インターネット治療プログラムに関する態度を尋ねる質問票を実施した。どちらの群でも、軽度から中等度の不安や抑うつについては、高い受け入れの態度が示された。これは再び、国による違いが一つの要因になったのかもしれない。

こうした研究の多くは、不安と抑うつに関するものであった。他の健康状態に対するインターネット療法を臨床家がどのように認識しているか知ることも役に立つだろう。例えば、乳がん患者とがん専門医は、インターネットによる治療に肯定的であることがわかっている（Andersson et al., 2006）。検証すべき興味深い点は他にもある。例えば、臨床家は、オープンとクローズドのインターネット療法をどう考えているのか。小児や青年向けのコンピュータ治療について、臨床家の態度を調べた研究がある（Stallard et al., 2010）。結果として、専門家のサポートなしに、コンピュータ化されたCBTをオンラインで自由に提供すべきと考える回答者はほとんどいなかった。これは大きな問題と見なされたが、自宅からでも治療にアクセスできる点については最大の強みと考えられた。

ICBTとは何か、効果はどれほどか、誰に効くのかということについて、CBTの臨床家が認識しているのかどうかはまったくわからない。ガイド付きICBTかガイドなしICBTか、ということでも効果やアドヒアランスに違いが生じることが、事態をいっそう紛らわしくしている。

おそらく、臨床家の認識よりもいっそう興味深いのは、クライエントや治療を望む人がICBTについてどう考えるかということであろう。コンピュータ化されたCBTについて、この話題を扱った先行研究がいくつかある（例：Kaltenthaler et al., 2008）。しかし、その知見の多くは、治療を終えた患者から得られたもので、見込み患者のものではなかった。

モーラら（Mohr et al., 2010）は独創的な研究を発表している。対面式、電話、イ

ンターネットを含む様々な形式の心理療法について、米国のプライマリケア患者600名以上に関心を尋ねたところ、明確な違いが示された。91.9％が対面式のケアに興味をもつか利用を考えていた。これに対して、電話は62.4％、インターネット療法は48.0％であった。これはプライマリケアの現場、しかも、米国で行われた調査であったが、少なくとも回答者の半数がインターネットを介した心理療法に関心を示したと言える。モーアらはいくつかの相関も見出している。例えば、症状の重さが好みに影響しないことや、時間の制約が知覚されると、対面式治療よりも、電話やインターネットでの治療への関心が予測されることであった。

　もしインターネット療法の内容や効果がわからなければ、インターネット療法に関する質問に答えるのは容易ではないかもしれない。ソルビとバン・ダー・バート（Sorbi & van der Vaart, 2010）が行った小規模な研究では、偏頭痛をもつ患者にプログラムの評価を求めた。これは、インターネット療法の評価を尋ねると同時に、フィードバックを得る、消費者志向的なやり方であった。筆者らも、研究の参加者にはフィードバックを定期的に求めており、このやり方が役立っている。

　ティトフらは、外傷後ストレス障害（PTSD）をもつ人（Spence et al., 2011）や強迫性障害（OCD）をもつ人（Wootton et al., 2011）が、インターネット療法をどのようにとらえているか、対面式治療よりも好むかについての研究を発表した。どちらの研究でも、インターネット療法は非常に好意的にとらえられ、インターネット療法よりも対面式治療を好む人は相対的に少なかった（PTSD研究では32％、OCD研究では10％）。（研究が行われた）オーストラリアの不安障害患者にとっては、ICBTが特に興味深かったのだろう。対面式CBTは近所では受けられない可能性があるからである。ティトフらは、ICBTが治療への障壁を減らすのではないかと述べた。

　ICBTを受けることへの関心は、マスコミでどのように書かれているか、医療者がどのような信念をもっているか（患者にどのように告げるか）、そして、個人的にICBTを経験した人を知っているかどうかということに影響されるようである。筆者らが長年実施した比較試験の多くは、参加者を広告で募っていた（広告がICBTの理解をどのように高めるかについてはJones et al., 2012を参照のこと）。また、通常ケアとしてサービスを提供した際には、リファーや直接受診も活用した。この話題については、後ほど述べるが、ここで述べた状況もすべて変わる、と言わざるを得ない。インターネットサービス（例えば、ショッピング）に対する態度はこれまでにも変化してきたし、筆者がこの文章を記している間にも、変化し続けているからである。

　「誰がガイド付きICBTを求めているのか」という質問に答えるもう一つの方法は、実際にICBTを終えた人を見てみることである。筆者らの初期の研究では、参加者の多くは学歴の高い人であった。おそらく、高学歴者は研究参加や心理療法を好む、というバイアスを示す結果だったのかもしれない。このテーマについ

ては、ほとんど系統的な研究が行われていない。しかし、ICBTは、以前と比べれば、一般の人にも受け入れられているようである。ティトフとアンドリュースのグループの研究では、ICBTを受ける人は、病院患者と同じくらい重篤な問題を抱えているが、その他の性質では、障害を抱える一般の人の方に近いことが明らかにされている（Titov et al., 2010b）。次章以降で扱う、うつ病や不安障害、身体症状について、通常ケアでICBTを受けたクライエントが、広告経由で募集された研究参加者と同じくらいの改善を示すのかという疑問もある。これについても後ほど議論する。しかしながら、通常の個人または集団CBTと同じく、例外はあるだろうが、全体として今日までのエビデンスによれば、ガイド付きICBTは通常の患者にも適用できることが示されている。

## 倫理上の注意点

　この章のまとめとして、ガイド付きICBTを用いるときに考慮すべき倫理的な問題の概略を示す。倫理的問題は、この本で論じるインターネット利用すべてに関わるものである。しかしながら、クライエントとケアの提供者に直接的なやりとりが生じる場合は、通常の臨床実践の場合とほぼ同じである（利用者との間に直接的なやりとりが生じない、オープンアクセスのガイドなしプログラムの場合とは対照的である）。この問題にアプローチする便利なやり方の一つは、確立された倫理ガイドラインにしたがって、インターネット療法の詳細を示すことである。ディーバー・フィッツジェラルドら（Dever Fitzgerald et al., 2010）は、このやり方でレビュー論文をまとめた。国際規則である、心理学者のための倫理原則に関する世界宣言（International Union of Psychological Science, 2008）が示すガイドラインを踏まえて、レビューを構成したのである。この倫理原則については、表6.5の左の列に記した。右の列には、筆者がコメントを記したが、これはフィッツジェラルドらのレビューを参考にしたものである。

　他にも、どこでどのようにICBTを実施するかについては、いくつかの倫理的問題が関わっている。英国やスウェーデンでは、公的な助成を受ける医療については規制が設けられている（例：英国の国民保健サービス〔NHS〕）。しかし、どこで実施するかについては、米国を除き、ほとんど規制されていない。米国では、心理士が免許をもたない区域（州）のクライエントをもつことは許されていない。インターネットによる心理的サービス、特に電子メールに基づく治療の実践については、米国で議論されている（Midkiff & Wyatt, 2008; Zack, 2008）。

表6.5 心理学者のための倫理原則に関する世界宣言とガイド付きICBTに関する筆者のコメント

| 原　則 | コメント |
|---|---|
| I　個人や集団の尊厳を尊重する | CBTの治療すべてと同様に、手続きについてわかりやすく情報提供した上での「同意」が重要である。例えば、治療効果を得るのにどの程度の労力が求められるのか、クライエントに説明すべきである。ICBTに欠かせないのは、「プライバシー」と「守秘義務」の尊重である。これらはインターネット情報のセキュリティとも密接に関わっている。ICBTに関わる特別な問題の一つは、「治療を終えられなかった人」への丁寧な対応である。もう一つの倫理的問題は、「アクセス」である。コンピュータを持っていない、または、処理能力が限られたクライエントには配慮する。紙バージョンのモジュールをクライエントに郵送するなど、低い技術レベルでの解決も求められる。 |
| II　個人や集団の健康を十分にケアする | CBTの臨床家は、どのような形式でやりとりしようとも、「害を及ぼさない」こと。誤りが生じたら、埋め合わせるか、修正すべきである。ICBTで起こりうる誤りとしては、不適切なフィードバックの送信や、クライエントの悪化や自殺念慮の兆候を見過ごすことなどがある。研究では、比較試験の否定的結果の報告を怠った例がある（Barlow, 2010; Rozenthal et al., 2014）。否定的な結果を報告し損ねることは、倫理的な行いではない。<br>十分なケアについては、サポートを提供する臨床家にスーパービジョンを行い、治療の資料を定期的に更新すること（クライエントが見つけた綴り間違いのような単純なものかもしれない）が重要である。診断手続きに関する適切な訓練や継続的な話し合いもまた勧められる。 |
| III　誠実さ | 誠実な態度は、「正直でオープンな、正確なやりとり」に関わっている。ICBTでは、治療者が何者か、治療形式について何を知っているのか十分に知らせることを意味している。例えば、サポート提供者の専門的身分を明かすべきである（例えば、学生がサポートを提供する場合）。患者が健康情報に簡単にアクセスできる場合、個人情報へのアクセスがまた別の重要な問題になる。<br>改善への期待は育まれるべきであるが、治療効果を誇張すべきではない。<br>ICBTでは、個人的利益、専門家としての利益、経済的利益のために、クライエントを搾取してはならない。 |
| IV　社会に対する職業的責任と科学的責任 | 私たちは、自らの知識をつねに更新し、問題の改善を目指して、新しい研究を進める必要がある。<br>それは社会が新しい知見をどう生かすかということにも関わっている。例えば、ガイド付きICBTは、通常のCBTの補助として提供すべきであり、コスト削減の代用品として提供すべきではない。ガイド付きICBTは、ガイドなしよりもコストがかかるが、より効果的である。オープンアクセス治療は、世界中の多くの人々に届けられるが、ドロップアウト率が大きい。<br>ICBTのセラピストのスキルについてはほとんどわかっていないが、適切な訓練とスーパービジョンはすべての治療に含めるべきである。スーパービジョンによって、ICBTのガイドが行えるように、他の専門家集団を訓練できるのか、ということについては、検証が必要である。 |

(出典：Dever Fitzgerald et al., 2010)

　匿名性は、もう一つのセンシティブな問題である。医療に携わる心理士や他の専門家には、少なくとも筆者の国では、クライエントの治療記録を保持することが義務づけられている。そのため、医療では匿名性が問題になる。解決策の一つは、医療の記録をICBT治療から切り離すことである。そうすれば、詳細な個人情報

(例えば、スウェーデンでは全国民が個人のID番号を有している)が治療プラットフォームから失われ、IDは医療用ファイリング・システムに保持されるようになる。匿名性については、それぞれの国で、様々な規則や法律が存在している。例えば、ノルウェーでは、患者と電子メールでやりとりすることが認められておらず、ICBTのガイドを行うときには、電話によるサポートだけが選択肢として残されている (Nordgreen et al., 2010)。

　ICBTのプログラムで用いられるもう一つの領域は、ディスカッションやチャットのフォーラムである。これは一対一のやりとりではない。ディスカッションフォーラムのクライエントは、お互いに、センシティブな話題について話し合えるからである (Humphreys et al., 2000)。筆者の研究では、こうしたグループの見回りを行っていた。つまり、センシティブな話題が投稿された場合に備えて、倫理的な責任を果たしていた。クライエントには、グループの見回りをしており、アクションを起こすこともあるとあらかじめ伝えていた。

　私たちは、新しい臨床領域の入り口に立ったに過ぎない。(少なくとも英国やスカンジナビア諸国では) ICBTを行うための特定の免許や資格さえも存在していないのである。

### 実用的な意義とキーポイント

- ガイド付きICBTでは、CBTのセルフヘルプ技法がうまくインターネット化されている。ガイド付きICBTは、対面式CBTとは異なっているが、ホームワークを出すことなど、共通要素もいくつかある。
- セラピストによるサポートは、良い効果を保つためには非常に重要である。しかし、どのような形式のガイドが十分なのかはよくわかっていない。電子メールは、ICBTをサポートする最も一般的な方法である。
- 治療同盟は、ガイド付きICBTでも形成される。しかし、どのような形式のガイドが十分であるのかわかっていない。クライエントの改善効果については、全体的に見てセラピストによる違いはわずかであるが、文章力と支持的な励ましが重要である。
- ガイド付きICBTは、CBTの有効性が検証された、主な健康状態についての検証が今日まで行われている。しかしながら、重篤な健康状態については例外である。系統的レビューによれば、ガイド付きICBTは、不安障害や軽度から中等度までのうつ病に対して、対面式CBTと同程度の効果をもつことが明確に示されている。
- ガイド付きICBTの医療経済的効果は明白である。対面式CBTと比べた場合の介入コストの低さが主に関係している。
- ICBTは、臨床家の間ではまだ良い印象を得ていない。しかしながら、態

度は変わりつつあり、国ごとの状況も異なる。クライエントは、比較的肯定的である。もっとも、多くのクライエントは、ICBTの効果がどのようなものであるか、通常のCBTより手軽であっても応急措置ではない、ということを理解していないだろう。
● ガイド付きICBTを行うときには、はっきりとした倫理的な注意点がある。それは、どこでサービスを提供するのかにも関わっている。対面式CBTの場合と同じ倫理的なガイドラインを適用すべきであるが、情報セキュリティについては特別な配慮を行うべきである。

● 訳　注
* 1　**現実エクスポージャー**：安全な環境で恐怖刺激と直面し続けることによって、恐怖反応の消去を促す技法のこと。
* 2　**親業訓練**：親としての役割を効果的に果たすためのコミュニケーションプログラム。
* 3　**質調整生存年（QARYs）**：健康指標の一つ。生活の質（QOL）を反映させた生存年数のこと。

● 引用文献
Almlöv J, Carlbring P, Berger T, Cuijpers P, Andersson G. (2009). Therapist factors in Internet-delivered cognitive behavioural therapy for major depressive disorder. *Cognitive Behaviour Therapy*, 38, 247-254.
Almlöv J, Carlbring P, Källqvist K, Paxling B, Cuijpers P, Andersson G. (2011). Therapist effects in guided Internet-delivered CBT for anxiety disorders. *Behavioural and Cognitive Psychotherapy*, 39, 311-322.
Andersson G. (2009). Using the Internet to provide cognitive behaviour therapy. *Behaviour Research and Therapy*, 47, 175-180.
Andersson G, Bergström J, Buhrman M, Carlbring P, Holländare F, Kaldo V et al. (2008). Development of a new approach to guided self-help via the Internet. The Swedish experience. *Journal of Technology in Human Services*, 26, 161-181.
Andersson G, Carlbring P. (2010). Using communication channels to support Internet interventions. In J Bennett-Levy, D Richards, P Farrand, H Christensen, K Griffiths, D Kavanagh et al. (Eds.). *Oxford guide to low intensity CBT interventions* (pp.269-274). Oxford: Oxford University Press.
Andersson G, Carlbring P, Berger T, Almlöv J, Cuijpers P. (2009). What makes Internet therapy work? *Cognitive Behaviour Therapy*, 38(Suppl.1), 55-60.
Andersson G, Carlbring P, Furmark T, on behalf of the SOFIE Research Group. (2012b). Therapist experience and knowledge acquisition in Internet-delivered CBT for social anxiety disorder: A randomized controlled trial. *PloS ONE*, 7(5), e37411.
Andersson G, Nilsson-Ihrfelt E, Strand Ekberg AK, Svensson L, Fjällskog M-L. (2006). *Breast cancer patients and oncologist attitudes towards Internet delivered self help*. Paper presented at the Second International Meeting for the International Society for Research on Internet Interventions, April 28-29, Karolinska Institute, Stockholm.
Andersson G, Paxling B, Wiwe M, Vernmark K, Felix C, Lundborg L et al. (2012a). Therapeutic alliance in guided Internet-delivered cognitive behavioral treatment of depression, generalized anxiety

disorder and social anxiety disorder. *Behaviour Research and Therapy*, 50, 544-550.

Andrews G, Cuijpers P, Craske MG, McEvoy P, Titov N. (2010). Computer therapy for the anxiety and depressive disorders is effective, acceptable and practical health care: A meta-analysis. *PloS ONE*, 5(10), e13196.

Barak A, Hen L, Boniel-Nissim M, Shapira N. (2008). A comprehensive review and a meta-analysis of the effectiveness of Internet-based psychotherapeutic interventions. *Journal of Technology in Human Services*, 26, 109-160.

Barak A, Klein B, Proudfoot JG. (2009). Defining Internet-supported therapeutic interventions. *Annals of Behavioral Medicine*, 38, 4-17.

Barlow DH. (2010). Negative effects from psychological treatments: A perspective. *American Psychologist*, 65, 13-20.

Bendelin N, Hesser H, Dahl J, Carlbring P, Nelson K, Andersson G. (2011). Experiences of guided Internet-based cognitive-behavioural treatment for depression: A qualitative study. *BMC Psychiatry*, 11, 107.

Bergman Nordgren L, Carlbring P, Linna E, Andersson G. (2013). Role of the working alliance on treatment outcome in tailored Internet-based cognitive behavioural therapy for anxiety disorders: Randomized controlled pilot trial. *JMIR Research Protocols*, 2(1), e4.

Bergström J, Andersson G, Karlsson A, Andréewitch S, Rück C, Carlbring P et al. (2009). An open study of the effectiveness of Internet treatment for panic disorder delivered in a psychiatric setting. *Nordic Journal of Psychiatry*, 63, 44-50.

Burlingame GM, Fuhriman A, Johnson J. (2002). Cohesion in group psychotherapy. In JC Norcross (Ed.). *Psychotherapy relationships that work: Therapist contributions and responsiveness to patients* (pp.71-87). Oxford: Oxford University Press.

Busseri MA, Tyler JD. (2003). Interchangeability of the Working Alliance Inventory and Working Alliance Inventory, Short Form. *Psychological Assessment*, 15, 193-197.

Carlbring P, Nilsson-Ihrfelt E, Waara J, Kollenstam C, Buhrman M, Kaldo V et al. (2005). Treatment of panic disorder: Live therapy vs. self-help via the Internet. *Behaviour Research and Therapy*, 43, 1321-1333.

Choi I, Zou J, Titov N, Dear BF, Li S, Johnston L et al. (2012). Culturally attuned Internet treatment for depression amongst Chinese Australians: A randomised controlled trial. *Journal of Affective Disorders*, 136, 459-468.

Clark DM. (2011). Implementing NICE guidelines for the psychological treatment of depression and anxiety disorders: The IAPT experience. *International Review of Psychiatry*, 23, 318-327.

Cuijpers P, Donker T, van Straten A, Li J, Andersson G. (2010). Is guided self-help as effective as face-to-face psychotherapy for depression and anxiety disorders? A systematic review and meta-analysis of comparative outcome studies. *Psychological Medicine*, 40, 1943-1957.

Cuijpers P, Marks I, van Straten A, Cavanagh K, Gega L, Andersson G. (2009). Computer-aided psychotherapy for anxiety disorders: A meta-analytic review. *Cognitive Behaviour Therapy*, 38, 66-82.

Dever Fitzgerald T, Hunter PV, Hadjistavropoulos T, Koocher GP. (2010). Ethical and legal considerations for Internet-based psychotherapy. *Cognitive Behaviour Therapy*, 39, 173-187.

Drummond MF, Sculpher MJ, Torrance GW, O'Brien BJ, Stoddart GL. (2005). *Methods for the economic evaluation of health care programmes* (3rd ed.). Oxford: Oxford University Press.

Farrer L, Christensen H, Griffiths KM, Mackinnon A. (2011). Internet-based CBT for depression with and without telephone tracking in a national helpline: Randomised controlled trial. *PLoS ONE*, 6(11), e28099.

Griffiths K, Farrer L, Christensen H. (2007). Clickety-click: E-mental health train on track. *Australasian Psychiatry*, 15, 100-108.

Gun SY, Titov N, Andrews G. (2011). Acceptability of Internet treatment of anxiety and depression. *Australasian Psychiatry*, 19, 259-264.

Hedman E, Andersson E, Ljótsson B, Andersson G, Rück C, Lindefors N. (2011). Cost-effectiveness of Internet-based cognitive behavior therapy vs. cognitive behavioral group therapy for social anxiety disorder: Results from a randomized controlled trial. *Behaviour Research and Therapy*, 49, 729-736.

Hedman E, Ljótsson B, Lindefors N. (2012). Cognitive behavior therapy via the Internet: A systematic review of applications, clinical efficacy and cost-effectiveness. *Expert Review of Pharmacoeconomics and Outcomes Research*, 12, 745-764.

Horvath AO, Del Re AC, Flückiger C, Symonds D. (2011). Alliance in individual psychotherapy. *Psychotherapy*, 48, 9-16.

Humphreys K, Winzelberg A, Klaw E. (2000). Psychologists' ethical responsibilities in Internet-based groups: Issues, strategies, and a call for dialogue. *Professional Psychology: Research and Practice*, 31, 493-496.

International Union of Psychological Science. (2008). Universal declaration of ethical principles for psychologists. Retrieved August 2012 from http://www.am.org/iupsys/resources/ethics/univdecl2008.html

Johansson R, Andersson G. (2012). Internet-based psychological treatments for depression. *Expert Review of Neurotherapeutics*, 12, 861-869.

Jones RB, Goldsmith L, Hewson P, Kamel Boulos MN, Williams CJ. (2012). Do adverts increase the probability of finding online cognitive behavioural therapy for depression? Cross-sectional study. *BMJ Open*, 2, e000800.

Kaldo-Sandström V, Larsen HC, Andersson G. (2004). Internet-based cognitive-behavioral self-help treatment of tinnitus: Clinical effectiveness and predictors of outcome. *American Journal of Audiology*, 13, 185-192.

Kaltenthaler E, Sutcliffe P, Parry G, Beverley C, Rees A, Ferriter M. (2008). The acceptability to patients of computerized cognitive behaviour therapy for depression: A systematic review. *Psychological Medicine*, 38, 1521-1530.

Keeley H, Williams C, Shapiro DA. (2002). A United Kingdom survey of accredited cognitive behaviour therapists' attitudes towards and use of structured self-help materials. *Behavioural and Cognitive Psychotherapy*, 30, 193-203.

Klein B, Austin D, Pier C, Kiropoulos L, Shandley K, Mitchell J et al. (2009). Internet-based treatment for panic disorder: Does frequency of therapist contact make a difference? *Cognitive Behaviour Therapy*, 38, 100-113.

Knaevelsrud C, Maercker A. (2007). Internet-based treatment for PTSD reduces distress and facilitates the development of a strong therapeutic alliance: A randomized controlled clinical trial. *BMC Psychiatry*, 7, 13.

Marks I, Cavanagh K. (2009). Computer-aided psychological treatments: Evolving issues. *Annual Review of Clinical Psychology*, 5, 121-141.

Meyer TJ, Miller ML, Metzger RL, Borkovec TD. (1990). Development and validation of the Penn State

Worry Questionnaire. *Behaviour Research and Therapy*, 28, 487-495.

Midkiff DM, Wyatt WJ. (2008). Ethical issues in the provision of online mental health services (Etherapy). *Journal of Technology in Human Services*, 26, 310-332.

Mohr DC, Siddique J, Ho J, Duffecy J, Jin L, Fokuo JK. (2010). Interest in behavioral and psychological treatments delivered face-to-face, by telephone, and by Internet. *Annals of Behavioral Medicine*, 40, 89-98.

Mora L, Nevid J, Chaplin W. (2008). Psychologist treatment recommendations for Internet-based therapeutic interventions. *Computers in Human Behavior*, 24, 3052-3062.

Murphy LJ, Mitchell DL. (1998). When writing helps to heal: E-mail as therapy. *British Journal of Guidance and Counselling*, 26, 21-32.

Nordgreen T, Standal B, Mannes H, Haug T, Sivertsen B, Carlbring P et al. (2010). Guided self-help via Internet for panic disorder: Dissemination across countries. *Computers in Human Behavior*, 26, 592-596.

Palmqvist B, Carlbring P, Andersson G. (2007). Internet-delivered treatments with or without therapist input: Does the therapist factor have implications for efficacy and cost? *Expert Review of Pharmacoeconomics & Outcomes Research*, 7, 291-297.

Paxling B, Lundgren S, Norman A, Almlöv J, Carlbring P, Cuijpers P et al. (2013). Therapist behaviours in Internet-delivered cognitive behaviour therapy: Analyses of e-mail correspondence in the treatment of generalized anxiety disorder. *Behavioural and Cognitive Psychotherapy*, 41, 280-289.

Richardson R, Richards DA, Barkham M. (2010). Self-help books for people with depression: The role of the therapeutic relationship. *Behavioural and Cognitive Psychotherapy*, 38, 67-81.

Ritterband LM, Gonder-Frederick LA, Cox DJ, Clifton AD, West RW, Borowitz SM. (2003). Internet interventions: In review, in use, and into the future. *Professional Psychology: Research and Practice*, 34, 527-534.

Robinson E, Titov N, Andrews G, McIntyre K, Schwencke G, Solley K. (2010). Internet treatment for generalized anxiety disorder: A randomized controlled trial comparing clinician vs. technician assistance. *PloS ONE*, 5, e10942.

Rozental A, Andersson G, Boettcher J, Ebert D, Cuijpers P, Knaevelsrud C et al. (2014). Consensus statement on defining and measuring negative effects of Internet interventions. *Internet Interventions*, 1, 12-19.

Ruwaard J, Lange A, Schrieken B, Emmelkamp P. (2011). Efficacy and effectiveness of online cognitive behavioral treatment: A decade of interapy research. *Studies in Health Technology and Informatics*, 167, 9-14.

Sánchez-Ortiz VC, Munro C, Startup H, Treasure J, Schmidt U. (2011). The role of email guidance in Internet-based cognitive-behavioural self-care treatment for bulimia nervosa. *European Eating Disorders Review*, 19, 342-348.

Sorbi MJ, van der Vaart R. (2010). User acceptance of an Internet training aid for migraine self-management. *Journal of Telemedicine and Telecare*, 16, 20-24.

Spek V, Cuijpers P, Nyklícek I, Riper H, Keyzer J, Pop V. (2007). Internet-based cognitive behaviour therapy for symptoms of depression and anxiety: A meta-analysis. *Psychological Medicine*, 37, 319-328.

Spence J, Titov N, Solley K, Dear BF, Johnston L, Wootton B et al. (2011). Characteristics and treatment preferences of people with symptoms of posttraumatic stress disorder: An Internet survey. *PloS ONE*, 6(7), e21864.

Stallard P, Richardson T, Velleman S. (2010). Clinicians' attitudes towards the use of computerized cognitive behaviour therapy (cCBT) with children and adolescents. *Behavioural and Cognitive Psychotherapy*, 38, 545-560.

Ström L, Pettersson R, Andersson G. (2000). A controlled trial of self-help treatment of recurrent headache conducted via the Internet. *Journal of Consulting and Clinical Psychology*, 68, 722-727.

Tarrier N. (Ed.), (2006). *Case formulation in cognitive behaviour therapy*. London: Routledge.

Titov N. (2010). Email in low intensity CBT interventions. In J Bennett-Levy, D Richards, P Farrand, H Christensen, K Griffiths, D Kavanagh et al. (Eds.). *Oxford guide to low intensity CBT interventions* (pp.287-293). Oxford: Oxford University Press.

Titov N, Andrews G, Davies M, McIntyre K, Robinson E, Solley K. (2010a). Internet treatment for depression: A randomized controlled trial comparing clinician vs. technician assistance. *PloS ONE*, 5(6), e10939.

Titov N, Andrews G, Kemp A, Robinson E. (2010b). Characteristics of adults with anxiety or depression treated at an Internet clinic: Comparison with a national survey and an outpatient clinic. *PLoS ONE*, 5(5), e10885.

Titov N, Andrews G, Schwencke G, Solley K, Johnston L, Robinson E. (2009). An RCT comparing the effects of two types of support on severity of symptoms for people completing Internet-based cognitive behaviour therapy for social phobia. *Australian and New Zealand Journal of Psychiatry*, 43, 920-926.

Waller G. (2009). Evidence-based treatment and therapist drift. *Behaviour Research and Therapy*, 47, 119-127.

Wampold BE. (2001). *The great psychotherapy debate: Models, methods, and findings*. Mahwah, NJ: Lawrence Erlbaum.

Wangberg SC, Gammon D, Spitznogle K. (2007). In the eyes of the beholder: Exploring psychologists' attitudes towards and use of e-therapy in Norway. *Cyberpsychology & Behavior*, 10, 418-423.

Warmerdam L, Smit F, van Straten A, Riper H, Cuijpers P. (2010). Cost-utility and cost-effectiveness of Internet-based treatment for adults with depressive symptoms: Randomized trial. *Journal of Medical Internet Research*, 12(5), e53.

Watkins PL. (2008). Self-help therapies: Past and present. In PL Watkins, GA Clum (Eds.). *Handbook of self-help therapies* (pp.1-24). New York: Routledge.

Webb CA, DeRubeis RJ, Barber JP. (2010). Therapist adherence/competence and treatment outcome: A meta-analytic review. *Journal of Consulting and Clinical Psychology*, 78, 200-211.

Wells M, Mitchell KJ, Finkelhor D, Becker-Blease KA. (2007). Online mental health treatment: Concerns and considerations. *CyberPsychology & Behavior*, 10, 453-459.

Whitfield G, Williams C. (2004). If the evidence is so good - Why doesn't anyone use them? A national survey of the use of computerized cognitive behaviour therapy. *Behavioural and Cognitive Psychotherapy*, 32, 57-65.

Wootton BM, Titov N, Dear BF, Spence J, Kemp A. (2011). The acceptability of Internet-based treatment and characteristics of an adult sample with obsessive compulsive disorder: An Internet survey. *PLoS ONE*, 6(6), e20548.

Zack JS. (2008). How sturdy is that digital couch? Legal considerations for mental health professionals who deliver clinical services via the Internet. *Journal of Technology in Human Services*, 26, 333-359.

参考文献

Abbot J-AM, Klein B, Ciechomski L. (2008). Best practices in online therapy. *Journal of Technology in Human Services*, 26, 360-375.

Andersson G. (2010). The promise and pitfalls of the Internet for cognitive behavioural therapy. *BMC Medicine*, 8, 82.

Andersson G, Carlbring P, Berger T, Almlöv J, Cuijpers P. (2009). What makes Internet therapy work? *Cognitive Behaviour Therapy*, 38(Suppl. 1), 55-60.

Dever Fitzgerald T, Hunter PV, Hadjistavropoulos T, Koocher GP. (2010). Ethical and legal considerations for Internet-based psychotherapy. *Cognitive Behaviour Therapy*, 39, 173-187.

# 第7章
# うつ病に対するガイド付きICBT

**この章で学ぶこと** この章では、以下のことを学ぶ
- ガイド付きICBTによってうつ病はどのように治療できるか
- うつ病と抑うつ症状に対する代表的なプログラムの内容
- 個別化した治療要素を用いること
- 研究におけるうつ病に対するガイド付きICBTの効果・臨床現場における効用
- CBT以外のアプローチ

**背景** リンダは、10代の頃、抑うつ的になっていた。当時、両親の都合で転校し、別の町に引っ越さなければならなかった。その時期は、おぼろげにしか覚えていないが、数か月間続いた。現在、彼女は30代後半。子どもが二人いる幸せな結婚生活を送り、経済状況も落ち着いていた。しかしながら、3か月前に、職場で大きな配置替えがあり、今、うつ病を患っている。実際のところ、彼女は、欠勤して休暇に入ったが、家に引きこもっている。パニック障害で受診していた友人から、インターネット精神科病棟の話を聞き、問い合わせることにした。ストックホルム郊外に住んでいたので、彼女はすぐに受け入れられた。4日後、精神科の研修医による診断面接に案内された。薬物療法には乗り気ではなく、むしろ内心、「それほど気分は悪くない」と思っていたので、研修医からはインターネット療法を勧められた。次の段階は、診断面接の1週間後であった。彼女は病棟を訪れ、心理士と会った。心理士からは再び面接を受け、うつ病プログラムについての説明を受けた。また、コンピュータのシステムを見せてもらい、心理士がプログラムのガイド役の一人になるだろうと伝えられた。これまでインターネット療法について聞いたことはあったが、院外でできることを除いて、課題がたくさんあることや、基本的には心理士の面接と同じ治療であることを初めて知った。彼女は、かなりの疲れを感じたので、治療に少し不安を覚えた。しかし、進歩するような、生活がまた取り戻せるような感じもして励まされた。それから彼女は10週間、プログラムに取り組んだ。特に、行動活性化の部分がよいと思えた。当初、自動思考や信念に向き合うのに少し違和感を覚えたが、特に仕事に関して、それが本当に必要であることに気づいた。治療を始める日に、フォローアップの

時点で病棟をまた訪れるように予約していた。そして、2か月以上経って病棟を訪れたときには、だいぶ気分が良くなっていた。彼女は、ほとんどの課題を自力でこなしたと思っていた。しかしながら、活動予定表がまったくうまく書けず、ほとんどあきらめかけたときなどに、セラピストのサポートが役に立っていた。

## ガイド付きICBTによってうつ病はどのように治療できるのか

この章では、ガイド付きICBTをうつ病向けにどう構成するのかについてくわしく述べる。読者の多くは、DSM-IV（APA, 2000）で定義された、大うつ病性障害の診断基準をご存じであろう。しかしながら、思い出してもらえるようなことを記しておくのがよいかもしれない。大うつ病性障害の患者には、重篤なうつ病症状が見られるはずである。ここに含まれるのは、日常生活における持続的な抑うつ気分、または、興味もしくは喜びの喪失である（少なくとも2週間存在する）。この気分の変調は、その人の通常の機能からの変化を示しており、生活の多くの領域に広がっている。その他の症状もまた、うつ病の一部を構成している。例えば、食事療法をしていないときの体重減少や体重増加、不眠や睡眠過多、精神運動性の焦燥や制止、疲労や気力の減退、無価値観や過剰か不適切な罪責感、思考力や集中力の減退や決断困難、死についての反復思考や具体的計画を伴わない反復的な自殺念慮や自殺企図や自殺するための具体的な計画である。さらに、その他の原因（疾患など）ではうまく説明されず、症状は毎日経験される必要がある。うつ病は、人を消耗させるものであり、重篤な健康問題である。

表6.1に示した助言は、うつ病を標的とする場合にも関わってくる。すでに示した通り、ホームワーク課題やフィードバック、回答の締め切りは、採用すべき重要な要素である。表7.1には、ランダム化比較試験で実証された、選りすぐりのプログラムの概略を示した。その他、この表には含まれないプログラムやバージョンも存在しているが、ここでは以下のプログラムに焦点を当てる。

デプレキスは、第5章でガイドなしプログラムとして取り上げた。しかし、ガイド付きでも効果が検証されており、有効性が示されている（Berger et al., 2011）。ムードジムもまた、ガイドを付けた場合の効果が検証されているが（Farrer et al., 2011）、その主な用途はガイドなしのプログラムである。その内容についても第5章で紹介した。ここでは、主にガイド付きICBTで用いられるプログラムに焦点を当てる。オランダのカラー・ユアライフ・プログラムは、初期の研究ではガイド付きで用いられたので、ここにも含めている。うつ病のインターネット療法については数多く研究されているが（Richards & Richardson, 2012; Johansson & Andersson, 2012）、ガイド付きICBTを主に意図して作られたプログラムは比較的少ない。続いて、表7.1に挙げた各プログラムについて、いくつか解説を行う。

表7.1 うつ病に対する様々なガイド付きICBTプログラムの内容

| プログラムと作られた国 | モジュール／講座の期間と数 | 主な内容 | 提示の仕方 | 使用に役立つ参考文献 |
|---|---|---|---|---|
| デイビッド<br>(Out of depression; DAVID)<br>スウェーデン | ・8週間<br>・五つの独立モジュール（章）。後に7モジュールになる（Vernmark et al., 2010） | ・心理教育<br>・行動活性化<br>・認知的技法<br>・不眠や再発の予防 | ・ダウンロード可能なPDFファイル<br>・電子メールによるガイド<br>・ホームワーク | Andersson et al., 2005 |
| イシドール<br>(Relapse prevention program; ISIDOR)<br>スウェーデン | ・10週間<br>・九つの基本モジュールとより特殊な情報が含まれた七つの選択可能な上級モジュール | ・心理教育<br>・正の強化を伴う活動<br>・正の罰を伴う行動への対処<br>・認知的再体制化<br>・睡眠の改善<br>・マインドフルネス<br>・不安の改善<br>・運動<br>・長期目標 | ・ダウンロード可能なPDFファイルと画面上の文章<br>・ホームワークとガイドのためのセキュアな連絡処理システム | Holländare et al., 2011 |
| テイラー<br>(Tailored Internet intervention for depression; Taylor)<br>スウェーデン | ・上限10週間だが融通は利く<br>・症状のプロフィールにしたがって提供される25のモジュール<br>・4モジュールは固定：心理教育、認知的再体制化、再発予防 | ・抑うつ症状、パニック症状、社交不安、心配、トラウマ、ストレス管理、集中力の問題、問題解決、マインドフルネス、リラクセーションのモジュール | ・上記の通り | Johansson et al., 2012b |
| うつ病ヘルパー<br>(Depressionshjälpen)<br>スウェーデン | ・8週間<br>・7モジュール | ・心理教育<br>・活動と健康のつながり<br>・様々な活動と強化の役割の理解<br>・生活に変化をもたらす<br>・思考と感情<br>・練習の反復と継続<br>・再発予防 | ・文章、ビデオ、ナレーション付きのアニメによるモジュール<br>・双方向的なウェブページ<br>・マインドフルネスとアクセプタンスを導くCD<br>・ホームワークを扱う、上記したものと同じ連絡処理システムによる電子メールのサポート | Carlbring et al., 2013 |

| プログラム | 期間・構成 | 内容 | 特徴・サポート | 出典 |
|---|---|---|---|---|
| 悲しみプログラム<br>（Sadness program）<br>オーストラリア | ・8週間<br>・六つのオンライン講座 | ・行動活性化<br>・認知的再体制化<br>・問題解決<br>・アサーティブネス・スキル | ・具体的なケースの話題や、印刷可能な要約、追加リソースの資料（睡眠、パニック発作、その他の併存疾患に関する文書）を扱うオンライン講座<br>・電子メールによるセラピストのガイドや自動通知 | Perini et al., 2009 |
| 幸せプログラム<br>（Wellbeing program）<br>オーストラリア | ・10週間<br>・八つのオンライン講座 | ・抑うつに焦点を当てた診断横断的なプログラム<br>・心理教育<br>・認知療法<br>・身体症状のコントロール<br>・行動活性化<br>・段階的エクスポージャー<br>・認知療法の詳細（例：中核的信念）<br>・問題解決<br>・再発予防 | ・上記の通り。ただし、各講座には「最前線のストーリー」（患者の実話）やよくある質問に答えるオンラインディスカッションフォーラムが加わる | Titov et al., 2011 |
| インタラピー<br>（Interapy depression）<br>オランダ | ・11週間<br>・八つの治療段階 | 書面の教示を伴う段階分け<br>①気づきの誘導：筆記<br>②気づきの誘導：モニタリング<br>③活動予定<br>④否定的思考への挑戦<br>⑤行動実験<br>⑥肯定的な自己教示<br>⑦社会的スキル<br>⑧再発予防 | ・参加者個人が用いる双方向的なワークブックとセラピスト用の見本がついたマニュアル<br>・電子メールによる（システム内の）やりとり<br>・ホームワークも含まれる | Ruwaard et al., 2009 |
| カラー・ユアライフ<br>（Colour Your Life）<br>オランダ | ・8週間<br>・八つの講座と一つのフォローアップ講座 | ・心理教育、認知的再体制化、行動変容、リラクセーション、社会的スキル、再発予防 | ・文章、課題、ビデオ、実例<br>・セラピストからのフィードバック | Warmerdam et al., 2008 |

　筆者らがスウェーデンで最初に開発したプログラム（デイビッド）は、行動活性化と認知的再体制化に基づくものであり、行動活性化を重視したものであった。これは、純粋にテキストベースの治療であり、その文章は後日、セルフヘルプ本として出版した（Andersson et al., 2007）。行動活性化と認知的要素を含めること

にしたのは、レウィンソンが作成したマニュアル、『うつのセルフ・コントロール（Control Your Depression）』(Lewinsohn et al., 1986) に触発されたためである。ただし、中核信念のワーク（Beck, 1995）は含めず、認知的再体制化（5コラム法）を追加した。不眠症のモジュールを含めることにしたのは、一般に併存する問題と考えたからである。後に治療のバージョンをアップデートし、目標設定や価値観に関する情報を多く含めたが、主な内容は変えないままであった。

　新しく研究を行った後、または、病院（今回の例はストックホルムのインターネット精神科病棟）で治療を実施した後には、マニュアルをアップデートすることが重要である。わかりにくい文章や適切な例が必要な箇所、くわしくしたり削ったりする必要性や、その他修正を要するところが見つかるかもしれない。治療マニュアルの他の部分の重要箇所と矛盾が生じるかもしれないが、治療に従事する臨床家に修正を任せることが重要である。これが治療の個別化に取り組む筆者らのやり方である。そのためには、最新の治療モジュールのアップデートと更新がつねに必要となる。

　表7.1に示した、スウェーデン発の2番目のプログラムはイシドールである。過去に一度でもうつ病を発症した人に向けて、再発予防を具体的目標として開発したプログラムである。（効果はまちまちであるが）マインドフルネス認知療法（Segal et al., 2002）がうつ病の再発予防に有望な治療であることが判明していたので、筆者らはマインドフルネスを治療要素とすることに決めた。イシドールは、部分寛解を示す患者の再発リスクを抑えることがわかった（Holländare et al., 2011）。

　うつ病と他の問題（不安障害や健康不安など）は併存することがある。その点を踏まえて、筆者らは、クライエントの好みや動機を含む、現在の不安や問題に応じて、治療マニュアルを個別化させるアプローチを開発した。表7.1で示した通り、このプログラムには広範囲な治療モジュールが含まれる。現在、このシステムには、個別化の参考にされるコンピュータ化されたアセスメントや電話による臨床診断面接が含まれている。必須の固定モジュールは三つある。心理教育、認知的再体制化、安全行動を扱うモジュールである。最後のモジュールは、再発予防であり、ほとんどのクライエントに提供される。ただし、これらのモジュールの間では、モジュール数を調整するなど、内容を個別化することができる。与えられた時間の枠内でどれだけうまく終えられるかという点で、クライエントも様々だからである。

　うつ病ヘルパーと呼ばれる4番目のプログラムも、スウェーデン製である。サイコログパートナーズ（Psykologpartners）社が開発したプログラムである。文章が少なく、双方向的な要素が多いので、それ以前のスウェーデン製うつ病プログラムとは異なっている。特に、行動活性化に焦点が当てられている。うつ病に対するエビデンスに基づく治療と見なされるものである（Cuijpers et al., 2013）。このプログラムは、一つの比較試験で実証され、良い結果を示している（Carlbring et al., 2013）。

オーストラリアの悲しみプログラムは、文章の多いスウェーデン製プログラムとは異なる。プログラムの様子については、図7.1に一例を示した。他のうつ病プログラムと同じように、問題解決だけではなく、行動的、認知的介入を含んでいる。

**この概要で扱われる話題**

この概要で扱う話題の一覧はこちらです。
これらをチェックし、各パートを読み終えて下さい。

1. うつ病の説明
2. うつ病の悪循環
3. うつ病の治療法
4. 薬物療法
5. あなたの症状は？
6. 要約

図7.1　オーストラリアの悲しみプログラムの例

最近のものとしては、診断横断的な幸せプログラム（Titov et al., 2011）がある。不安障害と気分障害の併存を扱う、もう一つの方向性を示すプログラムである（図7.2）。このプログラムは、うつ病に特化したプログラムと直接比較されたことはないが、効果と受け入れやすさに期待がもてる。

インタラピーは、明らかに特殊なプログラムである。表7.1に示した通り、このプログラムは比較的長く、セラピストとのやりとりを相当行うなど、課題が多く含まれている。そのため、この治療では、クライエント側は22〜24時間かかり、セラピスト側は7〜14時間かかる。インタラピーには、比較的多くの治療的要素が含まれているのも不思議なことではない。

> **グレンとジョーについて**
>
> 似たような症状や経験をもちながらも回復した人たちがいます。幸せコース（Wellbeing courses）の受講者の多くは、そうした人たちの経験を目にしてたくさんのことを学びます。各レッスンの間に、グレンとジョーからのコメントを紹介します。どちらも幸せコースを最近、修了した人たちです。親切にも、自分たちが回復した話を共有したいと申し出てくれました。
> 守秘義務があるために、二人の個人情報や話の一部は修正していますが、幸せコースの課題について、学ぶ手助けをしてくれます。

彼らに会ってみましょう…

図7.2　幸せコースの一コマ

しかしながら、全体として、このアプローチもガイド付きICBTの多くと似通っている。治療のやりとりはリアルタイムではなく、プログラムも、主に文章を介した効果が意図されているからである。

うつ病プログラムの数はこれにとどまらず、その数は着実に増え続けている。しかしながら、ここで紹介したプログラムは、おそらく、最も研究が行われたものである。レビューによって明らかにされた通り、内容は様々でも、CBTの共通要素が含まれている。次の節では、うつ病に対するICBTの全般的なエビデンスを見ていく。

## うつ病に対するガイド付きICBTの効果

### ■ 系統的レビューとメタアナリシス

比較試験が急速に増えるにつれて、エビデンスをまとめる作業も平行して進められている。系統的レビューやメタアナリシスがいくつか発表されている。もっとも、ほとんどのレビューでは、ICBTに焦点を絞らず、その他のコンピュータ化された介入も含める傾向がある。一例として、筆者とアムステルダムの同僚、ピム・キュパーズ（Pim Cuijpers）教授がメタアナリシスのレビューを発表した（Andersson & Cuijpers, 2009）。文献検索とコーディングを行い、対象者2,446名を含む12の研究を集めた。12のうち10の比較試験は、インターネットを活用したものであった。インターネット心理療法とその他のコンピュータ化された心理療法を、統制条件とポストテストで比較したところ、15組の平均効果量は$d=0.41$であった。ただし、これは代表的な値ではないかもしれない。ガイド付き治療（$d=0.61$）とガイドなし治療（$d=0.25$）には有意差があり、効果が抑えられていたからである。

最近のメタアナリシスのレビューでも（Richards & Richardson, 2012）、類似の効果量$d=0.56$が見出された（19の比較試験に基づく結果）。アンダーソンとキュパーズ（Andersson & Cuijpers, 2009）のレビューと同じく、ガイド付きの介入は、ガイドなしよりも結果が良好で、ドロップアウトも少ないことが示された。ヨハンソンとアンダーソン（Johansson & Andersson, 2012）もまた系統的レビューを行ったが、ICBTの介入のみに焦点を絞った。このレビューでは正式なメタアナリシスは行えなかったが、効果量を算出した。その結果、ガイドの程度と効果には、明確な直線関係が認められた（スピアマンの順位相関係数$p=0.64$）。治療の前と最中にセラピストとやりとりしない研究の効果量は$d=0.21$、治療前にだけやりとりする研究は$d=0.44$、治療の最中にだけやりとりする研究は$d=0.58$、そして、治療の前も最中もやりとりする研究は$d=0.76$であった（Johansson & Andersson, 2012）。

## ■うつ病に対するICBTと対面式治療

　治療選択肢としてICBTを示す際に浮かぶ重要な疑問の一つは、対面式治療と比べて効果がどれほど優れているのかということである。先行研究はかなり限られているが、キュパーズら（Cuijpers et al., 2010）の全般的レビューによると、入手できる研究では、ほとんどの場合、効果がほぼ同等であることが示されている。スペック（Spek et al. 2007）は、閾値下うつ病の参加者201名を、ICBT、集団CBT、またはウェイティングリスト統制条件にランダムに割り付ける研究を行った。抑うつ症状に対する対面式治療とICBTを比較した研究としては、最大のものである。結果として、どちらの積極的治療も効果的であった（実際の効果量はICBTが$d$=1.0、集団CBTが$d$=0.65であった）。両者の有意差は認められなかった。どちらの積極的治療も、統制群よりは優れた効果を示していた。この研究の対象が、大うつ病ではなく、閾値下うつ病であったことには注意が必要である。筆者の研究グループも、比較的小規模な比較試験を行った。軽度から中等度のうつ病患者をガイド付きICBT（33名）または対面式集団療法（36名）にランダムに割り付けた（Andersson et al., 2013b）。フォローアップは、治療の終結から1年後と3年後に行った。そのため、このICBTと対面式治療を比べた研究は、ランダム化比較試験では最も長いフォローアップ期間をもつものになった。ICBT群内のポストテストの効果量はコーエンの$d$=1.46であり、3年後のフォローアップでも同様の高い効果量$d$=1.78が示された。集団CBT群でも、それぞれ同様の群内効果が$d$=0.99と$d$=1.34であった。全体として、ガイド付きICBTが集団CBTよりも劣っているということは示されなかった。

## ■個々の研究の詳細

　ICBTの興味深い特徴の一つは、多くの国で比較試験が行われており、研究が米国に独占されていないことである。ガイド付きICBTをうつ病に適用した、最も初期の比較試験は、筆者らのグループがスウェーデンで行った研究である（Andersson et al., 2005）。以来、スウェーデンの研究者はガイド付きICBTの研究を重ねており、同じ方向の結果（ウェイティングリスト統制群に対する群間の大きな効果）を見出している。

　最近加えられた研究の一つに、参加者が訴える症状に応じた個別化治療の比較試験がある（Johansson et al., 2012）。この研究には合計121名が参加した。個別化治療と個別化していない「標準的な」CBTが比較され、モニタリングされたオンラインディスカッショングループの統制群が加えられた。参加者は、大うつ病性障害の診断を受けるとともに、併存症も示していた。これはうつ病を患う人にはよく見られる現象であり、とりわけ目立つのは、不眠や不安などが併存する問題である。多くのICBT研究と同様、治療期間は短く、10週間しか継続できない。表7.1に示した通り、個別化治療では、25の異なる治療モジュールを選ぶことが

できる。ただし、三つのモジュールは固定され、個別化治療のすべての参加者に提供される。事前の仮説通り、どちらの積極的治療群も改善し、その結果は6か月後も維持された。その後、分析が進められ、比較試験の群間差が検証された。その結果、ベースライン時に抑うつレベルが高かった参加者（併存する問題も多かった人たち）に対しては、個別化治療の方が標準的治療よりも効果的であった（抑うつ症状の軽減と回復率）。したがって、個別化治療は併存症を伴ううつ病のケースに対して有効であることが示された。

併存症を扱うもう一つの方法は、特定の診断に頼りすぎない治療である。表7.1では、診断横断的な幸せプログラムの概略を紹介した。診断横断的プログラムの利点の一つは、合併症のある人にもない人にも役立つと思われる、治療の中核要素を示す点である。このプログラムを用いた研究はいくつか行われている（例：Johnston et al., 2011）。もっとも、特定のバージョンはうつ病治療にも用いられている（Titov et al., 2011）。幸せプログラムには、他にも革新的な要素がある。論文にくわしく書かれているが、このプログラムには、八つのオンライン授業や、各授業の要約とホームワーク、各授業のオンラインディスカッションフォーラムが含まれている。また、定期的な促しや通知メールも含まれている。

個別化と診断横断を比較して大変興味深いのは、アサーティブネス・スキルや健康不安、睡眠改善の方略などに関する、追加資料のリソースを研究者が提示した点である。信頼性を高め、問題を解消するために実施した点もある。レッスンで説明したスキルの用い方について、よく聞かれる質問と回答を用意した。また、「最前線のストーリー」も提示した。治療に関連した話題について、ICBTプログラムの元参加者がフォーラムに投稿したものを集めたものである。筆者が知る限り、こうしたアプローチは初めての試みである。投稿を修正して匿名性を保たせるなどの倫理的な問題を提起している。

ティトフとアンドリュースが上級研究員を務めたオーストラリアの研究グループは、先進的な研究をいくつも行っている。最近の例として、うつ病をもつ中国系オーストラリア人を対象としたICBTの効果と受容度を調べた研究がある。悲しみプログラムを翻訳し、中国人向けに文化的な修正を加えた（Choi et al., 2012）。参加者は、治療群かウェイティングリスト統制群にランダムに振り分けられた。翻訳版悲しみプログラムに加えて、追加のテキストモジュールと、標準中国語か広東語による臨床的な電話サポート（週1回）が提供された。その結果、抑うつ尺度で大きな治療効果（群間の効果量$d=0.93$）が認められた。

別の状況に対して、翻訳版のICBTプログラムを用いた例もある（Wagner et al., 2012）。スウェーデンでは、筆者らがクルド人移民を対象として、うつ病プログラムをクルド語に翻訳して、比較試験を行った。その結果、うつ病の効果尺度で群間の効果$d=1.29$が示された（Brohede & Koshnaw, 2012）。

うつ病に対するガイド付きICBTについて、もう一つの重要な関心事は、異な

った年齢集団に対してどれほどの効果があるのかという点である。閾値下うつ病をもつ高齢者を対象としたスペックらの研究がある（Spek et al., 2007）。また、情動訓練プログラム（Managing Your Mood Programme）と呼ばれる、短いICBTプログラムを用いた非盲検試験[*1]が行われている。オーストラリアの高齢者20名を対象とした結果、効果的であることが判明した（Dear et al., 2013）。

　青少年に対してうつ病のガイド付きICBTを行った研究はほとんどない。しかし、例外として、バン・ダー・ザンデンら（van der Zanden et al., 2012）の研究がある。このドイツの研究グループは、抑うつ症状が見られる多くの若者（16～25歳）244名に対して、ウェブによるガイド付きグループ講座（Master Your Mood）を適用し、その効果を検証した。これはうつ病の診断を受けた人のみを対象とする研究ではなかった。結果として、治療を受けた参加者には、群間の大きな効果量（$d$=0.94）が示され、統制群以上の効果が認められた。

　うつ病は再発しやすい病気である。そのため、費用対効果の高い再発予防法の開発が求められている。表7.1で取り上げたイシドールは、そうしたプログラムの一例である。ホランダーら（Holländare et al., 2011）は、うつ病の残遺症状があり、過去に抑うつエピソードの治療を受けたことがある人84名を対象として研究を行った。治療期間は10週間であった。参加者はICBT群か統制群にランダムに割り付けられた。その結果、ICBT群では、統制群と比べて、うつ病の再発を経験する人が有意に少なかった。この効果は、6か月後、2年後のフォローアップでも認められた（Holländare et al., 2013）。この研究はガイド付きICBTがうつ病の再発を防ぐことを示した最初の研究であった点で他に類を見ないものである。

　もう一つのスウェーデン製プログラムについては、カールブリングら（Carlbring et al., 2013）が近年、検証を行った。表7.1の通り、この治療は、行動活性化に基づいている。また、マインドフルネスとアクセプタンスに基づくCBTの要素も取り入れている。比較試験では、80名の参加者が治療群かウェイティングリスト統制群に振り分けられた。治療期間は8週間であり、3か月後のフォローアップも報告された。筆者らが行った以前の治療よりも、双方向的にして、文章も少なくしてみたが、主要な抑うつ尺度（Beck Depression Inventory; BDI）における群間の効果量は$d$=0.98であった。つまり、ガイド付きICBTは、文章を減らしても効果的であることがわかった。

　オランダで開発されたインタラピーについては、うつ病に対する比較試験が、少なくとも一つ報告されている。このプログラムについては、表7.1と本文でも紹介した。うつ病をもつ54名が研究に参加し、研究者が18か月間のフォローアップについて報告した。参加者は、13週間の即時治療かウェイティングリスト統制条件にランダムに割り付けられた。結果として、治療後には、先行研究と同等な効果が示され、BDIにおける群間の効果量は$d$=0.70であった。

　カラー・ユアライフは、ガイドなし治療としても効果が検証された、オラン

ダのプログラムである（第5章参照）。ウォーマーダムら（Warmerdam et al., 2008）は、抑うつ症状をもつ人を対象として比較試験を行い、CWD（抑うつ対処）と問題解決療法、ウェイティングリスト統制条件との効果を比べた（参加者263名）。その結果、12週間後のフォローアップにおいて、積極的治療とウェイティングリスト統制条件の間に、中程度の効果量が認められた（CBT群のコーエンの$d$=0.69、問題解決療法群$d$=0.65）。また、糖尿病患者（255名）のうつ症状に対する、カラー・ユアライフ修正プログラムの効果が検証された。ウェイティングリスト統制条件と比べた場合、群間に小さな効果量（$d$=0.29）が認められた（van Bastelaar et al., 2011）。

多くのプログラムについて同様の効果量が示されている（例：ウェイティングリスト統制条件と比較した場合の中程度以上の効果）。もっとも、プログラム同士では直接比較がほとんど行われていないので、この結論も確定的なものではない。入手できる少数の研究では、むしろ、明らかに異なる治療が比べられている。一つの例としてバーンマークら（Vernmark et al., 2010）の研究がある。この研究では、電子メールの（個別化）治療を、比較的時間のかからないガイド付きセルフヘルプと比較している。ガイド付きICBTを対面式治療と比較した研究については、これまでに紹介してきた。しかし、ICBTプログラムに効果の違いがあるのかということはまだわかっていない。

### ■長期的な効果

ガイド付きICBTの研究の多くは、フォローアップ期間がかなり短い（6か月など）。しかしながら、長期的効果を報告した研究がいくつかある。研究の参加者に対して、治療終結から3.5年後のフォローアップが行われた（Vernmark et al., 2010）。合計58％（88名中51名）がフォローアップに参加し、ベック抑うつ尺度（BDI）で低下した点数が維持されていることが判明した。そして、参加者の大多数（56.9％）が10点以下のBDI得点を示していた（Andersson et al., 2013a）。筆者らが最近行った、ガイド付きICBTと集団CBTの比較試験については、すでに紹介した。この研究では3年間のフォローアップを行った（Andersson et al., 2013a）。インタラピーの研究でも、18か月間のフォローアップが行われたが、効果の持続が報告されている（Ruwaard et al., 2009）。スペックら（Spek et al., 2007）の研究では、フォローアップ期間が1年間とられ（Spek et al., 2008）、プリテストに対するフォローアップの効果は大きいものであった（$d$=1.22）。全体的に見れば、うつ病に対するガイド付きICBTのフォローアップ研究は、わずかしか行われていない。

### ■有効性

CBTの研究は、通常の臨床現場で診る患者を代表していない、との批判を受けてきた。比較試験と有効性研究の違いは、基本的に、後者の場合、通常のセラ

ピストが通常の臨床で通常の患者と面接する点である。比較試験には、広告募集された参加者が含まれることが多く、大学や研究所で面接が行われ、専門家か学生が治療を行う。圧倒的多数のICBT研究は比較試験として行われており、ICBTが通常ケアとして提供されるような、通常の臨床現場のデータに基づく研究は比較的少ない。この話題については後の章で扱う。しかし、現時点の結論では、通常ケアにおいて、うつ病にICBTを用いた研究については入手可能なデータがほとんどないと言える。

例外を一つ挙げると、ルワードら（Ruwaard et al., 2012）が有効性を報告したインタラピーがある。うつ病治療を受けた合計405名の患者についての報告である。1年後のフォローアップのデータも報告された。群内の効果は、比較試験の効果と同じくらい大きく、ポストテストにおけるBDIの効果量は$d$=1.9であり、プリテストと1年後のフォローアップの間では$d$=1.8であった。うつ病に対するICBTの有効性については、将来、もっと多くの研究が行われるだろう。

もう一つ最近の例を挙げると、オーストラリアの悲しみプログラムの研究がある。ウィリアムズとアンドリュース（Williams & Andrews, 2013）は、プライマリケア（例：通常診療）で悲しみプログラムを適用した359名の患者データを報告している。PHQ-9（患者の健康に関する質問票9）について、大きな群内の効果が認められた（$d$=0.97）。下位集団の分析では、重篤なうつ症状をもつ患者に対して、さらに大きな効果量が示された（$d$=1.49）。多くのICBT研究と同じように、プログラムが終わらなかった人の比率は相当なものであった（全6講座を修了したのは54％であった）。しかしながら、プログラムをすべて修了しなかった患者も、少なくとも4講座を終えていれば、改善傾向が認められた。2、3講座しか終えていない場合には、プログラムの効果を得る人がほとんどいなかった。このように用量反応関係が認められた。

有効性に関する最新の研究は、スウェーデンで行われた（Hedman et al., 2014）。筆者らが効果を調べた研究である。スウェーデン、ストックホルム地方のインターネット精神科病棟で、2007年から2013年の間に、うつ病に対するガイド付きICBTを受けた患者（1,203名）が対象となった。自己記述式のモントゴメリー・アスベルグうつ病評価尺度（Montgomery Åsberg Depression Rating Scale）について、プリテストからポストテストにかけて大きな改善が認められた（$d$=1.27）。これはおそらく、通常ケアにおいて、うつ病にICBTを実施した、過去最大の研究である。

## ICBTは誰に適しているのか、うつ病に関する注意点は何か

うつ病に対するICBT研究は、広告募集した研究参加者を対象にするものが多い。研究では、一般的に、厳密な採用基準を設けて、患者の特徴のばらつきを抑

えるようにしている。そして、このことが効果に影響を及ぼしているかもしれない。例えば、うつ病に対するガイド付きICBTの研究は、ほとんどすべてが自殺念慮の兆候を示す参加者を除外してきた。これはもちろん倫理的な理由によるものである。ICBTが自殺念慮をもつ人の適切な選択肢にはならないかもしれないからである。しかしながら、自殺念慮が悪化するリスクがなく、ICBTの効果が見込まれる人が余計に除外された可能性もある。心理療法は、自殺の危険因子である絶望感を減らすことが知られている（Cuijpers et al., 2013）。

　自殺念慮をもつ人に対するICBT研究は現在も進められており、臨床研究では、ICBTによって自殺念慮も軽減することが示唆されている（Watts et al., 2012）。しかし、もっと多くの研究が必要である。自殺念慮や自殺企図をもつクライエントであっても、大多数は決して自殺することがない。インターネットは自殺念慮などの症状モニタリングに用いることができ、クライエントの調子が悪くなったときも、見逃しのリスクが少なくなる。ストックホルム地方のカロリンスカ大学病院インターネット精神科病棟では、こうしたモニタリングを標準的に行っている。

　いくつかのデータが報告されているものの、うつ病に対するICBTの治療効果を予測する因子についてはあまり研究がなされていない。治療効果との有意な相関を報告した研究はほとんどない。バーンマークら（Vernmark et al., 2010）は、処置前の投薬状況やジェンダー、併存症の有無に効果の予測力は認められないと報告した。また、BDI得点の変化量と、年齢やコンピュータの知識、治療歴や何らかの治療前変数との間に相関は認められていない。治療効果と、ガイド付きセルフヘルプ治療でやり終えたモジュール数との間にも、相関は認められなかった。

　初めてスウェーデンで実施した、うつ病に対する比較試験の第2報がある（例：Andersson et al., 2005）。そこでは、6か月間のフォローアップを終えた、71名の参加者のデータを分析した（Andersson et al., 2004）。その結果、過去のうつ病エピソードの数と効果との間に、わずかであるが統計的に有意な負の相関が認められた（$rho$ = -0.24）。参加者の過去のうつ病エピソードが少なければ、ICBTの効果が高まるということである。スペックら（Spek et al., 2008）もまた、比較試験における治療効果の予測因子を調べ、結果として、ベースライン時のBDI得点の高さ、女性であること、神経症的傾向得点の低さによって、ICBTの良好な結果が予測された。パーソナリティ特性の神経症的傾向が高い人にとっては、うつ病に対するICBTはあまり適さないことが示されており、この結果は興味深い。しかしながら、クロニンジャーの気質・性格検査（Temperament and Character Inventory; TCI）（Cloninger et al., 1993）で測定したパーソナリティ特性について、ICBTの効果を報告した最近の研究がある。ICBTの後に、「損害回避」と「自己志向性」の特性に変化が認められた（Johansson et al., 2013a）。ただし、この効果は、ICBTの直接の効果というよりも、うつ病の改善と関連していた。

　臨床的な印象では、抑うつ的な人は、その他の状態の人よりも、ガイドがもっ

と必要かもしれない。うつ病は「あきらめ」と関係している。明確で直接的な成果が出なければ（セラピストとのやりとりがない場合にはよくあることだが）、治療からドロップアウトするリスクが高まる。もっとも、興味深いことであるが、治療同盟はうつ病の治療効果に関連していない（第6章参照）。

　通常の臨床現場でのうつ病の処置で、もう一つ重要なのは、抗うつ薬の併用である。ピム・キュパーズらは、一連のメタアナリシスにおいて、心理療法と抗うつ薬の併用が、単独療法よりも優れることを示した（Cuijpers et al., 2011）。ICBTの研究の多くは、処方が安定していれば薬物療法との併用を認めている。しかし、ICBTと薬物療法を実際に組み合わせた効果については、比較試験では検証されていない。

## その他のアプローチはどうであるか

　この本が焦点を当てるのはICBTである。しかしながら、様々な理論的背景に基づく、インターネットのうつ病治療の比較試験も行われている。一つの例は、筆者らのグループが行った研究である。精神力動のセルフヘルプ本『メイク・ザ・リープ（*Make the Leap*　飛躍）』（Silverberg, 2005）を採用した。この研究では、うつ病をもつ92名の人が、治療条件、または、アクティブ統制条件にランダムに割り付けられた。この治療には、精神力動の原理に基づく九つの治療モジュール（例：うつ病患者向けに調整された『メイク・ザ・リープ』の本）と、セラピストによるオンラインのやりとりが含まれていた。アクティブ統制条件は、構造化したサポートによる介入と心理教育であり、週1のオンラインのやりとりが予定されていた。どちらの治療期間も10週間であった。結果として、治療群では、アクティブ統制群と比べて、大きく、優れた改善が示された（群間のコーエンの$d$=1.11）。その効果は、10か月後のフォローアップでも持続していた。

　CBTの様式に由来する治療形式（ICBT）を、その他の理論的志向にも移すことができたのは、興味深いことである。多くの要素（診断手続きや、主に文章による伝達など）は同じなので、直接的な比較試験を行い、異なるアプローチ（例：精神力動対CBT）でも同じ効果が生じるのか確かめる必要がある。

　もう一つの研究は、クライエントに治療法を決めてもらうというものである。小規模なパイロット研究において、筆者らはこの疑問について検証した。精神力動の比較試験において、ウェイティングリスト群の参加者に治療法を選択してもらった。インターネットの精神力動療法（14名）を抑えて、半分以上の参加者（30名）がICBTを好んでいた。結果の差はわずかであったが、フォローアップにおいて、ICBT群の方が優れた改善を示す明確な傾向が示された。探索的分析を行ったところ、選好の強さは、治療に対するアドヒアランスや、プログラム全体を終えること、ICBT群の長期的な効果と相関していた（Johansson et al., 2013b）。

この他にも、うつ病治療にインターネットを活用するアプローチが検証されている。この章でもすでに述べた通り、ウォーマーダムら（Warmerdam et al., 2008）は、ICBTを問題解決療法と比較し、それらが同程度に効果的であることを見出した。これは驚くような発見ではない。問題解決療法はうつ病に効果的である、ということがメタアナリシスで確かめられているからである（Cuijpers et al., 2007b）。もっとも、問題解決療法もまたCBTの一つの形式と見なせるかもしれない。通常の臨床現場で実施する場合は、CBTに含まれることもあるからである。

### 実用的な意義とキーポイント

- ガイド付きICBTは、軽度から中等度のうつ病に効果的であることがわかっており、様々なプログラムが開発されている。
- うつ病に対する効果は、対面式治療と同等であることが多い。しかし、データがまだ不足しており、治療で推奨できるような、効果が確実に見込める要因が少ない。
- ガイド付きICBT研究では、いくつか新しい考えが検証されている（個別化治療、精神力動的介入、好みに応じてクライエントに決めてもらうことなど）。
- 通常の臨床現場でもガイド付きICBTが有効である、というエビデンスが集まりつつある。しかし、これまでのところ、ICBTが重篤な症状やその他の気分障害（双極性障害など）にどの程度効果的であるのか十分には検証されていない。
- 対面式CBTで認められたように、抗うつ薬との併用でICBTに効果が生じるのか、また、併用療法が単独療法よりも効果的であるのかについては、まだわかっていない。

● 訳　注
* 1　**非盲検試験**：オープン試験とも呼ばれる。被験者がどの条件に割り付けられたのかを治療者に知らせている効果研究のこと。

● 引用文献

American Psychiatric Association (APA). (2000). *Diagnostic and statistical manual of mental disorders* (4th ed., text revision). Washington, DC: American Psychiatric Press.（アメリカ精神医学会, 髙橋三郎・大野裕・染矢俊幸（訳）（2004）．DSM-IV-TR精神疾患の診断・統計マニュアル　医学書院）

Andersson G, Bergström J, Holländare F, Carlbring P, Kaldo V, Ekselius L. (2005). Internet-based self-help for depression: A randomised controlled trial. *British Journal of Psychiatry*, 187, 456-461.

Andersson G, Bergström J, Holländare F, Ekselius L, Carlbring P. (2004). Delivering cognitive behavioural therapy for mild to moderate depression via the Internet. Predicting outcome at 6-month follow-up. *Verhaltenstherapie*, 14, 185-189.

Andersson G, Bergström J, Holländare F, Lenndin J, Vernmark K. (2007). *Ut ur depression och nedstämdhet med kognitiv beteendeterapi* [Out of depression and low mood]. Stockholm: Viva.

Andersson G, Cuijpers P. (2009). Internet-based and other computerized psychological treatments for adult depression: A meta-analysis. *Cognitive Behaviour Therapy*, 38, 196-205.

Andersson G, Hesser H, Hummerdal D, Bergman-Nordgren L, Carlbring P. (2013a). A 3.5-year follow-up of Internet-delivered cognitive behaviour therapy for major depression. *Journal of Mental Health*, 22, 155-164.

Andersson G, Hesser H, Veilord A, Svedling L, Andersson F, Sleman O et al. (2013b). Randomised controlled non-inferiority trial with 3-year follow-up of Internet-delivered versus face-to-face group cognitive behavioural therapy for depression. *Journal of Affective Disorders*, 151, 986-994.

Beck JS. (1995). *Cognitive behavior therapy: Basics and beyond*. New York: Guilford Press. （J・S・ベック（著），伊藤絵美・神村栄一・藤澤大介（訳）（2004）．認知療法実践ガイド・基礎から応用まで――ジュディス・ベックの認知療法テキスト　星和書店）

Berger T, Hämmerli K, Gubser N, Andersson G, Caspar F. (2011). Internet-based treatment of depression: A randomized controlled trial comparing guided with unguided self-help. *Cognitive Behaviour Therapy*, 40, 251-266.

Brohede D, Koshnaw K. (2012). SAFIN. En randomiserad kontrollerad studie av en KBT-baserad depressionsbehandling på kurdiska via Internet. (Examensuppsats på psykologprogrammet). Institutionen för Beteendevetenskap och Lärande, Linköpings universitet [SAFIN. A randomized controlled trial of ICBT in the Kurdish language Sorani].

Carlbring P, Hägglund M, Luthström A, Dahlin M, Kadowaki Å, Vernmark K et al. (2013). Internet-based behavioral activation and acceptance-based treatment for depression: A randomized controlled trial. *Journal of Affective Disorders*, 148, 331-337.

Choi I, Zou J, Titov N, Dear BF, Li S, Johnston L et al. (2012). Culturally attuned Internet treatment for depression amongst Chinese Australians: A randomised controlled trial. *Journal of Affective Disorders*, 136, 459-468.

Cloninger CR, Svrakic DM, Przybeck TR. (1993). A psychobiological model of temperament and character. *Archives of General Psychiatry*, 50, 975-990.

Cuijpers P, Andersson G, Donker T, van Straten A. (2011). Psychological treatments of depression: Results of a series of meta-analyses. *Nordic Journal of Psychiatry*, 65, 354-364.

Cuijpers P, de Beurs DP, van Spijker BAJ, Berking M, Andersson G et al. (2013). The effects of psychotherapy for adult depression on suicidality and hopelessness: A systematic review and meta-analysis. *Journal of Affective Disorders*, 144, 183-190.

Cuijpers P, Donker T, van Straten A, Li J, Andersson G. (2010). Is guided self-help as effective as faceto-face psychotherapy for depression and anxiety disorders? A systematic review and meta-analysis of comparative outcome studies. *Psychological Medicine*, 40, 1943-1957.

Cuijpers P, van Straten A, Warmerdam L. (2007a). Behavioral activation treatments of depression: A meta-analysis. *Clinical Psychology Review*, 27, 318-326.

Cuijpers P, van Straten A, Warmerdam L. (2007b). Problem solving therapies for depression: A meta-analysis. *European Psychiatry*, 22, 9-15.

Dear BF, Zou J, Titov N, Lorian C, Johnston L, Spence J et al. (2013). Internet-delivered cognitive behavioural therapy for depression: A feasibility open trial for older adults. *Australian and New Zealand Journal of Psychiatry*, 47, 169-176.

Farrer L, Christensen H, Griffiths KM, Mackinnon A. (2011). Internet-based CBT for depression with and without telephone tracking in a national helpline: Randomised controlled trial. *PLoS ONE*, 6(11), e28099.

Hedman E, Ljótsson B, Kaldo V, Hesser H, El Alaoui S, Kræpelien M et al. (2014). Effectiveness of Internet-based cognitive behaviour therapy for depression in routine psychiatric care. *Journal of Affective Disorders*, 155, 49-58.

Holländare F, Anthony SA, Randestad M, Tillfors M, Carlbring P, Andersson G et al. (2013). Two-year outcome for Internet-based relapse prevention for partially remitted depression. *Behaviour Research and Therapy*, 51, 719-722.

Holländare F, Johnsson S, Randestad M, Tillfors M, Carlbring P, Andersson G et al. (2011). Randomized trial of Internet-based relapse prevention for partially remitted depression. *Acta Psychiatrica Scandinavica*, 124, 285-294.

Johansson R, Andersson G. (2012a). Internet-based psychological treatments for depression. *Expert Review of Neurotherapeutics*, 12, 861-869.

Johansson R, Lyssarides C, Andersson G, Rousseau A. (2013a). Personality change after Internet-delivered cognitive behavior therapy for depression. *PeerJ*, 1, e39.

Johansson R, Nyblom A, Carlbring P, Cuijpers P, Andersson G. (2013b). Choosing between Internet-based psychodynamic versus cognitive behavioral therapy for depression: A pilot preference study. *BMC Psychiatry*, 13, 268.

Johansson R, Sjöberg E, Sjögren M, Johnsson E, Carlbring P, Andersson T et al. (2012b). Tailored vs. standardized Internet-based cognitive behavior therapy for depression and comorbid symptoms: A randomized controlled trial. *PLoS ONE*, 7, e36905.

Johnston L, Titov N, Andrews G, Spence J, Dear BF. (2011). A RCT of a transdiagnostic Internet-delivered treatment for three anxiety disorders: Examination of support roles and disorder-specific outcomes. *PLoS ONE*, 6(11), e28079.

Lewinsohn PM, Muñoz RF, Youngren MA, Zeiss MA. (1986). *Control your depression*. New York: Prentice Hall.（P・M・レウィンソン（著), 熊谷久代（訳）(1993). うつのセルフ・コントロール 創元社)

Perini S, Titov N, Andrews G. (2009). Clinician-assisted Internet-based treatment is effective for depression: Randomized controlled trial. *Australian and New Zealand Journal of Psychiatry*, 43, 571-578.

Richards D, Richardson T. (2012). Computer-based psychological treatments for depression: A systematic review and meta-analysis. *Clinical Psychology Review*, 32, 329-342.

Ruwaard J, Lange A, Schrieken B, Dolan CV, Emmelkamp P. (2012). The effectiveness of online cognitive behavioral treatment in routine clinical practice. *PLoS ONE*, 7(7), e40089.

Ruwaard J, Schrieken B, Schrijver M, Broeksteeg J, Dekker J, Vermeulen H et al. (2009). Standardized web-based cognitive behavioural therapy of mild to moderate depression: A randomized controlled trial with a long-term follow-up. *Cognitive Behaviour Therapy*, 38, 206-221.

Segal ZV, Williams JMG, Teasdale JD. (2002). *Mindfulness-based cognitive therapy for depression*. New York: Routledge.（Z・V・シーガル, J・M・G・ウィリアムズ, J・D・ティーズデール（著), 越川房子（監訳）(2007). マインドフルネス認知療法――うつを予防する新しいアプロー

チ　北大路書房）

Silverberg F. (2005). *Make the leap: A practical guide to breaking the patterns that hold you back*. New York: Marlowe & Company.

Spek V, Cuijpers P, Nyklíček I, Smits N, Riper H, Keyzer J et al. (2008). One-year follow-up results of a randomized controlled clinical trial on Internet-based cognitive behavioural therapy for subthreshold depression in people over 50 years. *Psychological Medicine*, 38, 635-639.

Spek V, Nyklíček I, Cuijpers P, Pop V. (2008). Predictors of outcome of group and Internet-based cognitive behavior therapy. *Journal of Affective Disorders*, 105, 137-145.

Spek V, Nyklíček I, Smits N, Cuijpers P, Riper H, Keyzer J et al. (2007). Internet-based cognitive behavioural therapy for subthreshold depression in people over 50 years old: A randomized controlled clinical trial. *Psychological Medicine*, 37, 1797-1806.

Titov N, Dear BF, Schwencke G, Andrews G, Johnston L, Craske MG et al. (2011). Transdiagnostic Internet treatment for anxiety and depression: A randomised controlled trial. *Behaviour Research and Therapy*, 49, 441-452.

van Bastelaar KM, Pouwer F, Cuijpers P, Riper H, Snoek FJ. (2011). Web-based depression treatment for type 1 and type 2 diabetic patients: A randomized, controlled trial. *Diabetes Care*, 34, 320-325.

van der Zanden R, Kramer J, Gerrits R, Cuijpers P. (2012). Effectiveness of an online group course for depression in adolescents and young adults: A randomized trial. *Journal of Medical Internet Research*, 14(3), e86.

Vernmark K, Lenndin J, Bjärehed J, Carlsson M, Karlsson J, Öberg J et al. (2010). Internet administered guided self-help versus individualized e-mail therapy: A randomized trial of two versions of CBT for major depression. *Behaviour Research and Therapy*, 48, 368-376.

Wagner B, Schulz W, Knaevelsrud C. (2012). Efficacy of an Internet-based intervention for posttraumatic stress disorder in Iraq: A pilot study. *Psychiatry Research*, 195, 85-88.

Warmerdam L, van Straten A, Twisk J, Riper H, Cuijpers P. (2008). Internet-based treatment for adults with depressive symptoms: Randomized controlled trial. *Journal of Medical Internet Research*, 10(4), e44.

Watts S, Newby JM, Mewton L, Andrews G. (2012). A clinical audit of changes in suicide ideas with Internet treatment for depression. *BMJ Open*, 2(5), e001558.

Williams AD, Andrews G. (2013). The effectiveness of Internet cognitive behavioural therapy (iCBT) for depression in primary care: A quality assurance study. *PLoS ONE*, 8(2), e57447.

## 参考文献

Marks IM, Cavanagh K, Gega L. (2007). *Hands-on help. Maudsley monograph no. 49*. Hove: Psychology Press.

Martell CR, Dimidjian S, Herman-Dunn R. (2010). *Behavioral activation for depression: A clinician's guide*. New York: Guilford Press.（C・R・マーテル，S・ディミジアン，R・ハーマン－ダン（著），坂井誠・大野裕（監訳）（2013）．セラピストのための行動活性化ガイドブック――うつ病を治療する10の中核原則　創元社）

Persons JB, Davidson J, Tompkins MA. (2001). *Essential components of cognitive-behavior therapy for depression*. Washington, DC: American Psychological Association.

Williams C, Whitfield G. (2001). Written and computer-based self-help treatments for depression. *British Medical Bulletin*, 57, 133-144

# 第8章
# 不安障害に対するガイド付きICBT

> **この章で学ぶこと**　この章では、以下のことを学ぶ
> - ガイド付きICBTによって不安障害はどの程度改善できるのか
> - 不安障害に対する様々なプログラムの内容
> - 個別化されたICBTと統一プロトコルの治療が果たす役割
> - 研究での効果と臨床現場での有効性
> - その他のアプローチと今後の課題

**背景**　ピエールは、物心ついた頃から社交不安を患っていた。生活にも不安が相当影響していた。プレゼンテーションの機会や同僚との付き合いを避けて、仕事の申し出を断ったことがある。また、仕事では自分の力が発揮できないと感じていた。驚いたことに、彼は信頼できる彼女を見つけており、(約1年間、一緒に暮らしていた)。二人は結婚間近であった。ピエールは、若い頃(現在40代である)、心理療法と薬物療法を試してみたが、どちらも頼りにならなかった。例外があるとしたら、薬物療法であった。当時、抑うつ的になっており、抗うつ薬の服用で改善したからである。心理療法は洞察志向であったが、スイス暮らしなので珍しいことではない。スイスはCBTを受けるのが難しい国であった。心理療法が多少役に立つことはわかったものの、社交恐怖の改善には至らなかった。彼は最近、社交恐怖に対するオンラインCBTの比較試験の広告を見つけて、応募することにした。社交恐怖のCBTについて少しは知っていたが、体験するのは初めてだった。ITビジネスを仕事にしていたので、インターネットとの相性は良かった。プログラムによる改善は、ゆっくりだが着実なものであった。彼女には治療の詳細を伝えており、彼は強く支えられていた。研究期間が終了する頃には、ほとんどの課題とエクスポージャー課題を終えていた。一番驚いたのは、仕事が非常にうまくいくようになったことである。ある意味、少し幸運であったのかもしれない。職場の異動があり、新しい同僚を迎えたからである。以前の職場とは違ったやり方で、少し楽に振る舞えるようになった。特に、社会的スキルの助言が参考になったが、安全行動についての説明も役に立った。同僚に話しかけるときにはまだ少し不安を覚えるが、ずいぶんと不安が和らいだ。もっと重要なことに、不安のせいで社会的場面を避けるということがなくなった。

## 不安障害に対するガイド付きICBT

　この章では、様々な不安障害に対して開発され、検証が行われたプログラムを見ていく。前章のうつ病治療と同じく、数多くのプログラムが利用できるものの、比較試験で厳しく検証されたプログラムはごくわずかである。この章では、検証済みのプログラムに焦点を当てる。不安障害に対するICBTプログラムを（エビデンスがないものも含めて）すべて挙げることは難しいだろう。しかしながら、いくつかのICBTプログラムは、最も一般的な不安障害に対する効果が検証されている。

　第6章で述べた通り、ガイド付きICBTの形式には、セラピストとの定期的なやりとりが含まれている。やりとりは大抵、リアルタイムに行われるものではない。一般的に、ICBTプログラムは、不安障害患者に対するCBTの手続きをモデルに作られている。不安障害に対するICBTは、CBTの治療マニュアルに準拠したものであり、少なくとも、CBTの治療プロトコルを参考にしたものである。

　うつ病に関して、テキストベースのガイド付きセルフヘルプ（読書療法）とコンピュータ化されたCBTの文献はよく似ている。どちらもガイド付きICBTの先行例として重要である。不安障害のCBTに関しては、一般的に、効果的治療に欠かせない要素が存在している。例えば、ホームワークの実施はおそらく不可欠である。CBTの臨床家であれば、ここでよく考えて、面接室外でのクライエントの行動が重要と思うだろう。また別に考えられる要素としては、クライエントに治療説明を行わなければならないこと、そして、改善のためにはクライエント自らが嫌悪感を受け止める必要があることである（例：エクスポージャーを機能させる）。さらなる要素として、不安障害を治療するセラピストの役割がある。特に、物事が予定通りに進まないときは、セラピストが質問しながら、クライエントをさらにガイドすることが不可欠である。

　次は、この章で扱う様々な不安障害について論じる。併存症状は一般的であり、例外でないことに留意すべきである。もっとも、これもまた事実であるが、不安障害の診断を受けた患者は、ガイド付きICBTに非常に良く反応することがわかっている。各疾患について簡単な説明を行い（社交不安障害など）、その後に治療プログラムを紹介する。多くの疾患やプログラムを扱っているので、各プログラムを支持する研究についても述べる。ICBTと対面式CBTの効果の違いに関する疑問に答え、有効性に関するエビデンスの有無も示す（例：臨床現場を代表する条件でもICBTが効果的かどうか）。

## パニック障害

　パニック障害の確認から始めよう。パニック障害は、予期しないパニック発作がくり返し起きることが特徴の不安障害である。パニック発作は、現実の危険が

ないにもかかわらず、強い恐怖または不快が一定時間続くものである。さらに、DSM-IVでは、パニック発作は、13の身体症状または認知症状のうち四つ以上を伴い、突然に高まって10分以内には頂点に達するものと定義される（APA, 2000）。症状には、発汗、動悸、震え、息苦しさ、嘔気、めまい感、離人症状、コントロールを失うことや死ぬことに対する恐怖などが含まれる。パニック障害の診断には、（広場恐怖の有無にかかわらず）くり返し起こる、予期しないパニック発作の存在が必要である（APA, 2000）。パニック発作の後、1か月間以上は以下の状態が続く必要がある。また発作が起こるのではないかという心配や、予想される発作と関連した事項や発作の結果に対する心配、または、発作と関連した行動の明らかな変化である。パニック発作の頻度や重症度は、パニック障害を患う人によって異なるかもしれない。しかし、診断が確定するケースでは、症状によって、患者は消耗し、生活の質が著しく悪化している可能性が高い（Taylor, 2006）。パニック障害は、一般的なものであり、生涯有病率が1.5～3.5％と報告されている（Taylor, 2000）。

　パニック障害のICBTが研究対象になったのは1990年代後半である。筆者らにとっても、パニック障害は最も長く関わる疾患の一つになった。表8.1には、比較試験で検証された、パニック障害に対する五つのプログラムの概略を示した。初期に適用されたICBTプログラムの一つは、オーストラリアの今は亡きジェフ・リチャーズ（Jeff Richards）らが開発したものである（Klein & Richards, 2001）。このパニック・オンラインプログラムは、初期バージョンからアップデートされ、機能も拡張されている。例えば、あるバージョンではストレス管理が導入された（Richards et al., 2006）。プログラムには六つのモジュールが含まれている。呼吸調整、漸進的筋弛緩、認知的再体制化、想像および現実エクスポージャーが導入され、まとめは再発予防であった。このプログラムは、心理士がガイドする研究で効果が認められた。一般の臨床家がガイドする研究でも効果が認められたが、これは有効性研究と見なせるだろう（Shandley et al., 2008）。対面式CBTと同等の効果も認められた（Kiropoulos et al., 2008）。この研究では、パニック障害の患者86名が含まれ、ICBT群（46名）、または、対面式CBT群（40名）にランダムに振り分けられた。効果は類似しており、どちらの治療群でも、パニック障害の症状と関連の問題に、有意な改善が認められた。興味深いことに、どちらの治療も信頼できる、満足できると評価されたが、対面式の条件の方が、セラピストとのやりとりが高く評価されていた。その一方で、予想された通り、ICBTでは対面式治療よりも、セラピストの時間が有意に節約されていた。

　オーストラリアの2番目の研究グループ（ギャビン・アンドリュース〔Gavin Andrews〕とニック・ティトフ〔Nick Titov〕）が近年、パニック障害に対するプログラムを開発した。比較試験が一つ実施され、効果が検証された（Wims et al., 2010）。筆者が知る限り、有効性研究や対面式CBTとの比較試験は行われていな

いが、パニック障害患者を対象とした、アドヒアランスに焦点を当てた有効性研究は行われている（Hilvert-Bruce et al., 2012）。

オーストラリアの研究とほぼ同時期に、スウェーデンでもパニック治療のプログラムが作成された。パニック・プロジェクテット（Panikprojektet）と呼ばれるプログラムである。初期の6週間プログラム（Carlbring et al., 2001）から10週間プログラム（Carlbring et al., 2006）へと拡張された。この治療は、応用リラクセーション（Carlbring et al., 2003）や対面式の個人CBTとも比較され（Carlbring et al., 2005）、同等の効果を示している。後者は小規模研究であり、参加者49名であった。結果として、大きな群内の効果が見られた（ICBT群はコーエンの$d$=0.80、対面式治療群は$d$=0.93）。二つの治療に有意差は認められなかった。

スウェーデンのまた別の研究グループも、パニック障害に対する10週間プログラムを独自に開発し、その効果を臨床現場で検証した。最初の小規模なオープン試験（Bergström et al., 2009）に続き、大規模な比較試験を行った。その結果、ガイド付きのインターネットCBTには、対面式の集団CBTと同じくらいの効果が認められた（Bergström et al., 2010）。どちらの研究も、通常の臨床現場で参加者を集めていた。このプログラムは、最近、大規模な有効性研究で取り上げられた。データベースの最近の報告では、カロリンスカのインターネット精神科棟でパニック障害の治療を受けた562名の患者すべてが対象となった（Hedman et al., 2013）。結果として、大きな群内の効果が示された（$d$=1.07～1.55）。

最後に、インタラピーの研究者らが、パニック症状とパニック障害のプログラムも開発している。このプログラムは、一つの比較試験（Ruwaard et al., 2010）と一つの有効性研究（Ruwarrd et al., 2012）で検証されており、パニック症状の改善効果が示されている。インタラピーについては第7章で扱ったが、他のプログラムと多少異なるのは、比較的、セラピストの時間が必要となる点であった。インタラピーのパニック・プログラムは、ウェブで個別化された、双方向的なワークブックを用いるホームワーク課題で構成されていた。セラピストは、このワークブックを用いて、フィードバックを行い、指導を続ける。ホームワークを確認し、フィードバックを準備するのに20～40分かかったとされる。パニック治療を1ケース終えるには、セラピストの5～9時間が必要となる。この章でレビューしたパニックの他のプログラムと比べても、著しい時間がかかる。ルワード（Ruwarrd）らは、参加者58名を対象として比較試験を行い、群間の効果量$d$=0.70を見出した。興味深いことに、3年後のフォローアップのデータも報告しており、その効果は持続していた。このプログラムはまた、実際の有効性のデータも検証している（参加者135名）。結果として、大きな群内の効果が示された（$d$=1.2）（Ruwaard et al., 2012）。

要約すると、パニック障害のICBTは、効果を支持する実証研究がいくつか存在している。ICBTは、セラピストによる面接と同じくらい効果となりうること

が明確に示された。

表8.1 パニック障害とパニック症状に対するプログラム内容

| プログラム、作られた国 | 治療期間とモジュール数 | 主な内容 | 提示の仕方 | 使用に役立つ参考文献 |
|---|---|---|---|---|
| パニック・オンライン (Panic online) オーストラリア | ・12週間<br>・6モジュール | 心理教育、呼吸調整、リラクセーション、認知的再体制化、エクスポージャー、再発予防 | ・標準化した文章の説明とガイド<br>・ダウンロード可能な音声資料と写真によるスライドショー<br>・オプションのストレス管理プログラム | Klein & Richards, 2001; Richards et al., 2006 |
| パニック・プログラム (Panic program) オーストラリア | ・8週間<br>・六つのオンラインレッスン | 心理教育、段階的エクスポージャー、認知的再体制化、生理的覚醒の抑制、再発予防 | ・具体的事例や印刷可能な要約を含めたレッスン<br>・電子メールによるセラピストのサポート<br>・オンラインディスカッションフォーラムへの参加 | Wims et al., 2010 |
| パニック・プロジェクテット (Panikprojektet) スウェーデン | ・10週間<br>・10の治療モジュール | 心理教育、呼吸調整、リラクセーション、認知的再体制化、エクスポージャー | ・ダウンロード可能なPDFファイルと画面の文章<br>・セキュアな連絡処理システムを用いたホームワークとガイド | Carlbring et al., 2001, 2006 |
| インターネット精神科病棟 (Internet Psychiatry Unit) スウェーデン | ・10週間<br>・10の治療モジュール | 心理教育、認知的再体制化、エクスポージャー、再発予防 | ・上記と同じ<br>・治療の前後には臨床診断面接を加える | Bergström et al., 2009 |
| インタラピー (Interapy) オランダ | ・11週間 | 心理教育、気づきの訓練、応用リラクセーション、認知的再体制化、エクスポージャー | ・参加者には双方向的なワークブックを個別化して用いる<br>・セラピスト用のテンプレート付きマニュアル<br>・電子メールによるやりとり（システム内）<br>・ホームワークを含める | Ruwaard et al., 2010 |

## 社交不安障害

　社交不安障害（SAD）は、かつて社会恐怖とも呼ばれていた。DSM-IVでは、恥をかくかもしれない、一つまたはそれ以上の社会的な行為をする状況に対する顕著で持続的な恐怖、と定義されている（APA, 2000）。よく知らない人との交流や他人の注視を浴びる可能性がある状況で不安を覚えるのが一般的であり、その状況を回避しようとするか、強い苦痛を感じながら堪え忍ぶ。SADと社交不安の症状は連続線上にあり、重症度や症状の数が異なる。文献によるとSADは生活の質の大きな妨げとなる（Hofmann et al., 2004）。ごく一般的な障害であり、有病率は10％以上とされる（Hofmann et al., 2004）。大規模疫学調査によれば、生涯有病率、12か月有病率はそれぞれ12.1％、7.1％と推定された（Ruscio et al., 2008）。SADは重症度に違いがある可能性があり、研究者の多くは、限定的で具体的な社交恐怖（聴衆の前でのスピーチなど）と、一般的な社交恐怖（複数の社会的状況で問題が生じるもの）を区別している（Hofmann et al., 2004）。SADに対するプログラムの概要は表8.2に示す。SADに対するガイド付きICBTは、数多くの比較試験が行われており（Andersson et al., 2014）、少なくとも五つのプログラムがある。SAD向けに初めて開発され、検証されたのは、スウェーデン製のソフィ・プログラムである（Andersson et al., 2006）。このプログラムは2003年に完成し、それ以降、10以上の独立した比較試験で効果が検証された。もともとは、9週間以内で実施する、9モジュールの治療であったが、後の研究では、15週間の拡張バージョンが検証された。最新バージョンでは、スマートフォン用の短縮版も開発された（Dagöö et al., 2014）。

　ソフィ・プログラムは、ルーマニア語にも翻訳され、比較試験で検証されている（Tulbure et al., 2015）。最初の研究に続いて、このプログラムは、六つの比較試験が公表されている（Andersson et al., 2013のレビューを参照）。最近のものは、参加者200名の大規模研究である（Andersson et al., 2012b）。この研究では、管理されたオンラインディスカッションフォーラム群と実験群を比較し、セラピストの経験や知識習得の役割についても調査した（Andersson et al., 2012b）。その結果、ポストテストで中程度の群間の効果量が認められた（ヘッジスの$g$=0.75）。さらに、1年後のフォローアップまで効果が持続していた。SADに関する知識や、知識に対する自信が、治療後に高まっていた。効果の面では経験豊かなセラピストと初心者のセラピストに差は認められなかったものの、経験豊かなセラピストの方が、参加者をガイドする際に費やす時間が少なかった。

　ソフィ・プログラムは、集団CBTと比較する有効性研究が行われている（Hedman et al., 2011a）。結果として、効果が同等ながらも、集団CBT以上に費用対効果が高いことが判明した（Hedman et al., 2011b）。また、電話サポート（Carlbring et al., 2007）や実際のエクスポージャー面接を追加すること（Tillfors et al., 2008）など、様々なガイドの提供の仕方が研究されている。ソフィ・プログラムには、治療後5年間

もの長期的効果が示されている（Carlbring et al., 2009; Hedman et al., 2011c）。スウェーデン語のプログラムは、ルーマニア語に翻訳され、同様の効果が期待できることが検証された（Tulbure et al., 2015）。

　バーガー（Berger）らは、独自のプログラムについて三つの比較試験を発表した。このプログラムは、スウェーデン製のものと類似しているが、それ以上に双方向的なオンラインの要素が含まれている。参加者は、57のウェブサイトを自由に検索でき、治療は、10週間利用できる、五つのセッションに分かれている。最初の比較試験では、SADと診断した参加者52名を実際の面接か電話面接でランダムに振り分けた（Berger et al., 2009）。その結果、主要評価項目である社交不安尺度で、群間の効果量d=0.82が示された（治療群対ウェイティングリスト統制群）。二つ目の比較試験（Berger et al., 2011）では、SADと診断された参加者81名を、ランダ

表8.2　社交不安障害に対するプログラム内容

| プログラム、作られた国、標的となる疾患 | 治療期間とモジュール数 | 主な内容 | 提示の仕方 | 使用に役立つ参考文献 |
|---|---|---|---|---|
| ソフィ・プログラム（SOFIE program）<br>スウェーデン<br>社交不安障害 | ・9〜15週間<br>・9モジュール | 心理教育、認知的再体制化、エクスポージャー、注意転換訓練、社会的スキル、再発予防 | ・ダウンロード可能なPDFファイルと画面の文章<br>・セキュアな連絡処理システムを用いたホームワークとガイド<br>・スマートフォンの短縮版アプリも利用できる | Andersson et al., 2006 |
| 社会恐怖のセルフヘルプ・プログラム（Social phobia self-help program）<br>スイス | ・10週間利用可能な5セッション | 心理教育、認知的再体制化、エクスポージャー、注意転換訓練、社会的スキル、再発予防 | ・57のウェブサイト<br>・セラピストとのやりとりやポータル内のホームワーク | Berger et al., 2011 |
| シャイネス（Shyness）<br>オーストラリア<br>社交不安障害 | ・10週間<br>・六つのオンラインレッスン | 心理教育、エクスポージャー、認知的再体制化、再発予防の情報 | ・具体的事例や印刷可能な要約を含めたオンラインレッスン<br>・電子メールによるセラピストのサポートとオンラインディスカッションフォーラムへの参加<br>・複数の進め方が存在する | Titov et al., 2008 |

ムに3条件に振り分けた。ガイドなし治療、ガイド付き治療、または、柔軟なサポート（ニーズに応じた支援）である。この比較試験については、ガイドやサポートの役割の節で、後ほど意見を述べる。ここでは、どの条件もSAD症状が軽減し（群内の$d$=1.47）、群間差が小さかったと言えば十分だろう。治療前に実施する診断面接の役割を検証した研究もある（Boettcher et al., 2012）。有効性研究や対面式治療と比較した研究は行われていない。

　プログラムの3番目は、オーストラリアで開発されたシャイネス・プログラム（Shyness Program）である（Titov et al., 2008）。このプログラムは、8週間のオンラインレッスンとして提供される。セラピストがサポートする六つのオンラインレッスンである。内容の一部として、SADをもつ若い男性について、イラスト付きのストーリーが提供される。7以上の比較試験で検証され、ウェイティングリスト条件よりも効果的であることが判明している（群間の大きな効果量がつねに示されていた）。有効性研究でも検証が行われ（Aydos et al., 2009）、対面式CBTに対して（Andrews et al., 2011）、同等の効果が示された。

　スペイン製で、人前で話す恐怖に焦点を当てたプログラムがある（Botella et al., 2010）。くわしく取り上げないが、内容面でも効果の面でも、これまで紹介したSADに対する三つのプログラムに類似しているように思える。

　パニック障害と同様に、SADに対するICBTには、多くの比較試験が行われている。実際は、パニック障害の研究を数と規模で上回っているが、対面式CBTとICBTを比較する大規模研究や有効性研究がほとんど行われていない。しかしながら、全体として、いずれの研究でも、ICBTは、短期的にも長期的にも効果的であることが明確に示されている。

## 全般性不安障害

　全般性不安障害（GAD）も、ごく一般的な不安障害である。その特徴は、日常的な出来事（内的または外的なことで、過去、現在や未来に関わること）についての過剰な心配や不安である（APA, 2000）。様々な状況や刺激によって心配が生じることがあるので、GADは大きな障害となりうる。日常生活の重要な局面に関われなかったり、楽しめなかったりする（Tyrer & Baldwin, 2006）。GADの生涯有病率は1.3〜5.9％、12か月有病率は1.2〜1.9％と推定される（Tyrer & Baldwin, 2006）。薬物療法の選択肢は存在するが、様々な心理療法が検証され、効果が確立されている。対面式の個人CBTが主な形式である。

　GADに特化して作られたICBTプログラムには、二つのものがある。最初に論文化されたのは、オーストラリア、シドニーの研究グループ（ティトフとアンドリュース）が開発した心配プログラム（Worry Program）であった（表8.3）。二つ目は、スウェーデンの研究グループによるものである。3年間のフォローアップ

データを収集して初めて公表された。

心配プログラムは、二つの比較試験と一つの有効性研究で検証されている。オーストラリア製心配プログラムの初めての比較試験は、GADをもつ人48名を含め、治療条件またはウェイティングリスト統制条件にランダムに振り分けた。GAD尺度についてのポストテストにおける群間の平均効果量は$d=1.1$であった（Titov et al., 2009a）。合計39名がポストテストを終え（81％）、治療群のうち、指定の時間内に6レッスンすべてを終えたのは18名であった（75％）。二つ目の比較試験では、臨床家によるサポートと技術者によるサポート、そして、遅延治療の条件の効果が検証された（Robinson et al., 2010）。この興味深い研究の参加者は150名であった。結果として、どちらの治療条件でも効果が認められ、統制条件に対しては大きな効果が示された。二つのサポート形式の差は小さいものであった。心配プログラムは、大きな有効性研究でも検証され（参加者588名）、比較試験と同様の大きな効果が認められた（Mewton et al., 2012）。

GADに対するスウェーデン製のICBTプログラムは、オリゴ（ORIGO）と呼ばれ、二つの比較試験で検証されている。最初の研究（Paxling et al., 2011）は、参加者89名であり、1年後、3年後のフォローアップが含まれていた。治療期間は8週間であった。八つの治療モジュールのうち、終えられたモジュールの平均数は4.5であった。主要評価項目であるGAD尺度について、ポストテストでの群間の効果量は$d=1.11$であった。結果的に、3年後のフォローアップでも、治療効果は持続していた。

表8.3 全般性不安障害に対するプログラム内容

| プログラム、作られた国、標的となる疾患 | 治療期間とモジュール数 | 主な内容 | 提示の仕方 | 使用に役立つ参考文献 |
|---|---|---|---|---|
| 心配プログラム（Worry program）オーストラリア | ・9週間<br>・6オンラインレッスン | 心理教育、認知療法、心配に関する信念、段階的エクスポージャー、中核信念、再発予防 | ・具体的事例や印刷可能な要約を含めたレッスン<br>・電子メールによるセラピストのサポート<br>・オンラインディスカッションフォーラムへの参加 | Titov et al., 2009 |
| オリゴ（ORIGO）スウェーデン | ・8週間<br>・8モジュール | 心理教育、応用リラクセーション、心配の時間、認知的再体制化、心配のエクスポージャー、問題解決、睡眠管理、再発予防 | ・ダウンロード可能なPDFファイルと画面の文章<br>・セキュアな連絡処理システムを用いたホームワークとガイド | Paxling et al., 2011 |

オリゴ・プログラムは、精神力動的インターネット療法とも比較試験が行われている（Andersson et al., 2012c）。81名を対象としたこの研究では、二つの治療の差は小さいものであった。群内の差には大きな効果量が認められた。治療期間の直後には、ウェイティングリスト統制条件にも改善が認められたが、3か月後のフォローアップでは、ICBTの効果（$d$=0.76）や精神力動療法の効果（$d$=0.64）の方が有利であった。治療から18か月後のフォローアップでも、心配の症状軽減が持続されていた。

まとめると、GADに対するICBTはエビデンスがあまり多くない。ICBTを対面式CBTと比較した研究も公表されていない。しかしながら、今日までの知見によれば、ICBTは効果に見込みがあり、実生活でも有効であることが示唆されている。

## 外傷後ストレス障害

外傷後ストレス障害（PTSD）の診断には、不快で反復的なフラッシュバック、外傷的な出来事の記憶に関する回避や麻痺、覚醒亢進が含まれる。PTSDは、一般的な障害であり、生活に支障をきたすものである。過去12か月間で、成人人口の6％が罹患している可能性がある（APA, 2000）。エビデンスに基づく治療が存在する一方で、治療を求めない人が多い。トラウマ症状とPTSDに対するICBTの効果は、いくつかの研究で検証され、いくつかのプログラムが存在している（表8.4）。

インタラピーは、PTSDに対して最も実証されたICBTプログラムであろう。いくつかの比較試験で検証が行われている。5週間の治療には、治療者との多くのやりとりや、オンライン・データベースにしたがって提示される、構造化された筆記課題が含まれている。セラピストと患者とのやりとりは、テキストベースであり、リアルタイムなものではない（他の障害に対するインタラピーの説明も参照のこと）。ラングら（Lange et al., 2003）は、トラウマに曝露された経験がある人を、インタラピー（122名）またはウェイティングリスト統制条件（62名）にランダムに振り分けた。その結果、治療直後のポストテストや6週間後のフォローアップにおいて、トラウマ症状に大きな改善が示された（ポストテストの群間差では、侵入症状[*1]がコーエンの$d$=1.2、回避症状[*2]が$d$=1.3であった）。また、インタラピーは、複雑性悲嘆の治療法としても効果が検証された（Wagner et al., 2006）。翻訳版も作成され、イラクの参加者に対する比較試験の効果が検証されている（Wagner et al., 2012）。PTSD治療を受けた病院患者の大規模サンプルデータが報告され、その有効性が示された（Ruwaard et al., 2012）。PTSDのインタラピーは、対面式CBTとは直接比較されていない。しかしながら、インタラピーのクリニックで実施された治療では、PTSDと診断された477名のサンプルに対して、大きな群内の効果（1.0以上の$d$）が報告された（Ruwaard et al., 2012）。

表8.4 外傷後ストレス障害に対するプログラムの内容

| プログラム、作られた国、標的となる疾患 | 治療期間とモジュール数 | 主な内容 | 提示の仕方 | 使用に役立つ参考文献 |
|---|---|---|---|---|
| インタラピー（Interapy）オランダ | ・5週間<br>・週2回の45分間の筆記課題（合計10回） | 心理教育、構造化した筆記課題、自己直面化、認知的再評価、シェアリングとプログラムの修了式 | ・参加者には双方向的なワークブックを個別化して用いる<br>・セラピスト用のテンプレート付きマニュアル<br>・電子メールによるやりとり（システム内）<br>・ホームワークを含める | Lange et al., 2003 |
| トラウマ的出来事の結果に対するセルフヘルプ・プログラム（Self-help program for traumatic event-related consequences）米国 | ・8週間 | 心理教育、リラクセーション、呼吸再調整法、認知的再体制化、筆記によるエクスポージャー | ・双方向的な認知行動療法プログラム<br>・電子メールによる技術支援のみ | Hirai & Clum, 2005 |
| ディストレス（DE-STRESS）米国 | ・8週間<br>・計56回のログオンが可能（毎日） | 心理教育、セルフモニタリング、ストレス管理、エクスポージャー、筆記セッション | ・対面式の初回面接<br>・電子メールによるサポート<br>・予約された電話でのやりとり | Litz et al., 2007 |
| PTSDプログラム（PTSD program）オーストラリア | ・8週間<br>・7レッスン | 心理教育、身体感覚のコントロール、認知療法、段階的エクスポージャー、認知的再体制化、再発予防 | オンラインレッスン；各レッスンの要約／ホームワーク、各レッスンのオンラインディスカッションフォーラム（セラピストによる見守り）、自動化された定期的通知と通知メール、臨床家とメールのようなやりとりを安全に行うためのインスタントメッセージ、追加資料へのアクセス（アサーティブネス・スキル、怒りの管理、パニック、睡眠の改善方略、食事制限、運動、薬物やアルコール使用の減少、エクスポージャーの例の追加） | Spence et al., 2011 |
| テラス・プログラム（Tellus program）スウェーデン | ・8週間<br>・8モジュール | 心理教育、呼吸再調整法、想像・現実エクスポージャー、認知的再体制化、再発予防 | ・ダウンロード可能なPDFファイルと画面の文章<br>・セキュアな連絡処理システムを用いたホームワークとガイド | Ivarsson et al., 2014 |

トラウマ関連症状向けには、別のプログラムが開発され、小規模な比較試験で検証が行われた（Hirai & Clum, 2005）。トラウマ的出来事の結果に対するセルフヘルプ・プログラム（self-help program for traumatic event-related consequences）である。この8週間のプログラムは、筆者が知る限り、一つの小規模な研究でのみ検証されている。参加者36名が治療条件（18名）、または、ウェイティングリスト統制条件（18名）にランダムに振り分けられた。治療後の結果では、トラウマ尺度における統計的交互作用は示されなかった（検定力不足だったのかもしれない）。しかしながら、群間の効果量は、回避症状が$d=0.85$、侵入症状が$d=0.62$であった。

リッツ（Litz）らは、ディストレス（DE-STRESS）プログラムを開発した。このプログラムも一つの比較試験でのみ検証が行われている（Litz et al., 2007）。この8週間プログラムには、これ以外のPTSDプログラムに似た要素が含まれている。ランダム化比較試験でアクティブ統制群を採用したのは、この研究領域では珍しいことである。研究の参加者は、自己管理のためのインターネットCBT（24名）または支持的カウンセリングによるインターネット療法（21名）にランダムに振り分けられた。支持的カウンセリングの大部分では、トラウマに関係ない心配事や出来事のセルフモニタリングが扱われていた（こうした経験の筆記など）。ドロップアウト率は27％で、44名中33名が治療を完了した。最初の2時間は対面式の面接が含まれていたので、純粋なインターネット治療ではなかった。参加者は、電子メールや電話でもセラピストとやりとりした。この研究では、二つの積極的治療群を比べたので、群間の効果量は、ウェイティングリスト統制条件と比較した先行研究よりも小さいようである。しかしながら、群間の効果量は、CBT治療に有利なものであり、$d=0.41$であった。リッツらは、治療完了者を対象とする6か月後のフォローアップデータも報告した。PTSD症状の全体指標については、$d=0.95$の群間の効果量が示された。包括解析（ITT分析）を行ったところ、CBT群では、6か月後時点で、PTSDの基準をもはや満たさないケースの割合が有意に大きいことが示された。6か月後のフォローアップのデータは、ポストテストのデータと類似していた。

オーストラリア製のPTSDプログラムも、比較試験で検証されている（Spence et al., 2011）。7モジュールのプログラムには、PTSDに対するCBTの共通要素が含まれている。PTSDをもつ42名の参加者に対する比較試験では、非常に良い効果が示された。治療後の効果は、統制群と比較すると比較的小さいものであったが（$d=0.47$）、群内の効果が大きかった。このプログラムについては、有効性研究や対面式との比較試験が行われていない。

スウェーデンの筆者らのグループでも、テラス（Tellus）と呼ぶPTSDプログラムを開発した。比較試験で検証したところ、期待できる効果が示されている（Ivarsson et al., 2014）。比較試験には61名の参加者を含めた。結果として、ポストテ

ストにおける大きな群間差が認められた（$d$=1.25）。1年後のフォローアップでも、治療効果は持続する結果が示された。

比較試験で検証されたプログラム以外にも、オープン試験のみで検証されたプログラムが存在する。PTSD以外にも焦点を当てたプログラム（Ruggierio et al., 2006）やクラインら（Klein et al., 2009）が開発したPTSD専用のプログラムには、効果が見込まれる。

まとめると、様々な標的の集団に対して、ICBTがPTSD治療に役立つ可能性を示した研究は多数存在している。対面式治療と直接比較する研究は不足している。それと同様に、PTSDと診断された人を対象とした大規模な比較試験も依然として不足している。

## 強迫性障害、重度の健康不安、特定の恐怖症

これまでレビューした精神障害は、どれも比較試験の対象になっていた。この節では、比較的少数の研究しか行われていないプログラムをいくつか取り上げる（表8.5参照）。

強迫性障害については、二つのプログラムが研究で評価されている。スウェーデン製のプログラムが、最初はパイロット研究で、その後は比較試験で検証された（Andersson et al., 2012a）。比較試験では、OCDの診断を受けた参加者101名が対象となり、治療条件または注意統制条件（オンラインの支持的療法からなるもの）にランダムに振り分けられた。ブラインド化された評価者がエール・ブラウン強迫観念・強迫行為尺度（Yale-Brown Obsessive Compulsive Scale; YBOCS）を施行した結果、ポストテストでの群間の効果量は$d$=1.12が示された。

OCDプログラムの二つ目は、オーストラリア製のものである。スウェーデン製のプログラムと同様に、最初はパイロット研究で効果が検証された。比較試験では、三つの群が含まれていた。OCDと診断された合計56名の参加者が、ICBT、CBTの読書療法、または、ウェイティングリスト統制群にランダムに振り分けられた（Wootton et al., 2013）。YBOCSの結果では、どちらの治療も改善をもたらし、ポストテストでの群間の効果量は$d$=1.57であった（ICBT対統制条件）。読書療法とICBTに違いはなかった（ICBT側に有利な小さな効果量が認められた）。どちらの治療効果も、3か月後のフォローアップまで持続していた。

重度の健康不安（以前は心気症と呼ばれたもの）に対するプログラムは一つだけである。ヘッドマンら（Hedman et al., 2011c）が開発したもので、パイロット研究がいくつか行われている。このプログラムには、OCD治療の要素が含まれている。比較試験では、重度の健康不安と診断された参加者81名がICBT、または注意統制条件（オンラインディスカッションフォーラム）にランダムに割り付けられた。健康不安尺度（Health Anxiety Inventory）について、ポストテストでの群間の

効果量は$d=1.62$であった。治療6か月後のフォローアップでも、効果が持続することが示された。

特定の恐怖症を対象にしたガイド付きICBTは、ほとんど行われていない。筆者らの研究グループは、小規模比較試験を二つ実施した。実際に1回面接するエクスポージャー療法とガイド付きICBTを比較した（Andersson et al., 2009, 2013）。最初の比較試験は、30名を対象としたクモ恐怖の研究であった。事前の予想通り、エクスポージャー療法の効果は良好であったが、ICBTも効果的であった。主要評価項目は、行動アプローチ・テスト（behavioural approach test; BAT）であった。副次的指標としては、不安症状や抑うつを測定する質問票を用いた。結果として、ポストテストでも、フォローアップでも、両群の差は認められなかったが、臨床的に有意義なBATの変化率については例外が認められた。ポストテストでは、

表8.5　強迫性障害、重度の健康不安、特定の恐怖症に対するプログラムの内容

| プログラム、作られた国、標的となる疾患 | 治療期間とモジュール数 | 主な内容 | 提示の仕方 | 使用に役立つ参考文献 |
| --- | --- | --- | --- | --- |
| OCDに対するICBT（ICBT for OCD）スウェーデン | ・10週間<br>・10モジュール | 心理教育、認知的再体制化、反応妨害エクスポージャーの計画と実施、OCDのサブタイプに応じた個別化、価値への取り組み、再発予防 | ・ダウンロード可能なPDFファイルと画面の文章<br>・セキュアな連絡処理システムを用いたホームワークとガイド<br>・音声ファイルでも利用可能なモジュール | Andersson et al., 2012a |
| OCDコース（The OCD course）オーストラリア | ・五つのオンラインレッスン | 心理教育、認知の誤り、反応妨害エクスポージャー、再発予防 | ・オンラインレッスン、週2回の電話サポート | Wootton et al., 2013 |
| 健康不安プログラム（Health anxiety program）スウェーデン | ・12週間<br>・12モジュール | 心理教育、マインドフルネス訓練、認知的再体制化、反応妨害エクスポージャー、再発予防 | ・スウェーデンのOCDプログラムと同様 | Hedman et al., 2011d |
| 特定の恐怖症（クモとヘビ）（Specific phobia）スウェーデン | ・5週間で4〜5回のモジュール | 心理教育、エクスポージャーの指導、認知療法、効果の持続プログラム | ・ダウンロード可能なPDFファイルと画面の文章<br>・エクスポージャーのモデルになるビデオ<br>・セキュアな連絡処理システムを用いたホームワークとガイド | Andersson et al., 2009, 2013 |

ICBT群の46.2%が、1回面接のエクスポージャー群では85.7%が変化を達成した。二つ目の比較試験(Andersson et al., 2013)では、ヘビ恐怖をもつ30名が対象となり、同様の効果が認められた。ポストテストでは、インターネット群のうち61.5%が、1回面接のエクスポージャー群のうち84.6%が、臨床的に有意義なBATの改善を示した。こうして、少数の比較試験ではあるが、対面式治療がある程度ICBTよりも効果に勝ることが示された。

全体として、OCD研究と健康不安研究には、追試が必要とされている。特定の恐怖症の治療にも見込みがある。パイロット研究では、子どもを対象とした別のバージョンで、期待できる効果が示されたが(Vigerland et al., 2013)、もっと大規模な研究が求められている。

## 混合性の不安・抑うつ

近年は、診断横断的な治療や個別化したICBTプログラムが開発され、検証されている。例を表8.6に挙げた。それ以外の例については、第7章の表7.1で示している(テイラーや幸せプログラム)。

診断横断的ICBTには、異なる二つのアプローチがある。一方の考え方は、同じ資料をすべての患者に適用するというものである(追加資料で、オプションの個別化を行う)。他方の考え方は、資料をすべて個別化し、最初と最後のモジュ

表8.6 統合治療または個別化したICBTに基づくプログラムの内容

| プログラム、作られた国 | 治療期間とモジュール数 | 主な内容 | 提示の仕方 | 使用に役立つ参考文献 |
|---|---|---|---|---|
| 幸せプログラム (Wellbeing program) オーストラリア | ・10週間<br>・8回のオンラインレッスン | 診断横断的な心理教育、認知療法、身体症状のコントロール、行動活性化、段階的エクスポージャー、追加の認知療法(例:中核信念)、問題解決、再発予防、追加の文章によるモジュールが利用できる | オンラインレッスン、オンラインディスカッションフォーラム、自動通知、テキストメッセージの送受信、最前線のストーリー、セラピストのガイド | Titov et al., 2011 |
| ノバ (Tailored Internet intervention for anxiety; Nova) スウェーデン | ・10週間だが柔軟に対応<br>・症状プロファイルに基づき適用する25のモジュール<br>・4モジュールは固定(心理教育、認知的再体制化、再発予防) | うつ病、パニック、社会不安、心配、トラウマ、ストレス管理、集中の問題、問題解決、マインドフルネス、リラクセーション | ・ダウンロード可能なPDFファイルと画面の文章<br>・セキュアな連絡処理システムを用いたホームワークとガイド | Carlbring et al., 2011 |

ールのみを例外とするものである。最初の例はオーストラリアのアプローチであり、二つ目の例はスウェーデンのアプローチである。

オーストラリアのティトフらは、セラピストがガイドを行う診断横断的ICBTについて、（前章で紹介したうつ病治療プログラムに加えて）少なくとも三つの比較試験を行っている。標的となる集団は、混合性の不安・抑うつであった。多少異なるプログラムを用いた最初の比較試験では、混合性の不安・抑うつをもつ86名の参加者を治療条件、または、統制条件にランダムに割り付けた。ポストテストにおける群間の効果は、中程度の範囲にあり、治療条件に明らかに有利なものであった（Titov et al., 2010）。

二つ目の最近の比較試験では、参加者77名を治療、または、ウェイティングリストにランダムに割り付けた（Titov et al., 2011）。アップデートしたバージョンのプログラムを適用した結果、群内の効果は大きいものであったが、再び、群間の効果量は、中程度の範囲であった（例：全般的な不安指標について$d$=0.56）。アドヒアランスは非常に良好であり、治療群の参加者のうち81％が、割り当てられた八つのレッスンを10週の治療期間内に完了していた。

三つ目の比較試験は、研究デザインが異なっていた。この研究では、様々な不安障害をもつ参加者131名を含めて、ランダムに3群に割り付けた。臨床家によるサポート治療、コーチによるサポート治療、そして、ウェイティングリスト統制条件である（Johnston et al., 2011）。サポートを提供する二つの形式の主な違いについて、コーチには、臨床的な助言を許可しなかった。プログラムで提供する既定の情報やスキルについても、それ以上くわしく説明することを認めなかった。主な分析では、二つの実験群は統合された（ただし、コーチ群に有利な傾向が示されていた）。群間の効果（治療条件と統制条件を比較したもの）は、大きなものであった。このプログラムは、二つ目の研究と同じく拡張したバージョンであり、追加資料を含んでいた（例：落ち込みへの対処や睡眠改善などのガイドラインを含む文字の追加資料）。提供されたレッスンに対するアドヒアランスは高く、参加者の70％以上が八つのレッスンを完了した。

全体として、診断横断的ICBTは、期待できる治療アプローチである。ただし、いくつかの研究では、診断特異的な研究と比べて、効果が小さかった。プログラムの概要については図8.1に例示した。

不安障害とうつ病の併存や重なりに対処する二つ目のアプローチは、患者のプロフィールに応じて治療を個別化することである。このアイデアが生じたのは、筆者の研究グループが複数の比較試験を実施し、特定の障害に対するプログラムを開発したのがきっかけである。治療モジュールを書き換えて、一般化することにより、自己報告や臨床診断面接に応じてプログラムを個別化することができるようになった。これはおそらく経験豊かな臨床家にとっては自然なことであろう。病院の日常では、患者の問題や主訴に応じて治療を合わせる傾向がある（ケース

図8.1　幸せプログラムのもう一つの例

の概念化に基づくことが多い)。しかしながら、個別化ICBTには、ある程度の構造が求められる。治療の開始や説明、終結を定める必要があるからである。最初と最後(再発予防)の心理教育の間では、様々なモジュールを勧める。こうして臨床家には重要な役割が与えられ、患者と共同して個別化を行うことができる。または、患者自身が個別化することもできる(Andersson et al., 2011)。

個別化ICBTについての最初の比較試験では、54名の参加者が、10週間の治療プログラム、または統制群に振り分けられた。不安、抑うつ、生活の質の指標を含めた、群間の平均効果量は、ポストテストではコーエンの$d$=0.69であった。この研究には、1年後、2年後の長期的フォローアップも含まれていた(Carlbring et al., 2011)。アドヒアランスは、固定したモジュールの場合よりも計算が複雑であるが、平均して約9モジュールが提供され、8モジュールを完了していた。しかしながら、提供されたモジュールをすべて完了したのは、約60%の参加者のみであった。

個別化ICBTについての二つ目の比較試験は、不安障害を対象としたものであり、筆者らの研究グループが実施したものであった。この研究の標的はパニック症状である。57名の参加者を含めて、8週間の治療プログラム、または統制条件にランダムに割り付けた。結果として、ポストテストにおける大きな群間の効果が示され、その効果は1年後も持続していた(Silfvernagel et al., 2012)。この研究では、年齢の重要性も調べられたが(18〜30歳対31〜45歳)、差は認められないようであった。不安障害に対するICBTには、論文化されていない研究がもう二つある。一つは、プライマリケアの現場で実施された研究であり、二つ目は不安障害をもつ高齢者を対象として行われた研究である。どちらの研究でも、有意な効果と中

程度以上の効果量が示されている。

個別化についての重要な疑問は、診断特異的治療よりも個別化治療の方が効果的なのかという問題である。うつ病の場合は、個別化する方がより重篤な患者に対して効果が生じるという予備的なエビデンスがあった（第7章参照）。不安障害の領域では、筆者は一つの比較試験についてだけ把握している。バーガーら（Berger et al., 2014）は、不安障害をもつ132名の参加者を個別化ICBT、標準的な障害特異的ICBT、またはウェイティングリスト統制条件にランダムに割り付けた。この研究では、個別化ICBTは、診断特異的治療と比べて、良くも悪くもないようであった。群間の平均効果量は、ウェイティングリスト統制条件と比較して、個別化治療が$d=0.80$、標準的治療が$d=0.82$であった。これは重要な研究である。個別化してもICBTの効果は変わらないことが示されたからである。興味深いことに、治療の満足度にも差は認められなかった。ヨハンソンら（Johansson et al., 2012）の知見に反して、比較的重い症状の患者に対して、個別化治療の方が標準的治療よりも効果的である、という知見は得られなかった。

その一方で、参加者の大部分はSADが主診断であり、個別化もスウェーデンの研究と同じようには行われなかった。もっとも、診断特異的治療の有効性と、併存症状が診断特異的治療に反応することを考えれば（例：SADを含む例として、パニック障害の治療後には心配も軽減する〔Titov et al., 2009b参照〕）、個別化が比較的重要となるのは、潜在的なケースや単なる不安以上の複雑な問題（例：健康不安、不眠症、大うつ病）を含むケースに対してなのかもしれない。

興味深いのは、オーストラリアとスウェーデンのアプローチに、ある程度の重なりが見られる点である。オーストラリアのアプローチでは複数の資料へのアクセスが提供され、スウェーデンのアプローチでは固定されたモジュールが複数提供される。内容は見た目ほどには違わないのかもしれない。その一方で、形式や提示の仕方は別である。オーストラリアのアプローチがオンラインレッスンであるのに対して、スウェーデンの個別化システムは文章が著しく多い。筆者の研究グループが行う現在進行中の研究では、こうした区別はもっと曖昧になった。多くのモジュールが固定され、提供の形式も様々になったからである（例：スマートフォンによる提供）。

まとめると、個別化ICBTや診断横断的ICBTのアプローチは、将来有望である。ICBTを利用できる患者の数を増やしてくれる。診断横断的ICBTがどの程度、診断特異的ICBTに匹敵するかについては、まだ明らかでない。不安障害について、個別化ICBTと標準的ICBTを比較した研究も一つだけである。患者の好みや選択の役割については、あまり研究が行われていない。唯一のオープン研究では、患者が選択できるモジュールの説明を受けた後に、治療内容の決断を下せるようになることが示されている（Andersson et al., 2011）。

## 様々な標的集団

　この章では、成人の不安障害に対するICBTを主に扱ってきた。しかし、小児や青年を対象とするICBTの文献も増え続けている。スペンスら（Spence et al., 2011）は、不安障害をもつ青年に対して比較試験を行い、この年齢層でも、ICBTは対面式治療と同等の効果がありうることを示した。また、この研究グループは、子どもに対するICBTの効果も検証した（March et al., 2009）。その効果はおそらく成人を対象とした比較試験ほどには大きくなかったが、期待がもてるものである。子ども（8〜12歳）の特定の恐怖症を対象とした、スウェーデンのパイロット研究では、大きな群内の効果が認められた（Vigerland et al., 2013）。しかしながら、全体として、小児や青年の不安障害に対してICBTを適用した研究は、それほど行われていない。

　比較的研究が少ない二つ目の標的集団は、高齢者である。ゾウら（Zou et al., 2012）は、参加者22名を対象としてオープンなパイロット研究を行い、大きな群内の効果を見出した。ミュートンら（Mewton et al., 2013）の有効性のデータによると、高齢者は、若い人たちに比べて、治療プログラムのオンラインレッスンのすべてを完了する傾向が高いようである。しかしながら、この知見は自動化されたプログラムに関するものであり、ガイド付きICBTの形式にはあまり当てはまらないかもしれない。すでに述べた通り、スウェーデンの筆者らは、高齢者を対象として個別化ICBTの比較試験を行い、有望な結果を見出している。しかし、この分野では明らかにもっと多くの研究が必要とされている。

　また別の標的集団には、他国の人（Wagner et al., 2012参照）や、CBT以外の治療的アプローチをとる臨床家が含まれる。筆者の研究グループでは、精神力動療法のアプローチを用いて、不安障害に対する比較試験を二つ実施した（GADに対する研究はすでに説明した）。最近の研究はヨハンソンら（Johansson et al., 2013）によるもので、混合性の不安・抑うつに対する感情焦点化療法に基づくものであった。この研究では、抑うつ症状に大きな効果が示されたが、不安の指標の効果は比較的小さかった。

## 不安障害に対するガイド付きICBTについての考察

　全体的に見て、この章の概観で明らかになったのは、複数の研究において、ガイド付きICBTが不安障害に対して効果的である可能性が示されたことである。同様の知見を示すレビューもいくつかある（例：Cuijpers et al., 2009）。ICBTと対面式治療を直接比較した研究は多くないが、筆者らがメタアナリシスを実施したところ、両者に差はまったく認められなかった（Andersson et al., 2014）。この章でも見てきた通り、ICBTが通常の臨床現場でどの程度効くのかという研究も行われ

ている（Andersson & Hedman, 2013）。長期的フォローアップ研究も実施されている。さらには、ICBTについて医療経済的な研究もいくつか行われ、ICBTの費用対効果が高いことが示されている（第6章参照）。

インターネットが普及する前に、コンピュータ化された治療プログラムが先に開発されていた。パニック発作や不安に対するフィア・ファイター（FearFighter）などである。英国のいくつかの地域で利用することができる（http://www.fearfighter.com/）。このプログラムは、もともとCD-ROMで開発され、スタンドアローン形式で一般診療の現場で提供されていた。しかし、後年、プログラムをインターネット経由で実施する研究が実施され（Schneider et al., 2005）、良好な結果が示されている。

しかしながら、未解決の問題もいくつか残されている。治療効果の予測因子や良好な効果をもたらすメカニズムがよくわかっていない。したがって、仲介変数や媒介変数についての研究がより多く求められている。先行研究では、一貫した結果が得られていない（例：Andersson et al., 2008。第6章も参照のこと）。一般的に、多くのICBT研究と同様に、不安障害の研究では、教育水準が標準以上の参加者を対象とすることが多い。ヨーロッパ諸国では圧倒的多数の人々はインターネットにアクセスできるが、つねに当てはまる状況ではなく、場合によっては多数派でもない。

さらに、患者がどのようにICBTを経験しているかという、質的調査で得られる知識がある。うつ病に対して実施された研究はあるが、不安障害の患者にはほとんど行われていない。ガイド付きICBTと対面式治療にはほぼ等しい効果が認められるものの、それぞれがまったく同じメカニズムで機能するわけではないと考えられる。例えば、恐怖対象へのエクスポージャーは恐ろしいかもしれないが、ICBTの手続きであれば、クライエントなりのペースで手続きが進められるかもしれない。ただし、ICBTでは、対面式治療と比べて、エビデンスに基づく治療からの漂流を防ぐことがはるかに容易である。

## その他のアプローチはどうであるか

精神力動インターネット療法については、すでに説明した。理論的説明や治療モジュールの内容を除いて、ガイド付きICBTと多くの点で類似している。セラピストの役割は多少、異なっているかもしれない。しかし、インターネットを不安障害の治療に用いるもう一つの別なやり方で、まったくうまくいかなかったものがある。社交不安障害に対する注意バイアス修正訓練である。筆者らはこの治療形式を用いて一連の研究を行った。少なくともあと二つのグループも研究していたが、同様の否定的結果が見出されている。つまり、注意バイアス修正訓練は、少なくとも従来実証されてきたほどには、SADに対する効果が見込めなかった

（例：Carlbring et al., 2012; Neubauer et al., 2013）。インターネット経由の注意バイアス修正訓練には、不確定要素が多い。そのため、もっと多くの研究が必要である、という点を除き、この新しい形式の治療についてこれ以上言及するのは控えたい。

> **実用的な意義とキーポイント**
>
> - ガイド付きICBTは、広い範囲の不安障害に対して効果があり、長期間の持続効果も認められている。
> - 不安障害に対するICBTは、患者の好みを重視する、対面式CBTと同等に効果的である可能性がある。
> - 研究や臨床経験は成人を対象としたものであることが多く、小児や青年、高齢者を対象としたICBTについてはよく知られていない。
> - 最近の研究では、不安障害の治療に対して診断横断的ICBTや個別化ICBTが有用であることが示されている。しかし、診断特異的治療とICBTの新しい形式に差があるかどうかについては不明な点が多い。
> - 不安障害に対するICBTの効果の予測変数や仲介変数については、さらに多くの研究が必要である。
> - 社交不安障害に対してインターネット経由で提供した場合、注意バイアス修正訓練には、今日まで、わずかな効果しか認められていない。

● 訳　注
* 1　**侵入症状**：トラウマ的な出来事に関して、不快で苦痛な記憶が突然蘇ったり、悪夢が反復されたりする症状。フラッシュバックや心理的苦痛、動悸や発汗が生じることもある。
* 2　**回避症状**：トラウマ的な出来事についての記憶や感情を避けたり、その出来事を思い出させるような人や事物、状況を避けたりすること。

● 引用文献

American Psychiatric Association (APA). (2000). *Diagnostic and statistical manual of mental disorders* (4th ed., text revision). Washington, DC: American Psychiatric Press.（アメリカ精神医学会, 髙橋三郎・大野裕・染矢俊幸（訳）（2004）．DSM-IV-TR精神疾患の診断・統計マニュアル　医学書院）

Andersson E, Enander J, Andrén P, Hedman E, Ljótsson B, Hursti T et al. (2012a). Internet-based cognitive behaviour therapy for obsessive-compulsive disorder: A randomised controlled trial. *Psychological Medicine*, 42, 2193-2203.

Andersson G, Carlbring P, Furmark T. (2014). Internet-delivered treatments for social anxiety disorder. In J Weeks (Ed.). *The Wiley Blackwell Handbook of Social Anxiety Disorder* (pp.569-587). New York: Wiley-Blackwell.

Andersson G, Carlbring P, Furmark T, on behalf of the SOFIE Research Group. (2012b). Therapist experience and knowledge acquisition in Internet-delivered CBT for social anxiety disorder: A randomized controlled trial. *PloS ONE*, 7(5), e37411.

Andersson G, Carlbring P, Grimlund A. (2008). Predicting treatment outcome in Internet versus face to face treatment of panic disorder. *Computers in Human Behavior*, 24, 1790-1801.

Andersson G, Carlbring P, Holmström A, Sparthan E, Furmark T, Nilsson-Ihrfelt E et al. (2006). Internet-based self-help with therapist feedback and in-vivo group exposure for social phobia: A randomized controlled trial. *Journal of Consulting and Clinical Psychology*, 74, 677-686.

Andersson G, Cuijpers P, Carlbring P, Riper H, Hedman E. (2014). Guided Internet-based vs. face-to-face cognitive behavior therapy for psychiatric and somatic disorders: A systematic review and meta-analysis. *World Psychiatry*, 13, 288-295.

Andersson G, Estling, F, Jakobsson E, Cuijpers P, Carlbring P. (2011). Can the patient decide which modules to endorse? An open trial of tailored Internet treatment of anxiety disorders. *Cognitive Behaviour Therapy*, 40, 57-64.

Andersson G, Hedman E. (2013). Effectiveness of guided Internet-delivered cognitive behaviour therapy in regular clinical settings. *Verhaltenstherapie*, 23, 140-148.

Andersson G, Paxling B, Roch-Norlund P, Östman G, Norgren A, Almlöv J et al. (2012c). Internet-based psychodynamic vs. cognitive behavioural guided self-help for generalized anxiety disorder: A randomised controlled trial. *Psychotherapy and Psychosomatics*, 81, 344-355.

Andersson G, Waara J, Jonsson U, Malmaeus F, Carlbring P, Öst L-G. (2009). Internet-based self-help versus one-session exposure in the treatment of spider phobia: A randomized controlled trial. *Cognitive Behaviour Therapy*, 38, 114-120.

Andersson G, Waara J, Jonsson U, Malmeus F, Carlbring P, Öst L-G. (2013). Internet-based exposure treatment versus one-session exposure treatment of snake phobia: A randomized controlled trial. *Cognitive Behaviour Therapy*, 42, 284-291.

Andrews G, Davies M, Titov N. (2011). Effectiveness randomized controlled trial of face to face versus Internet cognitive behaviour therapy for social phobia. *Australian and New Zealand Journal of Psychiatry*, 45, 337-340.

Aydos L, Titov N, Andrews G. (2009). Shyness 5: The clinical effectiveness of Internet-based clinician-assisted treatment of social phobia. *Australasian Psychiatry*, 17, 488-492.

Berger T, Boettcher J, Caspar F. (2014). Internet-based guided self-help for several anxiety disorders: A randomized controlled trial comparing a tailored with a standardized disorder-specific approach. *Psychotherapy*, 51, 207-219.

Berger T, Caspar F, Richardson R, Kneubühler B, Sutter D, Andersson G. (2011). Internet-based treatment of social phobia: A randomized controlled trial comparing unguided with two types of guided self-help. *Behaviour Research and Therapy*, 48, 158-169.

Berger T, Hohl E, Caspar F. (2009). Internet-based treatment for social phobia: A randomized controlled trial. *Journal of Clinical Psychology*, 65, 1021-1035.

Bergström J, Andersson G, Karlsson A, Andréewitch S, Rück C, Carlbring P et al. (2009). An open study of the effectiveness of Internet treatment for panic disorder delivered in a psychiatric setting. *Nordic Journal of Psychiatry*, 63, 44-50.

Bergström J, Andersson G, Ljótsson B, Rück C, Andréewitch S, Karlsson A et al. (2010). Internet- versus group-administered cognitive behaviour therapy for panic disorder in a psychiatric setting: A randomised trial. *BMC Psychiatry*, 10, 54.

Boettcher J, Berger T, Renneberg B. (2012). Does a pre-treatment diagnostic interview affect the outcome of Internet-based self-help for social anxiety disorder? A randomized controlled trial. *Behavioural and*

*Cognitive Psychotherapy*, 40, 513-528.

Botella C, Gallego MJ, Garcia-Palacios A, Guillen V, Baños RM, Quero S et al. (2010). An Internet-based self-help treatment for fear of public speaking: A controlled trial. *Cyberpsychology, Behavior and Social Networking*, 13, 407-421.

Carlbring P, Apelstrand M, Sehlin H, Amir N, Rousseau A, Hofmann S et al. (2012). Internet-delivered attention bias modification training in individuals with social anxiety disorder: A double blind randomized controlled trial. *BMC Psychiatry*, 12, 66.

Carlbring P, Bergman Nordgren L, Furmark T, Andersson G. (2009). Long term outcome of Internet-delivered cognitive-behavioural therapy for social phobia: A 30-month follow-up. *Behaviour Research and Therapy*, 47, 848-850.

Carlbring P, Bohman S, Brunt S, Buhrman M, Westling BE, Ekselius L et al. (2006). Remote treatment of panic disorder: A randomized trial of Internet-based cognitive behavior therapy supplemented with telephone calls. *American Journal of Psychiatry*, 163, 2119-2125.

Carlbring P, Ekselius L, Andersson G. (2003). Treatment of panic disorder via the Internet: A randomized trial of CBT vs. applied relaxation. *Journal of Behavior Therapy and Experimental Psychiatry*, 34, 129-140.

Carlbring P, Gunnarsdóttir M, Hedensjö L, Andersson G, Ekselius L, Furmark T. (2007). Treatment of social phobia: Randomized trial of Internet-delivered cognitive behavioural therapy with telephone support. *British Journal of Psychiatry*, 190, 123-128.

Carlbring P, Maurin L, Törngren C, Linna E, Eriksson T, Sparthan E et al. (2011). Individually-tailored, internet-based treatment for anxiety disorders: A randomized controlled trial. *Behaviour Research and Therapy*, 49, 18-24.

Carlbring P, Nilsson-Ihrfelt E, Waara J, Kollenstam C, Buhrman M, Kaldo V et al. (2005). Treatment of panic disorder: Live therapy vs. self-help via Internet. *Behaviour Research and Therapy*, 43, 1321-1333.

Carlbring P, Westling BE, Ljungstrand P, Ekselius L, Andersson G. (2001). Treatment of panic disorder via the Internet: A randomized trial of a self-help program. *Behavior Therapy*, 32, 751-764.

Cuijpers P, Marks I, van Straten A-M, Cavanagh K, Gega L, Andersson G. (2009). Computer-aided psychotherapy for anxiety disorders: A meta-analytic review. *Cognitive Behaviour Therapy*, 38, 66-82.

Dagöö J, Asplund RP, Bsenko HA, Hjerling S, Holmberg A, Westh S et al. (2014). Cognitive behavior therapy versus interpersonal psychotherapy for social anxiety disorder delivered via smartphone and computer: A randomized controlled trial. *Journal of Anxiety Disorders*, 28, 410-417.

Furmark T. (2002). Social phobia: Overview of community surveys. *Acta Psychiatrica Scandinavica*, 105, 84-93.

Hedman E, Andersson E, Ljótsson B, Andersson G, Rück C, Lindefors N. (2011b). Cost-effectiveness of Internet-based cognitive behavior therapy vs. cognitive behavioral group therapy for social anxiety disorder: Results from a randomized controlled trial. *Behaviour Research and Therapy*, 49, 729-736.

Hedman E, Andersson G, Andersson E, Ljótsson B, Rück C, Asmundson GJ et al. (2011d). Internet-based cognitive-behavioural therapy for severe health anxiety: Randomised controlled trial. *British Journal of Psychiatry*, 198, 230-236.

Hedman E, Andersson G, Ljótsson B, Andersson E, Rück C, Mörtberg E et al. (2011a). Internet-based cognitive behavior therapy vs. cognitive behavioral group therapy for social anxiety disorder: A randomized controlled non-inferiority trial. *PloS ONE*, 6(3), e18001.

Hedman E, Furmark T, Carlbring P, Ljótsson B, Rück C, Lindefors N et al. (2011c). A 5-year follow-up of Internet-based cognitive behaviour therapy for social anxiety disorder. *Journal of Medical Internet*

*Research*, 13(2), e39.

Hedman E, Ljótsson B, Rück C, Bergström J, Andersson G, Kaldo V et al. (2013). Effectiveness of Internet-based cognitive behaviour therapy for panic disorder in routine psychiatric care. *Acta Psychiatrica Scandinavica*, 128, 457-467.

Hilvert-Bruce Z, Rossouw PJ, Wong N, Sunderland M, Andrews G. (2012). Adherence as a determinant of effectiveness of Internet cognitive behavioural therapy for anxiety and depressive disorders. *Behaviour Research and Therapy*, 50, 463-468.

Hirai M, Clum GA. (2005). An Internet-based self-change program for traumatic event related fear, distress, and maladaptive coping. *Journal of Traumatic Stress*, 18, 631-636.

Hofmann SG, Heinrichs N, Moscovitch DA. (2004). The nature and expression of social phobia: Toward a new classification. *Clinical Psychology Review*, 24, 769-797.

Ivarsson D, Blom M, Hesser H, Carlbring P, Enderby P, Nordberg R et al. (2014). Guided Internet-delivered cognitive behaviour therapy for post-traumatic stress disorder: A randomized controlled trial. *Internet Interventions*, 1, 33-40.

Johansson R, Björklund M, Hornborg C, Karlsson S, Hesser H, Ljótsson B et al. (2013). Affect-focused psychodynamic psychotherapy for depression and anxiety through the Internet: A randomized controlled trial. *PeerJ*, 1, e102.

Johansson R, Sjöberg E, Sjögren M, Johnsson E, Carlbring P, Andersson T et al. (2012). Tailored vs. standardized Internet-based cognitive behavior therapy for depression and comorbid symptoms: A randomized controlled trial. *PLoS ONE*, 7(5), e36905.

Johnston L, Titov N, Andrews G, Spence J, Dear BF. (2011). A RCT of a transdiagnostic Internet-delivered treatment for three anxiety disorders: Examination of support roles and disorder-specific outcomes. *PLoS ONE*, 6(11), e28079.

Kiropoulos LA, Klein B, Austin DW, Gilson K, Pier C, Mitchell J et al. (2008). Is Internet-based CBT for panic disorder and agoraphobia as effective as face-to-face CBT? *Journal of Anxiety Disorders*, 22, 1273-1284.

Klein B, Mitchell J, Gilson K, Shandley K, Austin D, Kiropoulos L et al. (2009). A therapist-assisted Internet-based CBT intervention for posttraumatic stress disorder: Preliminary results. *Cognitive Behaviour Therapy*, 38, 121-131.

Klein B, Richards JC. (2001). A brief Internet-based treatment for panic disorder. *Behavioural and Cognitive Psychotherapy*, 29, 113-117.

Lange A, Rietdijk D, Hudcovicova M, van den Ven J-P, Schrieken B, Emmelkamp PMG. (2003). Interapy: A controlled randomized trial of the standardized treatment of posttraumatic stress through the Internet. *Journal of Consulting and Clinical Psychology*, 71, 901-909.

Litz BT, Engel CC, Bryant RA, Papa A. (2007). A randomized, controlled proof-of-concept trial of an Internet-based, therapist-assisted self-management treatment for posttraumatic stress disorder. *American Journal of Psychiatry*, 164, 1676-1683.

March S, Spence SH, Donovan CL. (2009). The efficacy of an Internet-based cognitive-behavioral therapy intervention for child anxiety disorders. *Journal of Pediatric Psychology*, 34, 474-487.

Mewton L, Sachdev PS, Andrews G. (2013). A naturalistic study of the acceptability and effectiveness of Internet-delivered cognitive behavioural therapy for psychiatric disorders in older Australians. *PLoS ONE*, 8(8), e71825.

Mewton L, Wong N, Andrews G. (2012). The effectiveness of Internet cognitive behavioural therapy for generalized anxiety disorder in clinical practice. *Depression and Anxiety*, 29, 843-849.

Neubauer K, von Auer M, Murray E, Petermann F, Helbig-Lang S, Gerlach AL. (2013). Internet-delivered attention modification training as a treatment for social phobia: A randomized controlled trial. *Behaviour Research and Therapy*, 51, 87-97.

Paxling B, Almlöv J, Dahlin M, Carlbring P, Breitholtz E, Eriksson T et al. (2011). Guided Internet-delivered cognitive behavior therapy for generalized anxiety disorder: A randomized controlled trial. *Cognitive Behaviour Therapy*, 40, 159-173.

Richards JC, Klein B, Austin DW. (2006). Internet cognitive behavioural therapy for panic disorder: Does the inclusion of stress management information improve end-state functioning? *Clinical Psychologist*, 10, 2-15.

Robinson E, Titov N, Andrews G, McIntyre K, Schwencke G, Solley K. (2010). Internet treatment for generalized anxiety disorder: A randomized controlled trial comparing clinician vs. technician assistance. *PloS ONE*, 5(6), e10942.

Ruggiero KJ, Resnick HS, Acierno R, Coffey SF, Carpenter MJ, Ruscio AM et al. (2006). Internet-based intervention for mental health and substance use problems in disaster-affected populations: A pilot feasibility study. *Behavior Therapy*, 37, 190-205.

Ruscio AM, Brown TA, Chiu WT, Sareen J, Stein MB, Kessler RC. (2008). Social fears and social phobia in the USA: Results from the National Comorbidity Survey Replication. *Psychological Medicine*, 38, 15-28.

Ruwaard J, Broeksteeg J, Schrieken B, Emmelkamp P, Lange A. (2010). Web-based therapist-assisted cognitive behavioral treatment of panic symptoms: A randomized controlled trial with a three-year follow-up. *Journal of Anxiety Disorders*, 24, 387-396.

Ruwaard J, Lange A, Schrieken B, Dolan CV, Emmelkamp P. (2012). The effectiveness of online cognitive behavioral treatment in routine clinical practice. *PLoS ONE*, 7(7), e40089.

Schneider AJ, Mataix-Cols D, Marks IM, Bachofen M. (2005). Internet-guided self-help with or without exposure therapy for phobic and panic disorders. *Psychotherapy and Psychosomatics*, 74, 154-164.

Shandley K, Austin DW, Klein B, Pier C, Schattner P, Pierce D et al. (2008). Therapist-assisted, Internet-based treatment for panic disorder: Can general practitioners achieve comparable patient outcomes to psychologists? *Journal of Medical Internet Research*, 10(2), e14.

Silfvernagel K, Carlbring P, Kabo J, Edström S, Eriksson J, Månson L et al. (2012). Individually tailored Internet-based treatment of young adults and adults with panic symptoms: A randomized controlled trial. *Journal of Medical Internet Research*, 14(3), e65.

Spence J, Titov N, Dear BF, Johnston L, Solley K, Lorian C et al. (2011). Randomized controlled trial of Internet-delivered cognitive behavioral therapy for posttraumatic stress disorder. *Depression and Anxiety*, 28, 541-550.

Spence SH, Donovan CL, March S, Gamble A, Andersson R, Prosser S et al. (2011). A randomized controlled trial of online versus clinic-based CBT for adolescent anxiety. *Journal of Consulting Clinical Psychology*, 79, 629-642.

Taylor CB. (2006). Panic disorder. *British Medical Journal*, 332, 951-955.

Taylor S. (2000). *Understanding and treating panic disorder: Cognitive-behavioral approaches*. Chichester: Wiley.

Tillfors M, Carlbring P, Furmark T, Lewenhaupt S, Spak M, Eriksson A et al. (2008). Treating university students with social phobia and public speaking fears: Internet delivered self-help with or without live group exposure sessions. *Depression and Anxiety*, 25, 708-717.

Titov N, Andrews G, Johnston L, Robinson E, Spence J. (2010). Transdiagnostic Internet treatment for anxiety disorders: A randomized controlled trial. *Behaviour Research and Therapy*, 48, 890-899.

Titov N, Andrews G, Robinson E, Schwencke G, Johnston L, Solley K et al. (2009a). Clinician-assisted Internet-based treatment is effective for generalized anxiety disorder: Randomized controlled trial. *Australian and New Zealand Journal of Psychiatry*, 43, 905-912.

Titov N, Andrews G, Schwencke G, Drobny J, Einstein D. (2008). Shyness 1: Distance treatment of social phobia over the Internet. *Australian and New Zealand Journal of Psychiatry*, 42, 585-594.

Titov N, Dear BF, Schwencke G, Andrews G, Johnston L, Craske MG et al. (2011). Transdiagnostic Internet treatment for anxiety and depression: A randomised controlled trial. *Behaviour Research and Therapy*, 49, 441-452.

Titov N, Gibson M, Andrews G, McEvoy P. (2009b). Internet treatment for social phobia reduces comorbidity. *Australian and New Zealand Journal of Psychiatry*, 43, 754-759.

Tulbure BT, Szentagotai A, David O, Stefan S, Månsson KNT, David D et al. (2015). Internet-delivered cognitive-behavioral therapy for social anxiety disorder in Romania: A randomized controlled trial. *PLoS ONE*, 10(5), e0123997.

Tyrer P, Baldwin D. (2006). Generalised anxiety disorder. *Lancet*, 368, 2156-2166.

Vigerland S, Thulin U, Ljótsson B, Svirsky L, Öst L-G, Lindefors N et al. (2013). Internet-delivered CBT for children with specific phobia: A pilot study. *Cognitive Behaviour Therapy*, 42, 303-314.

Wagner B, Knaevelsrud C, Maercker A. (2006). Internet-based cognitive-behavioral therapy for complicated grief: A randomized controlled trial. *Death Studies*, 30, 429-453.

Wagner B, Schulz W, Knaevelsrud C. (2012). Efficacy of an Internet-based intervention for posttraumatic stress disorder in Iraq: A pilot study. *Psychiatry Research*, 195, 85-88.

Wims E, Titov N, Andrews G, Choi I. (2010). Clinician-assisted Internet-based treatment is effective for panic: A randomized controlled trial. *Australian and New Zealand Journal of Psychiatry*, 44, 599-607.

Wootton BM, Dear BF, Johnston L, Terides MD, Titov N. (2013). Remote treatment of obsessive-compulsive disorder: A randomized controlled trial. *Journal of Obsessive-Compulsive and Related Disorders*, 2, 375-384.

Zou JB, Dear BF, Titov N, Lorian CN, Johnston L, Spence J et al. (2012). Brief Internet-delivered cognitive behavioral therapy for anxiety in older adults: A feasibility trial. *Journal of Anxiety Disorders*, 26, 650-655.

## 参考文献

Andersson G, Carlbring P, Ljótsson B, Hedman E. (2013). Guided Internet-based CBT for common mental disorders. *Journal of Contemporary Psychotherapy*, 43, 223-233.

Hedman E, Ljótsson B, Lindefors N. (2012). Cognitive behavior therapy via the Internet: A systematic review of applications, clinical efficacy and cost-effectiveness. *Expert Review of Pharmacoeconomics and Outcomes Research*, 12, 745-764.

Marks IM, Cavanagh K, Gega L. (2007). *Hands-on help. Maudsley monograph no. 49*. Hove: Psychology Press.

# 第9章
# 身体症状に対するガイド付きICBT

> **この章で学ぶこと** この章では、以下のことを学ぶ
> - 精神症状を伴う身体疾患に対するガイド付きICBTの効果的な適用法
> - 身体疾患に対する様々なプログラムの内容
> - 研究での効果と臨床現場での有効性
> - その他のアプローチと将来の課題

**ケース** マリアは、秘書としてずっと現役生活を続けていた。結婚生活も順調で子どもは二人いた（どちらもすでに自立していた）。彼女と夫は、近所のパブで時間を過ごすことがあった。2年前には一緒に地元ロックバンドの演奏を聴きに行ったが、彼女の席が少しスピーカーに近過ぎたため、イベント後にたえず耳が鳴り響くようになった（耳鳴り）。はじめはショックだった。しかし、やがて以前ほどは気にならなくなった。現在2年が経過したが、耳鳴りの問題はまだ続いており、いくらか悪化もしていた。彼女は疲労を覚えて、以前ほど効率的に働けなくなった。病院では、いくつかの助言と聴覚テストを受けたが、聴覚に異常が認められなかったので、それ以上の治療は受けられなかった。また、彼女は聴覚過敏であった。そのため、騒々しくなるとわかるときには、パブには決して出かけなかった。ある日、ほとんど偶然に幼なじみと道で出会い、彼の耳鳴りの話を聞いた。彼は今、地元の大学病院の研究プロジェクトであるインターネット療法を受け始めたところであった。マリアが研究者に連絡をとると、面接に呼ばれた。その後、彼女はICBTを受けた。耳鳴りの程度はほぼ変わらなかったものの、ICBTのおかげで、彼女は、これまで以上に耳鳴りに馴れることができた。治療中に彼女はリラクセーションとコーピングを学び、日常生活に活かすこともできた。

## 身体症状に対するガイド付きICBT

筆者が初めてICBT研究に携わったのは、頭痛研究であった（Ström et al., 2000）。その1990年代後半以降、筆者らは身体疾患の研究を続けている。世界には他にも、ガイド付きICBTの研究で身体疾患に焦点を当てるグループがいる。実際、様々

な形式のICBTが開発され、身体的問題に対する効果が検証されている（Hedman et al., 2012参照）。ただし、必ずしもすべてのプログラムがCBTに基づくわけではない。サポートやガイドがないものも多い。例えば、不眠症のプログラムには、第5章で扱ったシャット・アイがある。

　この章では、ガイド付きICBTに当てはまる様々なプログラムやアプローチを紹介する。全体的に見て、前の2章（うつ病や不安障害）でレビューしたアプローチや研究と大きく変わらない。精神症状と身体症状に対するCBTの適用の仕方には重なりがあるが、調整が必要になることもある。ICBTのプログラムを、特定の身体的問題（過敏性腸症候群〔IBS〕など）に合わせるのである。

　身体的問題の心理療法では、一般的に、学際的な知識が求められ、目の前の病状についてアセスメントと診断を的確に行うことが必要とされる。こうした理由のために、医療の専門家を含めるべきである。身体的問題については医学的説明がつかないことも多いが、治療できる原因や複合要因が見つかるかもしれないので、生物・心理・社会的な視点が求められる。IBSについては、例えば、悪性基礎疾患のリスクがあるケースを見つけることが重要である。耳鳴りや慢性疼痛、不眠症、その他の状態についても同じことが言える。もっとも、通常の患者であれば、医学的見地からすでに検査を受けていることが多いだろう。がんのような疾患では、基礎疾患の治療が行われてからICBTを提供する。

　これから、いくつかの身体症状に対するプログラムをレビューする。研究領域は急速に拡大しているので、取り上げられなかったプログラムもあるかもしれない。ここでの情報は、筆者らの経験に基づくものである。筆者らがいち早く、ガイド付きICBTを身体的問題に適用し、また、おそらく同様に、ICBTを病院の通常診療に導入したからである。

### ■頭痛

　筆者のグループが最初に開発したのは、慢性頭痛に対するプログラムである。これはかなり旧式のITソリューションであって、テキストファイルのメールでやりとりしていた（Ström et al., 2000）。プログラム内容には、リラクセーションや時間管理、問題解決が含まれていた。プログラム期間は6週間であった。フォームや登録情報はインターネット経由で収集したが、すぐに、この方法には、従来のデータ収集法を超える利点があることがわかった。この初めての比較試験には、参加者102名が含まれ、治療または統制条件にランダムに割り付けられた。残念なことに、この研究ではドロップアウト率が相当に高かった（治療群で52％）。しかし、この本で見てきたように、後年、筆者らは、ドロップアウトを防ぐ方法を見つけた。全般的なガイドを行い、明確な締め切りを設定すれば、身体的問題の研究でも、ドロップアウトを大幅に減らすことができる。最初の頭痛研究は中程度の効果であったが、治療の新しい提供法として大変有望だったので、研究を

続けた。

　2番目の頭痛研究では、ほぼ同じプログラムを使用したが、定期的な電話連絡を加えることで、効果とアドヒアランスの向上を図った（Andersson et al., 2003）。参加者44名の比較的小規模な研究であり、ウェイティングリスト統制群は設定しなかった。対照群のドロップアウト率は35％であったが、電話サポート群は29％に抑えることができた。結果として、頭痛関連の障害が有意に軽減された。ただし、筆者の印象では、比較的重篤で、慢性的な参加者が集まっており、頭痛指数と呼ばれる指標では著しい効果が認められなかった（最初の研究では効果が示されていた）。これ以来、筆者らは頭痛の研究はまったく行っていない。この治療はリバンダ（Livanda）という民間企業で実施された。

　米国の別の研究グループが、筆者らの研究に触発されて、別の研究を行った（Devineni & Blanchard, 2005）。彼らのプログラムには、漸進的リラクセーション（漸進的筋弛緩法）、自律訓練法と簡易的バイオフィードバック[*1]、そして、ストレス管理が含まれていた。この研究の参加者は139名であり、治療条件かウェイティングリスト統制条件に割り振られた。ドロップアウト率は38％であり、先行するスウェーデンの頭痛研究とほぼ同等であった（最新研究と比べれば高い）。結果として、頭痛指数に大きな効果が示された（$d$=0.88）。38.5％の参加者には、（頭痛指数の50％改善と定義された）臨床的に意味のある改善が示された。

　第三の研究グループも頭痛に対するICBTを開発し、効果を検証したが、小児や青年を対象としていた（Trautmann & Kröner-Herwig, 2010）。彼らの研究では、68名の参加者が含まれ、結果は治療群に有利なものであった。ドロップアウトはかなり少なかった（ICBT条件では5名のみ）。

　筆者が知る限り、頭痛のプログラムは、さらに二つ存在している。偏頭痛に焦点を当てたプログラムである（Bromberg et al., 2012; Hedborg & Muhr, 2011）。どちらの効果も期待できるものであった。全体的に見ると明白なことだが、頭痛に対するICBTについては、もっと多くの研究が求められている。頭痛は、社会的コストが高く、一般的な問題でもある。薬の服用は別として、適切な治療が行われないままであることが多い（Andrasik, 2007）。

## ■慢性疼痛

　慢性疼痛は、ICBT研究のテーマとされてきた。初期の研究の一つは、筆者らの研究グループが実施したものである（例：Buhrman et al., 2004）。複数のプログラムやバージョンが存在しており、現在ではメタアナリシスを行えるほどの研究が存在すると見られている（Macea et al., 2010）。疼痛プログラムの内容には、しばしば、疼痛を管理する治療の学際的な性質が現れており、リラクセーションや認知療法、理学療法が含まれることが多い。

　筆者の研究グループは、慢性疼痛に対する一連の比較試験を行った。最初の研

究では（参加者56名）、6週間の治療群とウェイティングリスト統制群を設けた。結果として、痛みの破局化が軽減し（Buhrman et al., 2004）、ドロップアウト率はわずかに9％であった（5名）。これは参加者に定期的な電話連絡を行ったことが原因と考えられた。そのため、二つ目の疼痛研究では、電話連絡を外す一方で、診断を保障するために実際の診断面接を加えた（Buhrman et al., 2011）。この研究では（参加者54名）、痛みの破局化について、若干弱いが、それでもなお有意な効果が示された。このプログラムは、最初の研究のものよりも長く、網羅的なものとなっていたが、ドロップアウト率がやはり低かった（5名）。

慢性疼痛にはリハビリテーションの効果が認められるが、再発率の問題もよく知られている（Williams et al., 2012）。筆者らは、この問題を一つの研究で取り上げた。ペインクリニックの患者で、以前リハビリを受けたにもかかわらず、残存痛の問題がある人を募集した（Buhrman et al., 2013a）。72名の患者を含めて、8週間の治療条件（ガイド付きICBT）、または、管理されたオンラインディスカッションフォーラムへの参加を促す統制群にランダムに割り付けた。治療プログラムには、患者が以前病院で受けたリハビリプログラムに沿ったものを適用した。結果として、やはり、痛みの破局化の尺度で効果が認められた。6か月後のフォローアップでも、改善の持続が示された。この研究は独創的なものである。痛みのような慢性症状には継続的治療が求められる可能性があるが、医療のリソースは限られている。ICBTが費用対効果の高い選択肢になることが示された。

筆者らの疼痛研究では効果が比較的弱かったので（疼痛のCBT全般がそうだったので）、別のアプローチを採用することにした。アクセプタンス＆コミットメント・セラピーに基づくプログラムを開発した（Buhrman et al., 2013b）。この内容については表9.1に示した。筆者らは、慢性疼痛患者76名を募集し、7週間の治療群、または管理されたオンラインディスカッションフォーラムに参加する統制群にランダムに割り付けた。その結果、日常活動への取り組みと痛みの受容が有意に増加していた。また、痛みに関わる苦悩や不安、抑うつの症状が有意に軽減していた。6か月後のフォローアップでも、改善は持続していた。もっとも、不安やうつ病の治療で通常目にする結果と比べれば、効果は控えめであり、効果量なども中程度であった。もう一つ、スウェーデンで実施された疼痛管理プログラムの研究では、期待できる結果が示された（Brattberg, 2006）。全体的に見て、疼痛の領域では研究が非常に活発に進められている。

慢性疼痛のICBTの効果は（他の疾患と比べると）やや物足りないが、オーストラリアのグループ（ブレイク・ディア〔Blake Dear〕とニック・ティトフ〔Nick Titov〕ら）が行った研究では、興味深いことに大きな治療効果が示されている。ペインコース（Pain Course）のプログラムについては表9.1に示した。例は図9.1に示す。比較試験では、疼痛をもつ参加者63名が含まれ、即時治療群またはウェイティングリスト統制群に割り付けられた。3か月後のフォローアップも行われ

表9.1 身体疾患について選択したプログラムの内容

| プログラム、作られた国 | 治療期間とモジュール数 | 主な内容 | 提示の仕方 | 使用に役立つ参考文献 |
|---|---|---|---|---|
| 慢性疼痛のためのACT<br>(ACT for chronic pain)<br>スウェーデン | ・7週間<br>・8モジュール | ・心理教育、マインドフルネス、脱フュージョン*3、目標設定、価値観、受容、メンテナンス、ACTから採用したすべての手順<br>・ホームワーク | ・ダウンロード可能なPDFファイルと画面上のテキスト<br>・指導用音声ファイル<br>・セキュアな連絡処理システムを用いたホームワークとガイド | Buhrman et al., 2013b |
| ペインコース<br>(The Pain Course)<br>オーストラリア | ・8週間の五つのオンライン講座 | ・心理教育、認知療法、呼吸調整、活動記録、ペース配分と再発予防を扱う講座<br>・ホームワークと九つの資料（睡眠衛生、慢性疼痛治療、問題解決、アサーティブネス、注意訓練と中核信念） | ・オンラインの音声講座、自動化されたメール、週1回の電話連絡、セキュアなメールのやりとり | Dear et al., 2013 |
| 過敏性腸症候群治療<br>(IBS treatment)<br>スウェーデン | ・10週間のモジュール（五つの順次的段階に分かれている） | ・心理教育、マインドフルネス、エクスポージャーに関するモジュール<br>・ホームワーク | ・ダウンロード可能なPDFファイルと画面上のテキスト<br>・セキュアな連絡処理システムを用いたホームワークとガイド | Ljótsson, Falk et al., 2010b |
| 耳鳴りに対するICBT<br>(ICBT for tinnitus)<br>スウェーデン | ・6〜9週間の治療<br>・11モジュールと五つの選択のモジュール | ・6ステップの応用リラクセーション、肯定的イメージ、注意訓練、耳鳴りへのエクスポージャー、音質向上、2ステップの認知的再体制化、睡眠管理、集中訓練、聴覚過敏、聴覚戦略<br>・再発予防 | ・上記に類似 | Kaldo et al., 2008 |

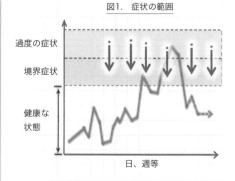

図9.1　ディア（Dear）とティトフ（Titov）のペインコース

た。精神健康に関する標準化尺度と痛みに関連した苦悩の尺度が用いられた。プログラムの効果は中程度以上のものであった。特に、痛みの破局化や運動恐怖、能力障害に強い効果が認められた。今日まで、慢性疼痛に対するICBTに関しては、この研究結果が最も期待できるものであろう。

その他にも、痛みや関連症状を扱った研究がある。例えば、多発性硬化症の疲労についての比較試験では、良い結果が示されている（Moss-Morris et al., 2012）。親と子どもを対象としたCBTに基づく家族支援（Palermo et al., 2009）や、疼痛をもつ小児と青年の研究（Hicks et al., 2006）も行われている。総じて、慢性疼痛症状に対するICBTは期待がもてる研究分野と言える。

■ 過敏性腸症候群（IBS）

IBSは、胃腸の一般的な機能障害である。多くの国々で、成人人口の5〜11％に見られる。IBSは、腹痛、または下痢や便秘による不快感などの症状を伴う（Blanchard, 2001）。IBSに対しては、二つの研究グループが別個にICBTを開発している。最初の研究を行ったハントら（Hunt et al., 2009）は、5週間のプログラムを使い、小規模な比較試験を行った。合計31名の参加者が治療条件またはウェイティングリスト統制条件にランダムに振り分けられた。治療には、心理教育や認知療法、破局的思考への対処、エクスポージャー療法、そして、行動実験に関するモジュールが含まれていた。治療効果は大きいものであったが、相当なドロップアウト率であった（治療群で38％）。筆者が知る限り、このプログラムを用いた研究は最近行われていない。

この米国でのプログラムの開発とほぼ同時期に、スウェーデンの筆者らも開発

を行った。はじめは対面式のオープン研究で検証したが（Ljótsson et al., 2010a）、後に、インターネット形式に移したものである。その後の比較試験では（Ljótsson, Falk et al., 2010b）、ICBT プログラムの効果を検証した（表9.1参照）。参加者86名を含め、治療条件または統制条件（オンラインディスカッションフォーラム）にランダムに振り分けた。ドロップアウトは少なかった（5％）。群間の効果は、IBS症状や副次的評価項目について、中程度以上のものであった。主要評価項目（IBS向けに修正された消化管症状評価尺度〔Gastrointestinal Symptom Rating Scale; GSRS-IBS〕）については、群間の効果が大きかった（コーエンの $d$=1.21）。効果は、3か月後のフォローアップ、そして、1年後のフォローアップでも持続されていた。

　スウェーデンのIBSプログラムについては、さらなる検証を行った。有効性研究の一つでは、筆者らが消化器内科から参加者を募集した（Ljótsson et al., 2011a）。61名の患者を10週間のICBTまたはウェイティングリスト統制条件にランダムに振り分けた。医療経済データも取得した。消化管症状評価尺度について、群間の効果量は、コーエンの $d$=0.77であった。ICBT群に見られた改善は、12か月後のフォローアップでも維持されていた。ICBTは、ウェイティングリスト統制条件よりも、費用対効果が高かった。87％の確率で、社会的コストの削減と臨床的な効果がもたらされた。

　今日までに出版された最大の研究は、リョットソンら（Ljótsson et al., 2011b）である。インターネットによる信憑性の高いストレス管理条件と比べて、ICBTプログラムの効果が検証された。これは、効果ありと思われる統制条件に対してICBTの効果が検証された、数少ない研究の一つである（このことは同様の信憑性評価が行われることで確認された）。参加者195名が含まれ、ICBT（エクスポージャーに焦点化したもの）（表9.1）、または、ストレス管理療法（リラクセーション技法や食事の調節、問題解決スキルによる症状コントロールを強調するもの）にランダムに振り分けられた。結果として、ICBT群には、有意な改善が示された。消化管症状評価尺度について、群間の効果はポストテストで $d$=0.38、6か月後のフォローアップで $d$=0.44であった。この研究の結果、このプログラムの特異性が示された。どちらの治療も改善が見られたが、ICBT条件の方がさらに有利だったからである。IBSに対するICBTは、このように有効性がよく確認されている。ただし、独立した追試や改善のメカニズムに関する研究が必要とされている（Ljótsson et al., 2013）。

■耳鳴り

　耳鳴りとは、外部に音源がないにもかかわらず、耳が鳴ったり、その他の音が聞こえたりすることである（Baguley et al., 2013）。多くの場合、耳鳴りが治癒することはないので、CBTが開発された。耳鳴りの苦悩を測る尺度において、中程度

以上の効果が示されている。耳鳴りは筆者の主要な研究分野であり、臨床家として20年間、実践してきた領域である。こうして耳鳴りは、1990年代後半頃、頭痛研究を進めた直後に筆者らが取り組んだことで、ICBT研究の二つ目のテーマになった。

耳鳴りは興味深い。ICBTがほとんどすぐに普及し、1990年代後半から通常診療でも適用されるようになったからである（スウェーデンのウプサラ大学病院オーディオロジー科）。最初の比較試験は、広告で募集した参加者を対象として、その当時に実施した（Andersson et al., 2002）。筆者らのプログラムの初期バージョンであった。参加者117名をサンプルとして、治療条件またはウェイティングリスト統制条件にランダムに振り分けた。治療群には多くのドロップアウトが生じたが（51％）、1年後のフォローアップで復帰した参加者もいた。6週間プログラムには、10の治療要素が含まれていた。応用リラクセーション（5段階）や音質向上、不眠の管理、認知療法、集中力と身体活動の助言、そして、最後は再発予防である。

ポストテストでの効果は小さかった。同じプログラムを用いた有効性研究では、多少大きな効果が示されたものの（参加者77名）、統制群が存在していなかった（Kaldo-Sandström et al., 2004）。プログラムはその後、アップデートされ、量も増やされた。新しいバージョンについては表9.1に記載する。スクリーンショットの例は図9.2で示す。小規模な比較試験において、実際の集団療法と効果を比較した（Kaldo et al., 2008）。耳鳴りをもつ51名の参加者を、ガイド付きICBTまたは対面式の集団療法にランダムに割り付けた。両者に有意な群間差は認められず、群内の効果量については、インターネット療法が$d=0.73$、集団療法が$d=0.64$であった。インターネット療法にかかるセラピストの時間は少なかった。それゆえ、集団療法の1.7倍の費用対効果が認められた。

ICBTの耳鳴り治療は、プログラムがわずかに短縮されて、英語に翻訳された。その後、オーストラリアにおいて、統制条件（情報提供のみ）との比較試験が行われた（Abbott et al., 2009）。治療条件は、統制条件より優れた効果を示さず、ドロップアウト率も高かった。

最近の研究で筆者らは、アクセプタンス＆コミットメント・セラピー（ACT）に基づき、耳鳴りを対象とした新しいインターネット療法を開発した（Hesser et al., 2012）。参加者99名の比較試験において、このプログラムを、以前のICBTプログラムや統制条件と比べた。その結果、統制条件に対して、どちらの治療条件でも中程度以上の効果が示された。効果は1年後のフォローアップでも持続していた。こうして、インターネット経由のACTも、同程度に効果的であった。ICBTプログラムは、ドイツ語にも翻訳され、二つの比較試験で効果が検証された。ICBTプログラムの有効性研究（参加者293名）については、中程度の効果が示された（$d=0.58$）（Kaldo et al., 2013）。

最後に、ドイツの研究グループによって、発症直後の耳鳴りに対するプログ

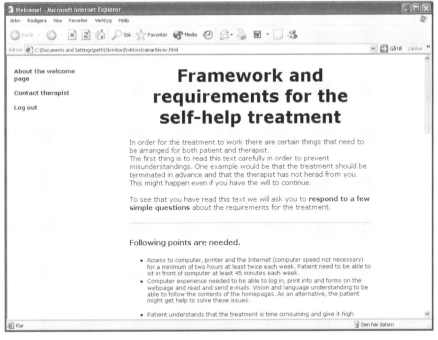

図9.2 スウェーデン、ウプサラ大学病院の耳鳴り治療プログラムの例

ラムが独自に開発され、その効果が検証された。参加者304名の大規模比較試験において、見込みのある結果が示された（Nyenhuis et al., 2013）。まとめると、現在、耳鳴りの苦悩に対しては、比較試験でも臨床現場でも、良い効果が示されている。ただし、控えめな効果も示されている。よくある結論であるが、この分野にも大規模な比較試験が求められている。

■不眠症
不眠症は、精神病理と関連して生活の質を悪化させる、一般的な症状である（Espie, 2002）。自動化されたICBTの研究に加えて（例：Ritterband et al., 2009）、ガイド付きICBTについての研究がある。不眠症は、興味深い。（ガイド付きよりもガイドなしプログラムの方が劣ることが実証された）中等度のうつ病のような精神疾患と比べて、自動化されたプログラムの方が適している可能性があるからである。

不眠症に対するICBTの最初の比較試験は、筆者らがここスウェーデンで行った研究である（Ström et al., 2004）。不眠症をもつ109名の参加者を含めて、治療条件またはウェイティングリスト統制条件にランダムに振り分けた。治療期間は5週間であり、睡眠制限や刺激統制、認知的再体制化を導入した。ドロップアウト率

は24％であった。結果として、多くの指標（合計の睡眠時間、ベッドでの合計の覚醒時間、睡眠効率）において、治療群に有意な改善が認められた。ただし、統制条件にもある程度の改善が認められた。

ビンセントとルウィーキー（Vincent & Lewycky, 2009）は、セラピストとのやりとりを最小限にする比較試験を実施した。118名の参加者を集めたところ、ドロップアウト率は33％であった。しかしながら、結果は、治療条件に有利なものであった（治療を受けた参加者の35％がよく改善したと自己評価した）。

ランシーら（Lancee et al., 2013）の比較試験では、サポートの役割の検証が行われた。参加者129名がランダム化されて不眠症に対するICBT（必要最小限のサポート）に、133名が同一の治療プログラムで、サポートなしの条件に振り分けられた。その結果、ほとんどの睡眠指標と二次的指標において、サポートありの群に有利な結果が明確に示された（$d$=0.3～0.5）。

バン・ストラタンら（van Straten et al., 2014）は、不眠症に対するガイド付きICBTのランダム化比較試験を行った。一般住民から118名の参加者を集めた。参加者は、即時治療群、または、ウェイティングリスト統制群にランダムに割り付けた。治療を受けた参加者の大部分は、プログラムをすべて修了した（72.9％）。結果として、中程度以上の群間の効果量が示された。

結論として、不眠症のガイド付きICBTやガイドなしICBTについては、比較試験が多く行われるようになった。不眠症の文献では、ガイド付き治療がガイドなしよりも優れる、という一般的な知見が示されているかもしれない。しかし、ガイドなし治療にも大きな可能性がある。不眠症の有病率は高く、エビデンスに基づく心理療法へのアクセスが良くないからである。

■がん

がんには様々な種類がある。がんを克服した人も心理的苦痛に悩むことがあるため、心理療法には明確な役割がある（Moorey & Greer, 2002）。オンラインサポートグループについての研究はいくつか行われ、ガイドなしプログラムについても少数の研究が行われている（例：Owen et al., 2005; Ritterband et al., 2012）。しかし、筆者が知る限り、がんの苦悩に対するガイド付きICBTのプログラムや比較試験は、まだ少ししか行われていない。

デイビッドら（David et al., 2013）は、血液がん患者を対象として、ガイド付きICBTの比較試験を行った。患者186名を4週間の治療条件またはウェイティングリスト条件にランダムに振り分けた。この研究では、かなり高いドロップアウト率（治療群44％）が認められたものの、結果として、がん関連の苦悩に有意な改善が示された。

スウェーデンの筆者らは、乳がんと心理的苦痛が続く女性を対象として、ガイド付きICBTの比較試験を行った。ウェイティングリスト群の代わりに、統制群

は、管理されたオンラインディスカッショングループに参加した。この研究には70名の患者が含まれていた。結果として、ポストテストでは、中程度の群間の効果量$d$=0.50が示された。

■ **その他の健康状態**

　その他にも、ICBTの開発や検証が行われた健康状態がある。一つは勃起障害である。少なくとも二つの独立したプログラムと比較試験が存在している。最初のプログラムは、オーストラリアで開発され、効果が検証された（McCabe & Price, 2008）。結果は見込みのあるものであった。もう一つのプログラムは、スウェーデンで筆者らのグループが開発したものである。参加者78名を対象としたところ、最初は群間の効果が認められなかったが（$d$=0.1）、6か月後のフォローアップでは、効果が高まっていた（$d$=0.88）（Andersson et al., 2011）。オランダのグループも比較試験を実施し、インターネットによるセックスセラピーが男性の勃起障害には有効であるが、早漏には効果がないことを示した（van Lankveld et al., 2009）。女性の性機能障害の研究など、この分野にはもっと多くの研究が存在している（Hucker & McCabe, 2014; Jones & McCabe, 2011）。

　もう一つの例は、研究数がやや少ないが、糖尿病である。比較試験において、バン・バステラーら（van Bastelaar et al., 2011）は、1型糖尿病または2型糖尿病と、抑うつの合併症状をもつ人を対象として、ガイド付きICBTの評価を行った。参加者255名を含め、二つの条件を設けた。治療条件とウェイティングリスト統制条件である。ICBTの効果について、すべての参加者を含めた場合は、小さな効果量（$d$=0.29）が認められた。しかし、プログラムの完了者のみを対象とした場合は効果が増していた（$d$=0.70）。ドロップアウト率はポストテストの時点で32％であり、治療群で比較的高かった。全体として、糖尿病と抑うつの合併症状の問題の広がりを考えれば、この知見は重要であるが、その他の疾患と比べると見込みは薄いだろう。この分野には、その他のインターネット療法研究も存在しているが、必ずしもCBTに準拠するものではない（Beatty & Lambert, 2013参照）。

　3番目の例は、心臓病である。インターネットを用いた研究は実際に存在するが、筆者が知る限り、ガイド付きICBTに関する比較試験は行われていない（Munro et al., 2013）。ベティーとランバート（Beatty & Lambert, 2013）のレビューによると、その他にも、てんかんや疲労についての研究が行われていた。この分野は非常に急速に発展しているので、最近は、以前よりも多くの健康状態について研究が行われていると思われる。

■ **ストレス**

　ガイド付きICBTは、ストレス関連の問題にも適しているかもしれない。しかし、筆者のグループが最初の比較試験を2003年に行って以来（Zetterqvist et al.,

2003)、実施された比較試験は少なめである。この研究では、参加者85名を含めて、治療群またはウェイティングリスト統制群にランダムに振り分けた。治療には、応用リラクセーションや問題解決、時間管理、認知的再体制化を含めた。どちらの群にも改善が認められたが、ICBT群の改善の方が大きかった。

　最近の比較試験では、モーレッジら（Morledge et al., 2013）がインターネットによるマインドフルネス訓練の効果を検証した。有望な結果が得られたが、ドロップアウト率が比較的高かった。この分野には研究が多く現れているように思える。異なる標的集団の研究など、例えば、若者（Vliet & Andrews, 2009）や職場のストレス（Ruwaard et al., 2007）を抱えた人に関するものである。

■アディクション

　アディクションの治療にも、いくつかの研究が行われている。アルコール使用（Riper et al., 2011）や喫煙（Civljak et al., 2013）、大麻の使用（Tait et al., 2013）などである。ほとんどの研究は、ガイド付きICBTの関連ではなく、効果量も小から中程度の傾向がある。また別の比較試験で検証されてきた問題は、病的賭博である（Carlbring & Smit, 2008）。これにも前向きな結果が示されている。

■摂食障害と肥満

　摂食障害、特にむちゃ食いや神経性大食症には、ガイド付きセルフヘルプが適していることがわかっている（Fairburn, 2013）。また、ガイド付きセルフヘルプについては何人かの独立した研究グループがインターネットによる検証を行ってきた。
　英国のサンチェス－オルティスら（Sánchez-Ortiz et al., 2011）は、「過食症克服オンライン（Overcoming Bulimia Online）」と呼ばれるプログラムの効果を検証した。比較試験において、神経性大食症または特定不能の摂食障害をもつ参加者76名を含めた。サポートは、電子メールにて行い、治療期間は3か月間であった。ウェイティングリスト統制群と比較したところ、治療群に有利な結果が得られた。これより早く実施されたスウェーデンの研究でも、肯定的な結果が得られている（Ljótsson et al., 2007）。セラピストとのやりとりはインターネット経由で行われたが、セルフヘルプにはフェアバーン（Fairburn）の本である『過食症克服（*Overcoming Binge Eating*）』が使用されていた。第3の例は、インタラピーを開発したオランダのグループによる研究である。インタラピーと同様に過食症状のプログラムを開発し、その効果を比較試験にて検証した。参加者は105名であり、オンラインCBT、読書療法、またはウェイティングリスト統制群にランダムに振り分けた（Ruwaard et al., 2013）。この研究では、オンラインCBTがその他の群よりも勝ることが判明した。そして、1年後も改善が持続していた。これ以外の研究では、参加者155名が対象となり、ガイド付きICBTとガイド付き読書療法が直接、比較されている。この研究では二つの形式に差が認められなかった（Wagner et al., 2013）。

その他にも摂食障害や摂食障害の発症リスクがある人に対して比較試験がいくつか行われているが（Zabinski et al., 2003）、すべてがCBTに準拠しているとは限らない。アードームら（Aardoom et al., 2013）は、摂食障害のインターネット療法について系統的レビューを行った。21の研究を検索して、分析に含めた結果、インターネット療法によって、摂食障害の重症度、および、むちゃ食いや排出の頻度が低下し、生活の質が改善していた。そのため、インターネット療法がウェイティングリスト統制条件に勝っていると結論づけた。この本でくり返し述べた通り、対面式のアセスメントやセラピストによるガイドを含めれば、研究のコンプライアンスが高まることも明らかとなっている。

　最近行われたレビューでも、比較的、少ない研究を対象としたものだが（Dölemeyer et al., 2013）、摂食障害の重症度についてICBTに有利なエビデンスがある、と結論づけられた。筆者の知る限り、ICBTを用いた神経性無食欲症の研究は行われていない。全体として、摂食障害に対するICBTは、研究分野として成長を遂げている。エビデンスに基づく治療の必要性を考えれば、おそらく通常診療にも普及するだろう。

　肥満に対するインターネット療法の研究がいくつか存在する。CBTのプロトコルに準拠した研究も行われている。テイト（Tate, 2011）のレビューでは、インターネット療法によって、電子メール、自動化されたメッセージ、または、チャットルームによるサポートが提供される場合、6か月～1年の間に体重が4～7kg減少すると結論づけられた。他にもいくつか、肥満のICBTを研究しているグループがある（例：Morgan et al., 2009, Arem & Irwin, 2011参照）。全体的に見て、コンプライアンスや長期的な効果の観点から、研究が難しい分野ではあるが、健康に対する肥満の影響を考えれば、さらなる研究が求められている。

■健康上の問題に対するICBTの効果の議論

　この章で見てきた通り、様々な健康や生活の問題に対する取り組みで、ICBTが適用された例は多い。筆者らは数年前にレビューを行っているが（Cuijpers et al., 2008）、それ以降、この分野は急速に発展した。ベティーとランバートの研究（Beatty & Lambert, 2013）は最新のレビューであり、さらに多くの研究を含むが、これからも多くの研究が出版されるだろう。

　こうした熱心な研究活動にもかかわらず、この分野にはあまり一貫性がない。例えば、必ずしもガイドの役割を取り上げているわけではなく、併存する問題に焦点を当てた研究も少ない。予備的な結論として、対面式とICBTの研究を扱った、最新のメタアナリシスによれば（Andersson et al., 2014）、健康問題に対するICBTには、対面式CBTと同程度の効果がある可能性が示された。もっとも、直接比較については、研究はまだほとんど行われていない。健康問題のICBT研究が始められたのは15年ほど前のことなので、展開がゆっくりした領域もある。

この章で扱った健康状態については、それぞれ、効果の媒介変数や調整変数に関する研究が求められている。ICBTがどのような人に適しているかくわしく知る必要がある。また、変化のメカニズムについての研究も望まれるだろう。健康問題のICBTは長期的効果が研究されているが、大抵は治療後1年間程度である。長期的な効果はよくわかっていない。研究活動の点では、身体の分野においても有効性の研究が遅れている（Andersson & Hedman, 2013）。データが公表されたICBTで、通常診療として実施されている例はわずかである。

精神疾患に対する場合と同様に、身体的問題に対してICBTを適用する際にもいくつかの課題や必要性が生じる。一つの心配として、適切な診断が求められている。対面式のやりとりなしで、問題の自己報告だけを取り上げれば、誤診につながるからである。例えば、まれなことではあるが、片側性の耳鳴りは良性腫瘍、すなわち、前提神経鞘腫（聴神経腫瘍とも呼ばれる）の徴候であるかもしれない。直ちに手術を要することもあり、当然、検査が必要となる。頭痛については、より深刻な神経学的疾患である可能性がある。胃痛も重篤な疾患の症状であることがある。こうした問題は、ICBTの実施前に、一応は、かかりつけ医の診察を受けるように勧めることで、少なくとも部分的には回避できる。しかし、もう一つの選択肢としては、いずれにせよ患者を診察し、診断を行う現場でICBTを提供することである。

二つ目の心配は、ICBTに対する態度や他のサービスとの兼ね合いについてである。以前に述べたことだが、身体面の医療において、一般的に心理療法は標準的な治療法ではないかもしれない。したがって、ICBTは、CBTの一つの形式であり、まったく違うものではないということを丁寧に説明する必要があるかもしれない。

ICBTを適用するにあたって、三つ目の心配は、サービスを提供する臨床家の役割についてである。ICBTには特別な訓練が求められるが、その他の専門家が患者とのやりとりを行う場合には、スーパービジョンの方策を練る必要がある。

ICBTについての四つ目の問題は、技術的な解決策についてである。スウェーデンでは、患者はしばしば、インターネットで医療の窓口にアクセスする。こうしてICBTのポータルにたどり着くこともできる。しかし、他の多くの国々では状況が異なる。つねにそうであるが、通常診療にICBTを適用する場合は特に、患者のセキュリティが非常に重要となる。

### 実用的な意義とキーポイント

- 広い範囲の健康問題と生活問題に対して、ICBTが開発され、検証されてきた。
- 多くの健康問題に対して、ICBTは対面式CBTと同程度に効果があるようである。耳鳴りの苦悩に対する治療がその一例である。

- 頭痛などの身体的問題に加えて、摂食障害や肥満、アディクション、ストレスに対しても、ICBTの開発が行われてきた。
- ICBTを通常の医療に導入する際には、考慮すべき問題がある。ICBTを患者に勧める前に、適切な診断手続きが求められる。

● 訳　注
* 1　**簡易的バイオフィードバック**：被験者は自らの手を額や顔などに当てることで、リラックスしたときの手の温度をセルフ・モニタリングする。
* 2　**痛みの破局化**：痛みの対処方略質問紙における破局的思考の尺度得点のこと。
* 3　**脱フュージョン**：アクセプタンス＆コミットメント・セラピーの技法の一つであり、現在進行中の認知的なプロセスと認知内容を切り離す方法と言われる。

● 引用文献

Aardoom JJ, Dingemans AE, Spinhoven P, Van Furth EF. (2013). Treating eating disorders over the Internet: A systematic review and future research directions. *International Journal of Eating Disorders*, 46, 539-552.

Abbott JM, Kaldo V, Klein B, Austin D, Hamilton C, Piterman L et al. (2009). A cluster randomised controlled trial of an Internet-based intervention program for tinnitus distress in an industrial setting. *Cognitive Behaviour Therapy*, 38, 162-173.

Andersson E, Walén C, Hallberg J, Paxling B, Dahlin M, Almlöv J et al. (2011). A randomized controlled trial of guided Internet-delivered cognitive behavioral therapy for erectile dysfunction. *Journal of Sexual Medicine*, 8, 2800-2809.

Andersson G, Cuijpers P, Carlbring P, Riper H, Hedman E. (2014). Guided Internet-based vs. face-to-face cognitive behaviour therapy for psychiatric and somatic disorders: A systematic review and meta-analysis. *World Psychiatry*, 13, 288-295.

Andersson G, Hedman E. (2013). Effectiveness of guided Internet-based cognitive behavior therapy in regular clinical settings. *Verhaltenstherapie*, 23, 140-148.

Andersson G, Lundström P, Ström L. (2003). Internet-based treatment of headache. Does telephone contact add anything? *Headache*, 43, 353-361.

Andersson G, Strömgren T, Ström L, Lyttkens L. (2002). Randomized controlled trial of Internet-based cognitive behavior therapy for distress associated with tinnitus. *Psychosomatic Medicine*, 64, 810-816.

Andrasik F. (2007). What does the evidence show? Efficacy of behavioural treatments for recurrent headaches in adults. *Neurogical Sciences*, 28(Suppl. 2), S70-S77.

Arem H, Irwin M. (2011). A review of web-based weight loss interventions in adults. *Obesity Reviews*, 12, e236-e243.

Baguley DM, Andersson G, McFerran DJ, McKenna L. (2013). *Tinnitus: A multidisciplinary approach* (2nd ed.). Chichester: Wiley-Blackwell.

Beatty L, Lambert S. (2013). A systematic review of Internet-based self-help therapeutic interventions to improve distress and disease-control among adults with chronic health conditions. *Clinical Psychology Review*, 33, 609-622.

Blanchard EB. (2001). *Irritable bowel syndrome: Psychosocial assessment and treatment*. Washington, DC:

American Psychological Association.

Brattberg G. (2006). Internet-based rehabilitation for individuals with chronic pain and burnout: A randomized trial. *International Journal of Rehabilitation Research*, 29, 221-227.

Bromberg J, Wood ME, Black RA, Surette DA, Zacharoff KL, Chiauzzi EJ. (2012). A randomized trial of a web-based intervention to improve migraine self-management and coping. *Headache*, 52, 244-261.

Buhrman M, Fältenhag S, Ström L, Andersson G. (2004). Controlled trial of Internet-based treatment with telephone support for chronic back pain. *Pain*, 111, 368-377.

Buhrman M, Fredriksson A, Edström G, Shafiei D, Tärnqvist C, Ljótsson B et al. (2013a). Guided Internet-delivered cognitive-behavioural therapy for chronic pain patients who have residual symptoms after rehabilitation treatment: Randomized controlled trial. *European Journal of Pain*, 17, 753-765.

Buhrman M, Nilsson-Ihrfelt E, Jannert M, Ström L, Andersson G. (2011). Guided Internet-based cognitive-behavioural treatment for chronic back pain reduces pain catastrophizing: A randomized controlled trial. *Journal of Rehabilitation Medicine*, 43, 500-505.

Buhrman M, Skoglund A, Husell, J, Bergström, K, Gordh T, Hursti T et al. (2013b). Guided Internet-delivered acceptance and commitment therapy for chronic pain patients: A randomized controlled trial. *Behaviour Research and Therapy*, 51, 307-315.

Carlbring P, Smit F. (2008). Randomized trial of Internet-delivered self-help with telephone support for pathological gamblers. *Journal of Consulting and Clinical Psychology*, 76, 1090-1094.

Civljak M, Stead LF, Hartmann-Boyce J, Sheikh A, Car J. (2013). Internet-based interventions for smoking cessation. *Cochrane Database of Systematic Reviews*, 7, CD007078.

Cuijpers P, van Straten A, Andersson G. (2008). Internet-administered cognitive behavior therapy for health problems: A systematic review. *Journal of Behavioral Medicine*, 31, 169-177.

David N, Schlenker P, Prudlo U, Larbig W. (2013). Internet-based program for coping with cancer: A randomized controlled trial with hematologic cancer patients. *Psycho-Oncology*, 22, 1064-1072.

Dear BF, Titov N, Perry KN, Johnston L, Wootton BM, Terides MD et al. (2013). The Pain Course: A randomised controlled trial of a clinician-guided Internet-delivered cognitive behaviour therapy program for managing chronic pain and emotional well-being. *Pain*, 154, 942-950.

Devineni T, Blanchard EB. (2005). A randomized controlled trial of an Internet-based treatment for chronic headache. *Behaviour Research and Therapy*, 43, 277-292.

Dölemeyer R, Tietjen A, Kersting A, Wagner B. (2013). Internet-based interventions for eating disorders in adults: A systematic review. *BMC Psychiatry*, 13, 207.

Espie CA. (2002). Insomnia: conceptual issues in the development, persistence, and treatment of sleep disorders in adults. *Annual Review of Psychology*, 53, 215-243.

Fairburn CG. (2013). *Overcoming binge eating* (2nd ed.). New York: Guilford Press.

Hedborg K, Muhr C. (2011). Multimodal behavioral treatment of migraine: An Internet-administered, randomized, controlled trial. *Upsala Journal of Medical Sciences*, 116, 169-186.

Hedman E, Ljótsson B, Lindefors N. (2012). Cognitive behavior therapy via the Internet: A systematic review of applications, clinical efficacy and cost-effectiveness. *Expert Review of Pharmacoeconomics and Outcomes Research*, 12, 745-764.

Hesser H, Gustafsson T, Lundén C, Henriksson O, Fattahi K, Hohnsson E et al. (2012). A randomized controlled trial of Internet-delivered cognitive behavior therapy and acceptance and commitment therapy in the treatment of tinnitus. *Journal of Consulting and Clinical Psychology*, 80, 649-661.

Hicks CL, von Baeyer CL, McGrath PJ. (2006). Online psychological treatment for pediatric recurrent pain: A randomized evaluation. *Journal of Pediatric Psychology*, 31, 724-736.

Hucker A, McCabe MP. (2014). An online, mindfulness-based, cognitive-behavioral therapy for female sexual difficulties: Impact on relationship functioning. *Journal of Sex and Marital Therapy*, 40, 561-576.

Hunt MG, Moshier S, Milonova M. (2009). Brief cognitive-behavioral Internet therapy for irritable bowel syndrome. *Behaviour Research and Therapy*, 47, 797-802.

Jones LM, McCabe MP. (2011). The effectiveness of an Internet-based psychological treatment program for female sexual dysfunction. *Journal of Sexual Medicine*, 8, 2781-2792.

Kaldo V, Haak T, Buhrman M, Alfonsson S, Larsen, HC, Andersson G. (2013). Internet-based cognitive behaviour therapy for tinnitus patients delivered in a regular clinical setting: Outcome and analysis of treatment dropout. *Cognitive Behaviour Therapy*, 42, 146-158.

Kaldo V, Levin S, Widarsson J, Buhrman M, Larsen HC, Andersson G. (2008). Internet versus group cognitive-behavioral treatment of distress associated with tinnitus. A randomized controlled trial. *Behavior Therapy*, 39, 348-359.

Kaldo-Sandström V, Larsen HC, Andersson G. (2004). Internet-based cognitive-behavioral self-help treatment of tinnitus: Clinical effectiveness and predictors of outcome. *American Journal of Audiology*, 13, 185-192.

Lancee J, van den Bout J, Sorbi MJ, van Straten A. (2013). Motivational support provided via email improves the effectiveness of Internet-delivered self-help treatment for insomnia: A randomized trial. *Behaviour Research and Therapy*, 51, 797-805.

Ljótsson B, Andersson G, Andersson E, Hedman E, Lindfors P, Andréewitch S et al. (2011a). Acceptability, effectiveness, and cost-effectiveness of Internet-based exposure treatment for irritable bowel syndrome in a clinical sample: A randomized controlled trial. *BMC Gastroenterology*, 11, 110.

Ljótsson B, Andréewitch S, Hedman E, Rück C, Andersson G, Lindefors N. (2010a). Exposure and mindfulness based therapy for irritable bowel syndrome: An open pilot study. *Journal of Behavior Therapy and Experimental Psychiatry*, 41, 185-190.

Ljótsson B, Falk L, Wibron Vesterlund A, Hedman E, Lindfors P-J, Rück C et al. (2010b). Internet-delivered exposure and mindfulness based therapy for irritable bowel syndrome: A randomized controlled trial. *Behaviour Research and Therapy*, 48, 531-539.

Ljótsson B, Hedman E, Andersson E, Hesser H, Lindfors P, Hursti T et al. (2011b). Internet-delivered exposure-based treatment vs. stress management for irritable bowel syndrome: A randomized trial. *American Journal of Gastroenterology*, 106, 1481-1491.

Ljótsson B, Hesser H, Andersson E, Lindfors P-J, Hursti T, Rück C et al. (2013). Mechanisms of change in an exposure-based treatment for irritable bowel syndrome. *Journal of Consulting and Clinical Psychology*, 81, 1113-1126.

Ljótsson B, Lundin C, Mitsell K, Carlbring P, Ramklint M, Ghaderi A. (2007). Remote treatment of bulimia nervosa and binge eating disorder: A randomized trial of Internet-assisted cognitive behavioural therapy. *Behaviour Research and Therapy*, 45, 649-661.

Macea DD, Gajos K, Daglia Calil YA, Fregni F. (2010). The efficacy of web-based cognitive behavioral interventions for chronic pain: A systematic review and meta-analysis. *Journal of Pain*, 11, 917-929.

McCabe M, Price E. (2008). Internet-based psychological and oral medical treatment compared to psychological treatment alone for ED. *Journal of Sexual Medicine*, 5, 2338-2346.

Moorey S, Greer S. (2002). *Cognitive behaviour therapy for people with cancer*. Oxford: Oxford University

Press.
Morgan PJ, Lubans DR, Collins CE, Warren JM, Callister R. (2009). The SHED-IT randomized controlled trial: Evaluation of an Internet-based weight-loss program for men. *Obesity*, 17, 2025-2032.
Morledge TJ, Allexandre D, Fox E, Fu AZ, Higashi MK, Kruzikas DT et al. (2013). Feasibility of an online mindfulness program for stress management: A randomized, controlled trial. *Annals of Behavioral Medicine*, 46, 137-148.
Moss-Morris R, McCrone P, Yardley L, van Kessel K, Wills G, Dennison L. (2012). A pilot randomised controlled trial of an Internet-based cognitive behavioural therapy self-management programme (MS Invigor8) for multiple sclerosis fatigue. *Behaviour Research and Therapy*, 50, 415-421.
Munro J, Angus N, Leslie SJ. (2013). Patient focused Internet-based approaches to cardiovascular rehabilitation: A systematic review. *Journal of Telemedicine and Telecare*, 19, 347-353.
Nyenhuis N, Zastrutzki S, Weise C, Jäger B, Kröner-Herwig B. (2013). The efficacy of minimal contact interventions for acute tinnitus: A randomised controlled study. *Cognitive Behaviour Therapy*, 42, 127-138.
Owen JE, Klapow JC, Roth DL, Shuster JL Jr, Bellis J, Meredith R et al. (2005). Randomized pilot of a self-guided Internet coping group for women with early-stage breast cancer. *Annals of Behavioral Medicine*, 30, 54-64.
Palermo TM, Wilson AC, Peters M, Lewandowski A, Somhegyi H. (2009). Randomized controlled trial of an Internet-delivered family cognitive behavioral therapy intervention for children and adolescents with chronic pain. *Pain*, 146, 205-213.
Riper H, Spek V, Boon B, Conijn B, Kramer J, Martin-Abello K et al. (2011). Effectiveness of E-self-help interventions for curbing adult problem drinking: A meta-analysis. *Journal of Medical Internet Research*, 13(2), e42.
Ritterband LM, Bailey ET, Thorndike FP, Lord HR, Farrell-Carnahan L, Baum LD. (2012). Initial evaluation of an Internet intervention to improve the sleep of cancer survivors with insomnia. *Psychooncology*, 21, 695-705.
Ritterband LM, Thorndike FP, Gonder-Frederick LA, Magee JC, Bailey ET, Saylor DK et al. (2009). Efficacy of an Internet-based behavioral intervention for adults with insomnia. *Archives of General Psychiatry*, 66, 692-698.
Ruwaard J, Lange A, Bouwman M, Broeksteeg J, Schrieken B. (2007). E-mailed standardized cognitive behavioural treatment of work-related stress: A randomized controlled trial. *Cognitive Behaviour Therapy*, 36, 179-192.
Ruwaard J, Lange A, Broeksteeg J, Renteria-Agirre A, Schrieken B, Dolan CV et al. (2013). Online cognitive-behavioural treatment of bulimic symptoms: A randomized controlled trial. *Clinical Psychology and Psychotherapy*, 20, 308-318.
Sánchez-Ortiz VC, Munro C, Stahl D, House J, Startup H, Treasure J et al. (2011). A randomized controlled trial of Internet-based cognitive-behavioural therapy for bulimia nervosa or related disorders in a student population. *Psychological Medicine*, 41, 407-417.
Ström L, Pettersson R, Andersson G. (2000). A controlled trial of self-help treatment of recurrent headache conducted via the Internet. *Journal of Consulting and Clinical Psychology*, 68, 722-727.
Ström L, Pettersson R, Andersson G. (2004). Internet-based treatment for insomnia: A controlled evaluation. *Journal of Consulting and Clinical Psychology*, 72, 113-120.

Tait RJ, Spijkerman R, Riper H. (2013). Internet and computer based interventions for cannabis use: A meta-analysis. *Drug and Alcohol Dependence*, 133, 295-304.

Tate DF. (2011). A series of studies examining Internet treatment of obesity to inform Internet interventions for substance use and misuse. *Substance Use and Misuse*, 46, 57-65.

Trautmann E, Kröner-Herwig B. (2010). A randomized controlled trial of Internet-based self-help training for recurrent headache in childhood and adolescence. *Behaviour Research and Therapy*, 48, 28-37.

van Bastelaar KM, Pouwer F, Cuijpers P, Riper H, Snoek FJ. (2011). Web-based depression treatment for type 1 and type 2 diabetic patients: A randomized, controlled trial. *Diabetes Care*, 34, 320-325.

van Lankveld JJ, Leusin P, van Diest S, Gijs L, Slob AK. (2009). Internet-based brief sex therapy for heterosexual men with sexual dysfunctions: A randomized controlled pilot trial. *Journal of Sexual Medicine*, 6, 2224-2236.

van Straten A, Emmelkamp J, de Wit J, Lancee J, Andersson G, van Someren EJW et al. (2014). Guided Internet-delivered cognitive behavioural treatment for insomnia: A randomized trial. *Psychological Medicine*, 44, 1521-1532.

Vincent N, Lewycky S. (2009). Logging on for better sleep: RCT of the effectiveness of online treatment for insomnia. *Sleep*, 32, 807-815.

Vliet HV, Andrews G. (2009). Internet-based course for the management of stress for junior high schools. *Australian and New Zealand Journal of Psychiatry*, 43, 305-309.

Wagner G, Penelo E, Wanner C, Gwinner P, Trofaier M-L, Imgart H et al. (2013). Internet-delivered cognitive-behavioural therapy v. conventional guided self-help for bulimia nervosa: Long-term evaluation of a randomised controlled trial. *British Journal of Psychiatry*, 202, 135-141.

Williams AC, Eccleston C, Morley S. (2012). Psychological therapies for the management of chronic pain (excluding headache) in adults. *Cochrane Database of Systematic Reviews*, 11, CD007407.

Zabinksi MF, Celio AA, Wilfley DE, Taylor CB. (2003). Prevention of eating disorders and obesity via the Internet. *Cognitive Behaviour Therapy*, 32, 137-150.

Zetterqvist K, Maanmies J, Ström L, Andersson G. (2003). Randomized controlled trial of Internet-based stress management. *Cognitive Behaviour Therapy*, 3, 151-160.

### 参考文献

Beatty L, Lambert S. (2013). A systematic review of Internet-based self-help therapeutic interventions to improve distress and disease-control among adults with chronic health conditions. *Clinical Psychology Review*, 33, 609-622.

# 第10章
# インターネットによるその他の活用例

### この章で学ぶこと　この章では、以下のことを学ぶ
- リアルタイムICBT
- ICBTにおける最新の携帯電話の利用
- ウェブによるサポートシステム
- 訓練とスーパービジョン
- サービスの立ち上げや既存のサービスへの組み込みに関する助言

**ケース**　レイチェルはこの1か月間ほど、抑うつとパーソナリティ障害の治療を受けていた。治療機関から離れた場所に暮らしていたので、ウェブカメラによる対面式治療を体験した。彼女は、セラピストとともに、ホームワークや心理教育が提供されるウェブポータルで課題に取り組んだ。そこには連絡用のメッセンジャーシステムも導入されていた。弁証法的行動療法のプロトコル(Linehan, 1993)にしたがうセラピストとレイチェルにとって、これは便利なシステムであった。（自殺する意図はなかったが）自傷行為をしていたからである。レイチェルはまた、スマートフォンで行動活性化のためのアプリを使用していた。彼女のセラピストは、同じような患者を何人も担当しており、インターネット経由で、週1回のスーパービジョンを受けていた。CBTの特別コースも二つ修了していた。このように、レイチェルが体験した治療は、通常の対面式とは異なっていた。しかし、その治療形式の組み合わせが彼女には良く適しており、治療は進展した。

## リアルタイムICBTとメールセラピー

　この本で主に焦点を当てたのは、ガイド付きセルフヘルプである。それはエビデンスが多く存在しているからであった。ウェブカメラ（例：スカイプや類似のプログラムなど）を使ってCBTを直接、リアルタイムに提供できるかについては、あまり研究されていない。リアルタイムICBTは、セラピストの時間をそれほど節約するものではないが、ガイド付きセルフヘルプICBTの利点の多くを備えている。例えば、面接室を訪れる必要がなく、機材が使えることなどである。独自の利点としては、セラピストは患者とやりとりを行い、面接中に悩みや問題の徴

候を受け止めることができる。欠点は、通常のCBTの問題を反映したところである。通常の対面式CBTと同じく、面接予約が必要である。困難な問題が生じても、同僚には簡単に頼れない。文章や動画も活用しない（もちろん組み込むことは可能である）。

　CBTのすべての臨床家や研究者が電話CBTの研究に通じているわけではない。電話CBTは、比較試験がいくつか実施され、良い結果が示されている（Leach & Christensen, 2006）。オンラインのリアルタイムCBTと多くの点で類似している。しかしながら、オンラインのリアルタイムCBTについては、研究がまだ限られている。優れた例外の一つは、ケスラーら（Kessler et al., 2009）が実施し、*Lancet*（ランセット）で発表した大規模なうつ病研究である。この研究では、うつ病をもつ患者297名が採用され、リアルタイムICBTと通常治療、または、かかりつけ医による通常治療のみの条件にランダムに割り付けられた。結果はICBT条件に有利なものであった。4か月後のフォローアップでの群間の効果量は$d=0.61$であり、8か月後も効果が持続していた。同様の比較試験は、特にビデオ通話の研究が含まれなければ（Richards & Viganó, 2013）、わずかしかない。ある系統的レビューでは、六つの比較試験しか確認されず（Dowling & Rickwood, 2013）、それらの多くもCBTに基づく研究ではなかった。臨床家はおそらく、インターネットを用いて（例えばスカイプなどで）、リアルタイムCBTを実践しているだろうが、比較試験はこれまで十分には行われていない。例外的に、強迫性障害をもつ青年にウェブカメラでCBTを提供した、小規模な比較試験が行われている（Storch et al., 2011）。この研究では、大きな群間の効果$d=1.36$が認められた。

　以前の章で筆者は、電子メールによるCBTを説明した。インタラピー・プログラムには、セラピストと患者のやりとりが多く含まれているが（Lange et al., 2003）、リアルタイムに行われるものではなく、文字のやりとり以外にも、その他の要素が含まれていた。全体的に見て、メールによるCBTの研究は少ない。しかし、今日までの限られたエビデンスによると、この治療形式は、よく効くかもしれないが、ガイド付きセルフヘルプよりも時間がかかることが示されている。この形式について筆者らが行った唯一の比較試験では、メールセラピーはうつ病の治療に効果的であった（Vernmark et al., 2010）。ただし、セラピストの時間をかなり要するため、筆者らはこのアプローチを継続しなかった。このメールセラピーは、マニュアル化していた。そのマニュアルは、うつ病治療に関するCBTの原則に基づいていた。したがって、ケースの概念化をはじめとして、うつ病のCBTに通常用いられる技法の実施に焦点を当てていた（行動活性化や認知的再体制化など）。メールセラピーでは、それぞれの患者に個別化する治療を行った。ウェイティングリスト統制条件に対する、群間の効果量は$d=0.96$であった。筆者が知る限り、メールセラピーと、インターネット形式のガイド付きセルフヘルプを直接比較した研究は、他にあるとしてもごくわずかである。しかしながら、メ

ールセラピーは世界中で広く実践されている。そのため、科学的研究が増えればメールセラピーの役に立つ、という点に留意しなければならない。

## 携帯電話によるCBT

筆者がこの本を書いている間にも、最新の携帯電話技術（スマートフォン）を用いた、心理療法の研究が数多く進められている。CBTに基づく研究も多い（Donker et al., 2013）。モバイル技術の特徴の一つは、面接室外のクライエントとつながれるということである。クライエントはコンピュータの前に座る必要がない（Boschen & Casey, 2008）。その他の可能性として、生態学的経時的評価（ecological momentary assessment; EMA）によるリアルタイムのデータ収集や、生理的データと活動のモニタリング（Warmerdam et al., 2012）が挙げられる。これは新しい研究領域であるが、初期の知見では、スマートフォンとコンピュータの治療に効果の違いは示されていない（Watts et al., 2013）。しかしながら、画面の小ささを考えると、スマートフォンの形式では、資料の文章を短くし、その他の形式（動画など）を用いる必要があるかもしれない。

図10.1には、スマートフォンのアプリを2種類提示した。右側は、「バイアリー（Viary）」というアプリである。筆者らのスウェーデンの研究で開発を行った（Ly et al., 2012, 2014）。初期の開発に続けて、行動活性化のアプリである「バイアリー」と、マインドフルネスの商用アプリとの比較試験を実施した。参加者81名をバイアリー（行動活性化）、またはマインドフルネスのアプリにランダムに割り付けた。どちらの介入でも、セラピストがガイドを行った。その結果、どちらも、群内の大きな効果量が認められた。しかし、群と時間の交互作用は認められなかった。下位集団の分析を行うと、はじめの抑うつ症状が重かった参加者に対して、行動活性化のアプリの方が、マインドフルネスのアプリよりも効果的であった。これに対して、マインドフルネスのアプリの方は、はじめの抑うつ症状が軽かった参加者に対して、行動活性化のアプリよりも効果的であった。

スマートフォン治療のもう一つの研究は、オーストラリアのグループによって行われた。「マイコンパス（myCompass）」と呼ばれるプログラムが、参加者720名の比較試験で検証された（Proudfoot et al., 2013）。この研究では、プログラムは自動化されていた。ICBTの先行研究と同じく、その効果はガイド付き治療よりも若干小さいものであった。しかし、注意統制群を設けたのは、この研究の強みであった。

スマートフォンの研究は、いくつか進行中である。スマートフォン・アプリと通常のICBT、もしくは、対面式治療を組み合わせた併用形式などが試されている。しかしながら、全体的に見れば、携帯電話のアプリを用いたCBTの研究は、比較的少ない（Mohr et al., 2013）。治療の補助としてショートメッセージを用いる研究は存在している。しかし、スマートフォンの利点を活用できるのは、最新のアプリである。

図10.1 スマートフォン・アプリのスクリーンショット：マインドフルネスと行動活性化

## インターネットによる通常の対面式CBTのための「サポートシステム」の開発

　CBTの臨床家の多くは、おそらくクライエントに対して対面式治療を続けるであろう。しかし、最新の情報技術を治療の補助に用いることで恩恵が得られるかもしれない。大規模研究において、ロイ・バーンら（Roy-Byrne et al., 2010）は、カーム（CALM）と呼ばれるシステムの評価を行った。このシステムに含めたのは、非専門家のケア管理者が提供するCBTを最適化するためのコンピュータ支援プログラムである。カームは、セラピストのサポートシステムの一種である。最近はインターネットで利用できるように改良されている。

　筆者らは、スウェーデンで、インターネットによるCBTのサポートシステムを開発した（図10.2参照）。このサポートシステムには、CBTの基本要素（目標設定や次回のホームワーク課題など）や、既存のICBTから集めた各種技法を含めている。パイロット研究において、筆者らは、軽度から中等度の不安あるいはうつ病患者15名と、治療を担当するセラピスト8名を集めた（Månsson et al., 2013）。プリテストとポストテストの結果を最初に評価してみると、群内の大きな効果量が示された（$d$=1.62〜2.43）。サポートシステムによるCBTが標準的CBTよりも優れているかを検証した研究は行われていない。しかし、少なくとも、マンソンら（Månsson et al., 2013）の研究の参加者は、このシステムに満足していた。

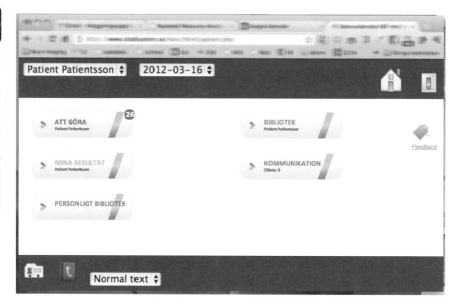

図10.2　CBTサポートシステムのスクリーンショット

### 訓練とスーパービジョン

　インターネットは、心理療法の実践の場を変えただけではない。教育システムにも、さらに大規模な変革をもたらした。オンライン教育がますますCBTの臨床家の訓練やスーパービジョンに用いられるようになった。この話題に関する論文は増えているものの、(CBTの訓練全般と同じく) 比較試験は限られている。

　この領域の初期研究において、ショロムスカスら (Sholomskas et al., 2005) は、臨床家78名をCBTの三つの訓練形式にランダムに振り分けた。一つ目の条件はCBTマニュアルの復習のみ、二つ目の条件はCBTマニュアルの復習とCBTの訓練サイトの閲覧、三つ目の条件はマニュアルの復習とセミナー、ケースのスーパービジョンであった。結果として、二つ目のCBT訓練サイトの条件が効果的であった。例えば、マニュアル復習のみの条件と比べた場合、訓練後のアドヒアランスの点数が高まっていた ($d$=0.88)。

　ワインガートら (Weingardt et al., 2009) の比較試験では、薬物乱用の治療を行うカウンセラー147名が対象となった。参加者は、ビデオ会議による週1回のグループスーパービジョンに4回出席し、自分のペースで進められる、八つのオンラインCBT訓練モジュールを修了した。この研究でランダム化されたのは、二つの訓練プログラムのうち、参加者がどちらを受講するかであった (各プログラムはアドヒアランスを促す程度が異なっていた)。どちらの条件のカウンセラーも、

CBTに関する知識や自己効力感が高まっていた。

3番目の比較試験では、ダイメフら（Dimeff et al., 2009）が、弁証法的行動療法を行う地域精神保健の専門家150名を対象として、3種類の訓練法の有効性を検証した。一つ目の方法は文書の治療マニュアル、二つ目は双方向的なマルチメディアによるオンライン訓練、三つ目は講師による2日間のワークショップであった。結果として、参加者の訓練満足度が一番高かったのは、オンライン訓練と、講師のワークショップであった。ただし、興味深いことに、オンライン訓練の方が、ライブの講義よりも、治療に関する知識の向上をもたらしていた。

ウェストブルックら（Westbrook et al., 2012）は、OCTCオンラインと呼ばれる、オンラインCBT訓練をオープン評価したデータについて報告している。このプログラムには、トレーナーによるビデオプレゼンテーションや、パワーポイントのスライド提示、重要な臨床技法についてのビデオによる例示が含まれていた。参加者94名が訓練の前後に評価を行った結果、満足度の評価や自信に効果が示された。

また別のオープン研究では、コバックら（Kobak et al., 2013）が、セラピスト向けに、不安障害に対するインターネットCBT訓練プログラムを開発し、小規模なパイロット研究を行い、その効果を検証した。プログラムには、CBTの概念について講義を行う、双方向的なマルチメディアによるオンライン個別指導と、フィードバックのあるビデオ会議が含まれていた。結果として、CBT概念の知識と臨床スキルが有意に向上していた。

最後の研究は、ラコブシックら（Rakovshik et al., 2013）の比較試験である。CBTに関する事前の知識や訓練が限られたロシアの参加者を対象として、CBTの理論や査定、ケースフォーミュレーションの訓練をインターネット経由で行い、その効果を検証した。これはインターネットによる国際的な訓練の可能性を調べるもので、興味深い研究である。研究の参加者は63名で、即時のオンラインCBT訓練か、ウェイティングリストに振り分けられた。その結果、CBTの査定とケースフォーミュレーションのスキルについて、CBT訓練群には有利な結果が認められた（群間の効果量は$d$=0.77と1.10）。

オンラインスーパービジョンについては、系統的な研究が行われているかはわからないが、CBTの臨床家の多くは、スカイプや同様のシステムを使って、スーパービジョンを受けているだろう。面接の動画を見せるときなど、機密性が守られるのであれば、特に心配があるようには思えない。CBTの臨床家を訓練する際には、個人スーパービジョンが何度か必要になると言われているが（Bennett-Levy & Perry, 2009）、いずれにせよ、現代の情報技術を活用した遠隔スーパービジョンは定着しそうである。

インターネットを介したCBTの訓練法の開発には、大きなニーズがある。訓練の効率を良くし、訓練の度合いを測定可能にするためであり（Fairburn & Cooper,

2011)、訓練のリソースに乏しい発展途上地域で訓練を提供するためでもある。この領域にはさらなる研究が求められている。

## サービスを始める方法

　ICBTは、通常の臨床業務に移して行えることを示すデータが集まっている。この本では、そうした例をいくつか引用してきた。筆者らは、最近、通常の臨床現場におけるガイド付きICBTの有効性について、入手可能なエビデンスを対象にしてレビューを行った（Andersson & Hedman, 2013）。文献検索に続いて、四つの比較試験と八つのオープン研究を同定し、合計3,888名の患者を分析対象とした。含まれた研究は、パニック障害、社交不安障害、全般性不安障害、外傷後ストレス障害、大うつ病、耳鳴り、そして、過敏性腸症候群に関するものであった（これらの研究の多くは、この本で引用してきたものである）。すべての研究において、持続的な効果と中程度以上の効果量が示され、ICBTは通常臨床に移せることが示された。しかしながら、どの形式をサービスに用いるべきかはわからなかった。ICBTの適用は状況次第であり、この話題についてはあまり論じられていない（Andersson et al., 2010）。

　（ICBTを通常診療の一環とする）臨床現場での実施と、（すべてのサービスをインターネットで提供する）独立した「バーチャルクリニック」、そして、セラピストとのやりとりがまったくない、前述したオープンなウェブサイト（例えばムードジム）には、区別がつけられる。筆者らのスウェーデンの研究では、主に１番目に焦点を当てていた。つまり、ICBTを通常の臨床業務に統合していた。日常診療の選択肢として提供したのは、スウェーデン、ウプサラの耳鳴りクリニックが最初であった。1999年のことである。これはおそらく、病院における通常の専門外来としては、世界初の試みの一つである（同時期に、オランダのインタラピーなど、他にも多くのICBT治療が行われていたが、病院の診療の一部としてではなかった）。スウェーデンでは、精神障害の治療のために専門外来も始めた（ストックホルム地方のカロリンスカ病院インターネット精神科病棟）。公式に開始したのは2007年のことであるが、もっと早くから運用していた。おそらく、世界にはもっと多くの例があるだろう。しかし、出版された論文はわずかであり、筆者が知る限り、サービスをどのように立ち上げるかについてはマニュアルが存在しない。通常業務としてICBTを始めるには、多くの困難がある。筆者らは、ICBTを普及させるために重要と思われる、四つのポイントをまとめた（Andersson et al., 2010）。

1　患者にはICBTについてよく説明する必要がある。臨床家に対しても同様である。研究を進めるだけではなく、インターネット上に明確な情報があれば、

説明しやすくなるかもしれない。治療ガイドラインにICBTを加えることでも、普及が促されるかもしれない（スウェーデンでは実際に行われている）。

② ICBTのサービスを始めるときには、同僚や仲間のセラピストのとらえ方に配慮することが重要である。態度は様々であるかもしれない。ICBTは、通常診療の代わり、というよりも、選択肢の一つとして提示することが賢明かもしれない（Hadjistavropoulos et al., 2011, 2012）。

③ ICBTを専門的な医療機関で実施する場合、組織構造が大変重要になる。現場にもよるが、プログラムを提供するスタッフの管理が及ばないところでプログラムが取り入れられたり、使用されたりするよりも、専門機関内でプログラムを行う方が望ましいかもしれない。治療を行う前に、患者のセキュリティ対策と責任の所在について明らかにすべきである。

④ 実施の際には、サービスの精算が欠かせない。ICBT向けにソリューションを整えることもできるが、筆者の経験では、一度でも患者と直に会うことができれば、精算が楽になる。もう一つの側面は、サービスを提供する臨床家への報酬の支払い方である（例：インターネットで患者を治療すれば、通常の患者と同じように計算する）。

以上のポイントに加えて、日常の臨床や患者管理のモデルも整えるべきである。ストックホルム地方のインターネット精神科病棟では、慎重な精神科診断手続きを含めて、悪化した場合の「危険信号」などに備えた症状モニタリングを続けている（例：Hedman et al., 2014）。

ガイド付きICBTを通常の臨床業務に適用するには、その他のポイントもある。英国やスウェーデンでは、医療が税金で賄われており、国民には健康保険が適用される。保険会社が責任を負う多くの国々とは事情が異なる。また別の重要な問題として、医療サービスのインフラや情報技術の政策によって、ICBTの実施が認められるかどうかということもある（例：Andrewes et al., 2013）。

### 実用的な意義とキーポイント

- リアルタイムICBTの研究が実施され、肯定的な結果が示されている。これは治療の一選択肢として考えられるかもしれない。ただし、ガイド付きセルフヘルプよりも、臨床家の時間を要する。
- 最新の携帯電話やスマートフォンは、目下、CBTのツールとして調査が進められている。有望な結果が示されているものの、比較試験の数がまだ少ない。スマートフォンのアプリは、近い将来、対面式治療、または、インターネットのガイド付きセルフヘルプと併用される可能性がある。
- インターネットのサポートシステムによって、最新の情報技術と対面式

CBTの新たな統合が生じている。新人のセラピストの訓練に役立つと同時に、治療マニュアルに対するアドヒアランスを保ち、クライエントとのやりとりを支援する可能性がある。
- CBTのセラピストが訓練を受ける機会は限られている。その機会を増やす一つの方法は、インターネットで訓練やスーパービジョンを提供することである。CBTの訓練がウェブで実現できることを示した研究がある。しかし、インターネットによるスーパービジョンを支持するデータは、まだ不足している。
- ガイド付きICBTのサービス立ち上げは、現場の状況にかかっている。同僚の態度や、どの程度既存のサービスに適合できるかということが影響するだろう。専門的サービスには様々なものがあり、オンライン専用のものや、通常診療での実施例もある。有効性に関する研究データによって、ICBTは研究のみならず、病院でも効果的であることが示されている。

● 引用文献

Andersson G, Carlbring P, Kaldo V, Cuijpers P. (2010). Challenges and potential solutions in integrating Internet-based CBT into specialist services. In J Bennett-Levy, D Richards, P Farrand, H Christensen, K Griffiths, D Kavanagh et al. (Eds.). *Oxford guide to low intensity CBT interventions* (pp. 95-501). Oxford: Oxford University Press.

Andersson G, Hedman E. (2013). Effectiveness of guided Internet-delivered cognitive behaviour therapy in regular clinical settings. *Verhaltenstherapie*, 23, 140-148.

Andrewes H, Kenicer D, McClay C-A, Williams C. (2013). A national survey of the infrastructure and IT policies required to deliver computerised cognitive behavioural therapy in the English NHS. *BMJ Open*, 3, e002277.

Bennett-Levy J, Perry H. (2009). The promise of online cognitive behavioural therapy (CBT) training for rural and remote mental health professionals. *Australasian Psychiatry*, 17(Suppl. 1), S121-S124.

Boschen MJ, Casey LM. (2008). The use of mobile telephones as adjuncts to cognitive behavioral psychotherapy. *Professional Psychology: Research and Practice*, 39, 546-552.

Dimeff LA, Koerner K, Woodcock EA, Beadnell B, Brown MZ, Skutch JM et al. (2009). Which training method works best? A randomized controlled trial comparing three methods of training clinicians in dialectical behavior therapy skills. *Behaviour Research and Therapy*, 47, 921-930.

Donker T, Petrie K, Proudfoot J, Clarke J, Birch MR, Christensen H. (2013). Smartphones for smarter delivery of mental health programs: A systematic review. *Journal of Medical Internet Research*, 15(11), e247.

Dowling M, Rickwood D. (2013). Online counseling and therapy for mental health problems: A systematic review of individual synchronous interventions using chat. *Journal of Technology in the Human Services*, 31, 1-21.

Fairburn CG, Cooper Z. (2011). Therapist competence, therapy quality, and therapist training. *Behaviour Research and Therapy*, 49, 373-378.

Hadjistavropoulos HD, Thompson M, Ivanov M, Drost C, Butz CJ, Klein B et al. (2011). Considerations in the development of therapist: Assisted Internet cognitive behavior therapy service. *Professional Psychology: Research and Practice*, 42, 463-471.

Hadjistavropoulos HD, Thompson M, Klein B, Austin DW. (2012). Dissemination of therapist-assisted Internet cognitive behaviour therapy: development and open pilot study of a workshop. *Cognitive Behaviour Therapy*, 41, 230-240.

Hedman E, Ljótsson B, Kaldo V, Hesser H, El Alaoui S, Kræpelien M et al. (2014). Effectiveness of Internet-based cognitive behaviour therapy for depression in routine psychiatric care. *Journal of Affective Disorders*, 155, 49-58.

Kessler D, Lewis G, Kaur S, Wiles N, King M, Weich S et al. (2009). Therapist-delivered Internet psychotherapy for depression in primary care: A randomised controlled trial. *Lancet*, 374, 628-634.

Kobak KA, Craske MG, Rose RD, Wolitsky-Taylor K. (2013). Web-based therapist training on cognitive behavior therapy for anxiety disorders: A pilot study. *Psychotherapy*, 50, 235-247.

Lange A, van de Ven J-P, Schrieken B. (2003). Interapy: Treatment of post-traumatic stress via the Internet. *Cognitive Behaviour Therapy*, 32, 110-124.

Leach LS, Christensen H. (2006). A systematic review of telephone-based interventions for mental disorders. *Journal of Telemedicine and Telecare*, 12, 122-129.

Linehan MM. (1993). *Cognitive-behavioral treatment of borderline personality disorder*. New York: Guilford Press.（M・M・リネハン（著）, 大野裕（監訳）（2007）．境界性パーソナリティ障害の弁証法的行動療法――DBTによるBPDの治療　誠信書房）

Ly KH, Dahl J, Carlbring P, Andersson G. (2012). Development and initial evaluation of a smartphone application based on acceptance and commitment therapy. *SpringerPlus*, 1, 11.

Ly KH, Trüschel A, Jarl L, Magnusson S, Windahl T, Johansson R et al. (2014). Behavioral activation versus mindfulness-based guided self-help treatment administered through a smartphone application: A randomized controlled trial. *BMJ Open*, 4, e003440.

Månsson KNT, Ruiz E, Gervind E, Dahlin M, Andersson G. (2013). Development and initial evaluation of an Internet-based support system for face-to-face cognitive behavior therapy: A proof of concept study. *Journal of Medical Internet Research*, 15(12), e280.

Mohr DC, Burns MN, Schueller SM, Clarke G, Klinkman M. (2013). Behavioral intervention technologies: Evidence review and recommendations for future research in mental health. *General Hospital Psychiatry*, 35, 332-338.

Proudfoot J, Clarke J, Birch M-R, Whitton A, Parker G, Manicavasagar V et al. (2013). Impact of a mobile phone and web program on symptom and functional outcomes for people with mild-to-moderate depression, anxiety and stress: A randomised controlled trial. *BMC Psychiatry*, 13, 312.

Rakovshik SG, McManus F, Westbrook D, Kholmogorova AB, Garanian NG, Zvereva NV et al. (2013). Randomized trial comparing Internet-based training in cognitive behavioural therapy theory, assessment and formulation to delayed-training control. *Behaviour Research and Therapy*, 51, 231-239.

Richards D, Viganó N. (2013). Online counseling: A narrative and critical review of the literature. *Journal of Clinical Psychology*, 69, 994-1011.

Roy-Byrne P, Craske MG, Sullivan G, Rose RD, Edlund MJ, Lang AJ et al. (2010). Delivery of evidence-based treatment for multiple anxiety disorders in primary care: A randomized controlled trial. *Journal of the American Medical Association*, 303, 1921-1928.

Sholomskas DE, Syracuse-Siewert G, Rounsaville BJ, Ball SA, Nuro KF, Carroll KM. (2005). We don't train in vain: A dissemination trial of three strategies of training clinicians in cognitive-behavioral therapy. *Journal of Consulting and Clinical Psychology*, 73, 106-115.

Storch EA, Caporino NE, Morgan JR, Lewin AB, Rojas A, Brauer L et al. (2011). Preliminary investigation of web-camera delivered cognitive-behavioral therapy for youth with obsessive-compulsive disorder. *Psychiatry Research*, 189, 407-412.

Vernmark K, Lenndin J, Bjärehed J, Carlsson M, Karlsson J, Öberg J et al. (2010). Internet administered guided self-help versus individualized e-mail therapy: A randomized trial of two versions of CBT for major depression. *Behaviour Research and Therapy*, 48, 368-376.

Warmerdam L, Riper H, Klein M, van den Ven P, Rocha A, Ricardo Henriques M et al. (2012). Innovative ICT solutions to improve treatment outcomes for depression: The ICT4 Depression project. *Studies in Health Technology and Informatics*, 181, 339-343.

Watts S, Mackenzie A, Thomas C, Griskaitis A, Mewton L, Williams A et al. (2013). CBT for depression: A pilot RCT comparing mobile phone vs. computer. *BMC Psychiatry*, 13, 49.

Weingardt KR, Cucciare MA, Bellotti C, Lai WP. (2009). A randomized trial comparing two models of web-based training in cognitive-behavioral therapy for substance abuse counselors. *Journal of Substance Abuse Treatment*, 37, 219-227.

Westbrook D, McManus F, Clark G, Bennett-Levy J. (2012). Preliminary evaluation of an online training package in cognitive behaviour therapy: Satisfaction ratings and impact on knowledge and confidence. *Behavioural and Cognitive Psychotherapy*, 40, 481-490.

### 参考文献

Mohr DC, Burns MN, Schueller SM, Clarke G, Klinkman M. (2013). Behavioral intervention technologies: Evidence review and recommendations for future research in mental health. *General Hospital Psychiatry*, 35, 332-338.

# 第11章
# 結びと将来の方向性

　この本では、インターネットの利用を考えた場合、CBTの臨床家や研究者にとって大切な話題を主に扱ってきた。すでにおなじみの話題もあったかもしれない。インターネットは、間違いなく、過去15年から20年の間に私たちの世界を変えたからである。2014年にCBTの臨床家がクライエントと面接すれば、クライエントや重要な関係者がインターネット検索するのをほとんど当たり前のことのように考えることができる。おそらく、セラピストについてもグーグルで検索しているだろう。この話題は、第2章で扱った。もちろん、すべてというわけではないが、大多数の患者がきっとインターネットを使用している。

　第2章と第3章で扱った通り、インターネットには患者のためのリソースも存在している。この点についてはもっと多く議論することもできた。読者は、筆者が扱い損ねた話題で、インターネット使用（または乱用）の例を思い出すかもしれない。心理アセスメントについては、ごく近い将来、インターネット経由で提供されるだろう。

　現代の医療サービスでは、治療効果のモニタリングが不可欠である。第4章では、心理測定についてわかっていることや、ウェブで質問票を実施する際の適切さについて扱った。注意点も一つ指摘した。患者と直接やりとりしなければ、健康状態の診断を下すことは難しい。少なくともウェブカメラで診察できる患者もいると考えられる。しかし、身体の健康管理を行う場合は、（心拍数のような指標をうまく遠隔測定できるとしても）いつでも患者を直接、診察する必要があるだろう。

　一般的に多くの臨床実践では、耳鳴り治療や不安・抑うつ治療の筆者自身の臨床経験を踏まえても、実際の面接はICBTを始める前に行うのが効果的かもしれない。

　患者の診察やガイドには、リソースが必要である。ガイドなしのオープンアクセス治療は、もっと集中して行うガイド付きICBTの補助手段ととらえるべきである。現時点で明白なのは、ガイドなし治療では、通常、ガイド付き治療よりもドロップアウトが多く生じ、おそらく効果も低下するということである。しかし、ほとんど際限なく広まる性質を考えれば、それなりの役割もある。ガイドなしプログラムについては、いくつかのものを第5章で扱った。併用療法の効果

については比較的知られていないが、ガイドなしプログラムはやはり、対面式CBTとの併用によって非常に効果的となる可能性があると言える。

この本の大部分（第6章から第9章）は、複数の健康状態に対するガイド付きICBTの説明にあてた。この治療形式は、読書療法の特徴を共有したものである。文章によって治療の多くが進められ、ガイドが最小限であるためである。この治療形式がよく効くことについて、筆者は今なお少し驚いている。この本には多くの引用文献を含めたが、ガイド付きICBTを支持する研究のすべてを扱ったわけではない。

何年もの間、筆者は、ガイド付きICBTにはセラピストの面接と同等の効果がある、と言うのをためらっていた。現在は、このように言えると考えている。ICBTの効果が得られない患者もいれば、通常の対面式CBTが役立つ患者もいるだろう。しかし、現在、ICBTと対面式CBTを直接比べた、少なくとも13の研究においては、どちらの形式にも同等の効果が示されている（比較研究はさらに行われているだろう）。以前よりも自信をもって、ICBTは対面式CBTと比べて同じくらい効果的であり、場合によってはもっと効果的であることもある、と言うことができる。

この最後の言葉は、CBTの臨床家（筆者のように、クライエントの面接に何年間も捧げ、訓練を重ねて、CBTを実施する資格を取得した人）にとっては、不可解であったり、いらだたしいものであったりするかもしれない。ICBTの有効性の要因については研究途中であるが、筆者は、ICBTによって治療経験をよく思い出せる患者がいると考えている。また、自分のペースで進められる形式も役に立つと考えている。

こうしたことから、筆者はもう一つの結論に至った。つまり、現代の情報技術と対面式CBTは一体化されるのではないかと考えている。最近、筆者の研究グループで、ある比較試験を行った。その結果、うつ病に対する10回の行動活性化には、行動活性化のスマートフォン・アプリを併用した4回の面接を超える効果が認められなかった。言い換えると、このケースでは、最新の情報技術を活用することで、効果をまったく損なうことなく6回の面接が節約できたのである。第10章でも紹介したもう一つの研究プロジェクトでは、ウェブによるCBTのサポートシステムを開発した。こうしたシステムは、ガイド付きICBTもさることながら、オンラインのCBT教育やスーパービジョンとともに、CBTの将来を変えることになるだろう（ガイド付きICBTの普及はさらに遅れるかもしれない）。

この本も終わりに近づいたので、将来の課題をいくつか取り上げる。小児や青少年、高齢者のICBTについては、明らかに研究が遅れている。各集団を対象とした研究はほとんど行われておらず、比較試験が数例行われたのみである。

この本では、気分障害や不安障害など、比較的従来から治療標的とされるものに焦点を当てた。しかし、それとは異なり、新たに興味深い傾向が生じている。診断横断的な治療が行われたり、必ずしも診断システム（DSM-5など）の対象

にならない、生活上の問題に対する介入法が開発されたりするようになった。例を挙げると、完璧主義や不妊状態の悩み、優柔不断に関する研究がある。こうした問題以外についても、介入法が開発されることが望ましい。

筆者自身の研究では、対人暴力に関わる問題の治療について、比較試験を開始したところである。また別のプロジェクトでは、インターネットでのカップルセラピーを扱っている。研究成果はまだ公表していないが、研究や臨床の新たな可能性を拓くものであり、大変興味深い。

ICBTのもう一つの潜在的な利点は、特定の標的集団や言語に対して比較的容易に治療を合わせられる、という点である。プログラムをルーマニア語やドイツ語に翻訳した筆者らの経験についてはすでに述べた。他にも適用例がある。

文化的感受性は、また別の課題である。例えば、信仰深い人に対して、その人の信念体系に合わせたプログラムを調整することができる。西欧だけではなく、医療が行き届かない世界でも治療の機会が生じるが、問題もいくつか生じるだろう。確かにICBTは、西欧の研究者が開発したものであり、他の文化には適用できないかもしれないからである。

筆者があえてICBTの技術面に触れなかったことに、読者は気づいたかもしれない。バーチャルリアリティの実践には触れなかったが、最新の情報技術によって、比較的安くて身近なものになるだろう。「シリアスゲーム[*1]」についても触れなかった。これらはおそらく、CBTの新たな魅力的な提供手段として、将来的に役に立つだろう。しかし、ガイド付きICBTの成功の裏には一つのからくりがある。CBTで通常提供する手法や技法を、別の形式で提供したに過ぎないということである。したがって、対面式CBTで行う、恐怖場面に対するエクスポージャー（ホームワークでエクスポージャーを促す形式）は、ICBTで促すものとまったく変わらない。現実場面に対するエクスポージャーは共通要素である。そのため、コンピュータ画像や動画に対するエクスポージャーは（実生活で行わなければ）、少し違ったものになる。実際、注意バイアス修正訓練もまた違っていた。（プログラムの改良によって効果は変わるかもしれないが）おそらく今日まで実施されたICBTのなかで、最も効果が少なかったものの一つである。

結びにあたり、インターネットがCBTの提供手段として将来的にもっとうまく活用されることを願いたい。インターネットを活用できれば、エビデンスに基づく治療へのアクセスを高めることができる。心理的苦悩を抱える多くの人々にとっては、治療が受けられる唯一の手段になるかもしれない。それでもやはり、対面式CBTは今後もなくならないだろう。将来はおそらく、ICBTと従来のCBTを両立させるような統合的ソリューションが実現されるだろう。

● 訳　注
* 1　**シリアスゲーム**：社会の問題解決（医療や教育など）のために用いられるコンピュータゲームのこと。

# 索引

## ア行

アクセプタンス&コミットメント・セラピー
（ACT）　　　　　　　　150, 151, 154, 161
アディクション　　　　　　　　　158, 161
アドヒアランス　　58, 60, 62, 63, 70-72, 77, 89
　　　　92, 116, 124, 136, 137, 149, 170, 174
安全行動　　　　　　　　　32-34, 107, 121
アンドリュース，ギャビン（Andrews, Gavin）
　　　　89, 90, 94, 111, 114, 123, 128, 158, 173
イシドール　　　　　　　　　105, 107, 112
インターネット依存　　　　　　　11, 31, 32
インターネット介入　　　　　　　　12, 92
インターネット療法　19, 60-63, 65, 67, 69-71
　　　　86, 87, 92-94, 103, 104, 130, 132, 140, 147
　　　　　　　　　　　　　　　154, 157, 159
インタラピー　　80, 106, 108, 112-114, 124, 125
　　　　　　　　　　130, 131, 158, 167, 172
ウィキペディア　　　　　　　　　23-25, 34
ウィリアムズ，クリス（Williams, Chris）
　　　　　　　　　　　　　　　18, 66, 67, 91
うつ病ヘルパー　　　　　　　　　　105, 107
ウプサラ大学　　　　　　　　4, 5, 154, 155
英国国民保健サービス（NHS）　　　26, 28, 94
英国国立医療技術評価機構（NICE）　　16, 26
エール・ブラウン強迫観念・強迫行為尺度
（YBOCS）　　　　　　　　　　　　133
エクスポージャー　　　18, 43, 77, 78, 97, 106
　　　　　　121-123, 125-127, 129, 131, 134, 135
　　　　　　　　　　　　140, 151-153, 179
エビデンス　　16, 19, 20, 25, 27, 33, 50, 60, 70
　　　　　　71, 77, 82, 84, 89-91, 94, 107, 109
　　　　　　　117, 122, 130, 138, 140, 156, 159
　　　　　　　　　　　　166, 167, 172, 179
欧州インターネット介入学会（ESRII）　　　5

応用リラクセーション　　124, 125, 129, 154, 158
オーディン　　　　　　　　　　　　　　64
オープンアクセスプログラム　　　58-63, 67-71
親業訓練　　　　　　　　　　　　　88, 97
オリゴ　　　　　　　　　　　　　129, 130
オンラインコミュニティ　　　　　　　15, 40
オンラインサポートグループ　　　3, 11, 26, 34
　　　　　　　　　　　　　　　　37-44, 156
オンライン尺度　　　　　　　12, 46-52, 54
オンラインディスカッションフォーラム
　　　11, 37-39, 41-44, 96, 106, 111, 125-127, 129
　　　　　　　　　　131, 133, 135, 150, 153

## カ行

カーム　　　　　　　　　　　　　　　169
カールブリング，ペール（Carlbring, Per）
　　　　　　4, 32, 51-54, 80, 89, 105, 107, 112
　　　　　　　　124-127, 135, 137, 141, 158
外傷後ストレス障害（PTSD）　　　62, 88, 93
　　　　　　　　　　　　　　　130-133, 172
過食症　　　　　　　　　　　　　　88, 158
カップルセラピー　　　　　　　　　88, 179
可読性　　　　　　　　　　　　　28-30, 34
悲しみプログラム　　　　　106, 108, 111, 114
過敏性腸症候群（IBS）　　88, 91, 148, 152, 172
　——治療　　　　　　　　　　　　　　151
カラー・ユアライフ　69, 70, 104, 106, 112, 113
カロリンスカ研究所　　　　　　　　5, 19, 47
カロリンスカ大学病院　　　　　　115, 124, 172
　インターネット精神科病棟　　47, 83, 103, 107
　　　　　　　　　　114, 115, 124, 125, 172, 173
がん　　　　　　　　16, 41, 88, 92, 148, 156
簡易的バイオフィードバック　　　　149, 161
患者の健康に関する質問票9（PHQ-9）48, 114

# 索引

感情焦点化療法　139
完璧主義　88, 179
ギャンブル　32, 34
キュパーズ，ピム（Cuijpers, Pim）　61, 62, 87, 89, 107, 109, 110, 115-117, 139, 159
共感　18, 79, 81, 84, 85
強迫性障害（OCD）　51, 62, 88, 93, 133-135, 167
禁煙　67, 68, 71
グーグル（Google）　24, 25, 27, 177
携帯電話　3, 14, 15, 20, 24, 33, 80, 166, 168, 173
ケースフォーミュレーション　77, 78, 171
ケスラー，ロナルド（Kessler, Ronald C.）　52, 167
健康不安　88, 91, 107, 111, 133-135, 138
行動アプローチ・テスト（BAT）　134, 135
行動活性化　18, 64, 65, 78, 103, 105-107, 112, 135, 166-169, 178
高齢者　41, 87, 112, 138, 139, 141, 178
コーディー，ハンス（Kordy, Hans）　41, 42
呼吸調整　123, 125, 151
国際インターネット介入学会（ISRII）　3, 5
国際テスト委員会　50
混合性の不安・抑うつ　88, 135, 136, 139

## サ行

サイコセントラル（PsychCentral）　39
最前線のストーリー　106, 111, 135
再発　37, 42, 107, 112, 150, 151
　——予防　18, 42, 77, 105-107, 112, 123, 125, 127, 129, 131, 134, 135, 137, 151, 154
幸せプログラム　106, 108, 111, 135, 137
自己効力感　41, 81, 83, 171
自己報告尺度　32, 46, 47, 50-53, 55
自殺企図　104, 115
自殺念慮　47, 59, 95, 104, 115
自傷行為　33, 38, 43, 166
質調整生存年（QALYs）　91, 97
自動思考　103
締め切り　79, 81, 83, 104, 148
シャイネス　127, 128
社会恐怖　→社交不安障害、社交恐怖

社会恐怖のセルフヘルプ・プログラム　127
社交恐怖　30, 31, 121, 126, 127
社交不安尺度　51, 52, 127
社交不安障害（SAD）　16, 18, 24, 30, 31, 51, 55, 62, 85, 87, 88, 91, 122, 126-128, 138, 140, 141, 172
シャット・アイ（SHUT-i）　67, 68, 148
集団CBT　77, 94, 110, 113, 124, 126
集団療法　16, 89, 91, 110, 154
消化管症状評価尺度　153
情動訓練プログラム　112
小児遺糞症　88
ショートメッセージサービス（SMS）　80
心気症　→健康不安
神経性大食症　158
心臓血管障害　16
心臓病　157
診断面接　12, 52, 53, 65, 80, 103, 107, 125, 128, 136, 150
信念　103, 106, 107, 129, 135, 151
心配プログラム　128, 129
信頼性　21, 28, 34, 50, 53, 111
心理学者のための倫理原則に関する世界宣言　94, 95
心理教育　12, 41, 62, 65, 71, 81, 105-107, 116, 125, 127, 129, 131, 134, 135, 137, 151, 152, 166
心理療法アクセス改善　87
スウェーデン保健福祉庁　26
スーパービジョン　13, 16, 86, 95, 160, 166, 170, 171, 174, 178
スクリーニング　46, 47, 52, 53, 55, 90
頭痛　4, 76, 88, 93, 147-149, 154, 160, 161
スティグマ　17, 60
ストレス　24, 32, 34, 38, 75, 88, 157, 158, 161
　——管理　105, 123, 125, 131, 135, 149, 153
スマートフォン　12, 13, 20, 32, 33, 46, 50, 126, 127, 138, 166, 168, 169, 173, 178
精いっぱい生きる（プログラム）　66
精神疾患の診断・統計マニュアル（DSM）　32, 52, 53, 104, 123, 126, 178
精神力動療法　16, 116, 130, 139

# 索引

| | |
|---|---|
| セキュリティ | 12, 20, 21, 48, 49, 53-55, 76, 95, 97, 160, 173 |
| 　技術的—— | 48 |
| 　手続き的—— | 48 |
| 　方法論的—— | 48 |
| 摂食障害 | 43, 82, 88, 158, 159, 161 |
| セラピストの漂流 | 77, 78 |
| セルフヘルプ本 | 13, 17, 18, 20, 61, 70, 76, 79, 106, 116 |
| 漸進的筋弛緩法 | →リラクセーション |
| 全般性不安障害（GAD） | 27, 51, 53, 62, 81, 85, 88, 91, 128-130, 139, 172 |
| 双極性障害 | 88, 117 |
| ソーシャル・ネットワーク | 32, 34, 40, 42 |
| ソーシャルワーカー | 91 |
| ソフィ・プログラム | 126, 127 |

## タ行

| | |
|---|---|
| 対人関係療法 | 16 |
| 対面式CBT | 17, 58, 60, 63, 76-78, 86, 87, 89, 93, 96, 97, 117, 122, 123, 128, 130, 141, 159, 160, 167, 169, 178, 179 |
| 対面式治療 | 17, 42, 46, 59, 60, 75, 78, 79, 84, 89, 91-93, 110, 113, 117, 123, 124, 128, 133, 135, 139, 140, 166, 168, 169, 173 |
| 脱抑制効果 | 39, 47 |
| チャット | 38, 41, 42, 82, 96, 159 |
| 注意バイアス修正訓練 | 54, 55, 140, 141, 179 |
| 治療効果 | 50, 55, 64, 85, 89, 90, 95, 111, 115, 116, 129, 133, 140, 150, 152, 177 |
| 治療同盟 | 80, 81, 84-86, 89, 96, 116 |
| 治療同盟尺度 | 85 |
| 通常治療 | 41, 64, 69, 70, 167 |
| DSM | →精神疾患の診断・統計マニュアル |
| ディサーン | 28, 29, 31 |
| ディストレス | 131, 132 |
| ティトフ，ニック（Titov, Nick） | 42, 70, 82, 86, 93, 94, 106, 108, 111, 123, 127-129, 135, 136, 138, 150, 152 |
| デプレキス | 64-66, 104 |
| テラス・プログラム | 131, 132 |
| 電話面接 | 53, 71, 75, 79, 127 |
| 統合国際診断面接（CIDI） | 52 |
| 糖尿病 | 88, 113, 157 |
| 読書療法 | 13, 76, 88, 122, 133, 158, 178 |
| 特定の恐怖症 | 88, 133-135, 139 |
| 匿名性 | 26, 39, 60, 95, 96, 111 |
| ドロップアウト | 60, 62, 63, 65, 67, 71, 79, 82, 85, 95, 109, 116, 132, 148-150, 152-158, 177 |

## ナ行

| | |
|---|---|
| 難解表現単純尺度 | 30 |
| 二段階認証 | 20, 80 |
| 認知的再体制化 | 105-107, 123, 125, 127, 129, 131, 134, 135, 151, 155, 158, 167 |
| 認知療法 | 106, 107, 129, 131, 134, 135, 149, 151, 152, 154 |

## ハ行

| | |
|---|---|
| バーンアウト | 88 |
| バイアリー | 168 |
| 百度（Baidu） | 24 |
| 励まし | 77, 96 |
| パニック・オンラインプログラム | 83, 123, 125 |
| パニック障害 | 16, 24, 25, 51, 52, 62, 88, 103, 122-125, 128, 138, 172 |
| パニック・プログラム | 124, 125 |
| パブメド（PubMed） | 27 |
| バラク，アジー（Barak, Azy） | 12, 38-40, 43, 76, 88 |
| ピアサポート | 37, 40, 41 |
| BMC Psychiatry | 16, 27 |
| ビーコン | 26, 61, 62 |
| PTSDプログラム | 131, 132 |
| ビデオ通話 | 167 |
| 肥満 | 88, 158, 159, 161 |
| 病的賭博 | 32, 88, 158 |
| ビング（Bing） | 24 |
| 不安症状 | 63, 134, 152 |
| フィア・ファイター | 140 |

| | | | |
|---|---|---|---|
| フェアバーン，クリストファー（Fairburn, Christopher） | 158 | 問題解決 | 65, 91, 105, 106, 108, 113, 117, 129, 135, 148, 151, 153, 158, 179 |
| フェイスブック（Facebook） | 15, 33, 34, 38, 40, 42 | モントゴメリー・アスベルグうつ病評価尺度 | 114 |
| 不眠症 | 67, 68, 71, 88, 89, 107, 138, 148, 155, 156 | | |
| フレッシュ–キンケイド学年レベル式 | 30, 31 | | |
| フレッシュ読みやすさ得点 | 30 | | |

### ヤ行

| | |
|---|---|
| 薬物療法 | 16, 23, 25, 31, 37, 82, 87, 103, 108, 116, 121, 128 |
| ヤフー（Yahoo） | 24, 38 |
| 有効性研究 | 113, 123, 124, 126, 128, 129, 132, 153, 154 |
| 抑うつ症状 | 3, 40, 44, 63, 65, 69, 70, 103, 105, 110-113, 139, 152, 168 |
| 抑うつ対処（CWD） | 69, 113 |

| | |
|---|---|
| ブログ | 15, 33, 34 |
| Plos One | 16, 27 |
| 文化 | 87, 111, 179 |
| 米国心理学会（APA） | 26 |
| 米国精神医学会（APA） | 26, 104, 123, 126, 128, 130 |
| 併存症 | 110, 111, 115, 122, 138 |
| ペインコース | 150-152 |
| ベック抑うつ尺度（BDI） | 50, 112-115 |
| ヘルス・オン・ザ・ネット（HON） | 28, 31 |
| 変化する標的 | 12, 20, 21, 51 |
| 弁証法的行動療法 | 166, 171 |
| ペンシルバニア州立大学心配尺度 | 81 |
| 勃起障害 | 88, 157 |

### ラ行

| | |
|---|---|
| ランダム化比較試験 | 40, 42, 63, 64, 87, 88, 104, 110, 132, 156 |
| リアルタイムICBT | 77, 166, 167, 173 |
| リーボヴィッツ社交不安尺度 | 51 |
| リラクセーション | 65, 75, 105, 106, 124, 125, 129, 131, 135, 147-149, 151, 153, 154, 158 |
| 漸進的――（漸進的筋弛緩法） | 149 |

### マ行

| | |
|---|---|
| マークス，アイザック（Marks, Isaac） | 13, 14, 87 |
| マイコンパス | 168 |
| マインドフルネス | 65, 105, 107, 112, 134, 135, 151, 158, 168, 169 |
| 慢性疼痛 | 16, 76, 79, 88, 89, 148-152 |
| 慢性疲労 | 88 |
| ――症候群 | 23, 24 |
| 耳鳴り | 4, 16, 51, 76, 88, 147, 148, 151, 153-155, 160, 172, 177 |
| ――に対するICBT | 151 |
| ムードジム | 58, 59, 62-64, 68, 76, 86, 104, 172 |
| メールカウンセリング | 13 |
| メールセラピー | 80, 166-168 |
| メタアナリシス | 61, 72, 88, 89, 109, 116, 117, 139, 149, 159 |
| メドラインプラス | 26 |
| モーズレイ病院 | 14 |

# 訳者あとがき

　この本は、ゲルハルト・アンダーソン博士による *The Internet and CBT: A Clinical Guide*（CRC Press, 2014）の日本語訳です。インターネット認知行動療法（ICBT）の紹介が主なので、アンダーソン博士の許可をいただき、邦題は単刀直入なものにしました。

　この本は、近年の最良のエビデンスを踏まえながら、インターネットによる地域援助や心理アセスメント、心理療法の実例と効果を紹介したものです。こうした遠隔アプローチに関心を寄せる臨床家は、日本ではまだ少ないかもしれません。しかし、インターネットの世界的普及を受けて、メンタルヘルスの各方面にも変化の波が及んでいます。臨床心理や精神医療の業務の多くが、コンピュータ化、オンライン化されつつあります。国内でも、訳者が2008年に公開した「ユビキタス・カウンセリング」（リアルタイムICBTなど）をはじめとして、インターネット経由の心理サービスが数多く生まれるようになりました。2015年8月には厚生労働省の通達によって遠隔医療が「解禁」されています。この本を読めば、インターネットを臨床実践で活用する際の注意点や、臨床家やクライエントが直面するインターネット上の諸問題、インターネット療法（特にICBT）の効果的な活用法などについて検討することができます。現代の臨床家が心得るべき作法やことがらが把握できるでしょう。

　なお、この本では、"therapy"を療法、"treatment"を治療と訳していますが、医療行為の範囲や心の専門職の業務は各国で異なります。国内の状況に応じて、適宜、カウンセリングや介入と読み替えていただければ幸いです。また、この本で紹介されているICBTプログラムの多くは外国語によるものです。しかし、国内でも海外のプログラムの日本語化や、新しいプログラムの開発が進められています。急速に発展を遂げるICBTは「変化する標的」です。ICBTや遠隔アプローチの最新動向に関心のある読者は、一般社団法人日本遠隔カウンセリング協会（JTA）の公式サイト（http://www.jtaonline.or.jp/）をぜひご覧ください。

　おしまいに、翻訳出版を熱心に手助けしてくださった創元社の渡辺明美さん、小林晃子さん、訳文について助言を下さったJTAのヘンスリー千春さん、松尾義和さんに感謝いたします。翻訳の忙しい時期に子どもの受験期が重なりました。新たな世界に踏み込む勇気と安らぎを与えてくれた家族にも感謝の言葉を捧げます。

長江信和

2016年12月

● 著者略歴……………………………………………………………

## ゲルハルト・アンダーソン（Gerhard Andersson）

スウェーデンのリンショーピング大学行動科学・学習学部教授。カロリンスカ研究所臨床神経科学講座精神医学分野客員教授。臨床心理学博士、医学博士、公認心理療法士、認知行動療法家。聴覚神経科学が専門であるが、近年はインターネットによる認知行動療法（ICBT）の開発と普及に精力的に取り組んでいる。500本以上の論文と19の書籍を著し、41章を分担執筆している（h-indexは66）。翻訳書に『聴覚過敏──仕組みと診断そして治療法』（海文堂出版）がある。
http://www.gerhardandersson.se/

● 訳者略歴……………………………………………………………

## 長江信和（ながえ・のぶかず）

1974年生まれ。早稲田大学大学院人間科学研究科博士後期課程満期退学。博士（人間科学、早稲田大学）。臨床心理士、精神保健福祉士。福岡大学人文学部准教授（インターネット検索：「長江研究室」「ユビキタス・カウンセリング」）。一般社団法人日本遠隔カウンセリング協会代表理事。共著書に『災害医療とIT』（ライフメディコム）、共訳書に『子どものための認知療法練習帳』『子どものための認知療法練習帳ガイドブック』（創元社）ほかがある。http://researchmap.jp/nobukazu_nagae/

日本遠隔カウンセリング協会（JTA）<br>http://www.jtaonline.or.jp/

# ICBTインターネット認知行動療法ガイドブック

2016年12月20日　第1版第1刷発行

著　者………ゲルハルト・アンダーソン

訳　者………長江信和

発行者………矢部敬一

発行所………株式会社 創 元 社
　　　　　http://www.sogensha.co.jp/
　　本社 〒541-0047 大阪市中央区淡路町4-3-6
　　　　　Tel.06-6231-9010　Fax.06-6233-3111
　東京支店 〒162-0825 東京都新宿区神楽坂4-3 煉瓦塔ビル
　　　　　Tel.03-3269-1051

印刷所………株式会社 太洋社

© 2016, Printed in Japan　ISBN978-4-422-11630-3 C3011

落丁・乱丁のときはお取り替えいたします。

JCOPY 〈(社)出版者著作権管理機構 委託出版物〉

本書の無断複写は著作権法上での例外を除き禁じられています。複写される場合は、そのつど事前に、(社)出版者著作権管理機構（電話03-3513-6969、FAX 03-3513-6979、e-mail: info@jcopy.or.jp）の許諾を得てください。